Weihnachten 2011

Nicola Vollkommer

Am Rande der gefrorenen Welt

Die Geschichte von John Sperry, Bischof der Arktis

Lieber Daniel

Bis ich dieses Buch in die Finger bekommen hatte, dachte ich, wir haben extreme Reisetätigkeiten für den Herrn absolviert ...

Möge Dich die Geschichte grenzenloser Liebe u. Aufopferungsbereitschaft für einige wenige Verlorene zu neuer Liebe u. Kraft inspirieren.

Ich wünsche Dir u. mir noch mehr Abenteuer im Auftrag von Jesus Christus, vor allem auch gerne zusammen.

Für immer

Dein [illegible]

NICOLA VOLLKOMMER

Am Rande der gefrorenen Welt

Die Geschichte von John Sperry,
Bischof der Arktis

SCM Hänssler

SCM

Stiftung Christliche Medien

MIX
Papier aus verantwortungsvollen Quellen
FSC® C006701
FSC www.fsc.org

SCM Hänssler im SCM-Verlag GmbH & Co. KG · 71088 Holzgerlingen
Internet: www.scm-haenssler.de; E-Mail: info@scm-haenssler.de

Umschlaggestaltung: Jens Vogelsang, Aachen
Titelbild: shutterstock.com; fotolia.com
Bilder im Innenteil: J. Sperry (privat)
Satz: Satz & Medien Wieser, Stolberg
Druck und Bindung: CPI – Ebner & Spiegel, Ulm
Gedruckt in Deutschland
ISBN 978-3-7751-5307-2
Bestell-Nr. 395.307

Vorwort

In meiner Kindheitsbiografie »Unter dem Flammenbaum« habe ich die abenteuerliche Geschichte meiner eigenen Eltern erzählt. Doch in der Familie meines Vaters gibt es noch jemanden, dessen Geschichte auf keinen Fall verloren gehen darf: Onkel »Jack« Sperry, Pionier und Missionar in der Arktis. Schon als Kind hörte ich fasziniert zu, wenn er von seinem Leben »am Rande der gefrorenen Welt« erzählte.

Hier ist also seine Geschichte, die Geschichte des Bruders.

In der Welt der Kirchenprominenz, in der mein Onkel als dritter »Bischof der Arktis« und Leiter der größten Diözese der anglikanischen Kirche weltweit wirkte, hießen er und seine Frau »the Right Reverend and Mrs John Reginald Sperry«. Für mich waren sie »Uncle Jack and Auntie Betty«. Der Lebensweg meines Vaters, Roy Sperry, der jüngere Bruder von Jack, hätte schon im Blick auf das Klima nicht kontrastreicher sein können als der seines Bruders. Während die »Sperry Family« des Älteren in der Eiseskälte unter der Mitternachtssonne fror, schwitzte die »Sperry Family« des Jüngeren in den heißen Steppen Nordnigerias, wo Roy als Geschäftsmann arbeitete. Lange Trennungen taten dem Familienzusammenhalt und der Freundschaft zwischen den beiden Brüdern wie auch zwischen deren Kindern keinen Abbruch. Heimaturlaube wurden so organisiert, dass wir uns immer wieder in der Heimatstadt der Familie Sperry, in Leicester in Mittelengland, trafen, wo »Uncle Jack« die kleine Kinderschar mit seinen Geschichten über die Eskimos in seinen Bann zog.

Im heutigen Sprachgebrauch ist der Begriff »Eskimo« eher verpönt, ist er doch ein Fremdausdruck, der von manchen arktischen Völkern als diskriminierend abgelehnt wird. Offiziell bezeichnen sich manche Völker heute als »Inuit«. Ich habe mich aber entschlossen, die Bewohner der Arktis bewusst mit dem zum Zeitpunkt der Geschichte üblichen Begriff »Eskimo« zu bezeichnen, um die Authentizität zu wahren. Und »Eskimo« ist außerdem der einzige Begriff, der alle Völker der Arktis einschließt. Erst gegen Ende des Buchs passe ich mich semantischen und politischen Entwicklungen der sich ändernden Zeiten an.

In seiner ursprünglichen Form ist das Wort »Inuit« ein allgemeiner Begriff für »lebendige Menschen«. Als Jack die Bibel in den Dialekt seiner Gemeindemitglieder übersetzte, verwendete er das Wort »Inuit« für »Menschenmengen«. Bei der Brotvermehrung wurden deshalb zwar 5 000 »Inuit« satt, diese saßen aber nicht nach einer harten Jagd im Robbenrevier in Karibufellen auf dem Berg.

»Die Eskimos heißen die Eskimos«, ist Jacks trockener Kommentar zu der Kontroverse um Bezeichnungen, »genauso wie die Deutschen Deutsche heißen. Ich kenne keinen Eskimo, der ein Problem damit hat.« Die junge Generation der Kanadier hat wohl eine andere Einstellung zu dieser heiklen Frage.

Mein Dank gilt meinem Cousin John Sperry Junior, der mit seinen Briefen seine außergewöhnliche Kindheit am Polarkreis direkt auf meinen Schreibtisch transportierte. Mein Vater Roy Sperry lieferte Details über die Kindheit der beiden Brüder im Arbeiterviertel der Großstadt Leicester und über den Kriegsalltag im England der Vierzigerjahre. Weggefährten meines Onkels wie die Reverends Geoffrey Dixon, Mike Gardener und Terry Buckle standen willig und humorvoll mit Informationen über die Kultur und Sprache der Inuit als auch über ihre Begegnungen und Zusammenarbeit mit Uncle Jack während seines Bischofsamts bereit. Meine Cousine Angela Friesen, Tochter von Jack, saß stundenlang mit einem Aufnahmegerät bei ihrem betagten Vater, inzwischen von Blindheit und einem Schlaganfall geschwächt, und bewegte ihn, seine Erinnerungen für zukünftige Generationen festzuhalten. Die vereinten Mühen all dieser lieben Menschen lieferten das Material für diese Geschichte.

Die Briefe meines Onkels sind zum Teil nicht wörtlich zitiert, sondern aus Protokollen unserer Gespräche rekonstruiert. Ebenso wie bei den Tagebucheinträgen war ich manchmal auf seine Erinnerungen angewiesen. Viele beschriebenen Erlebnisse und Abenteuer sind aus verschiedenen Quellen zusammengetragen und bündeln Ereignisse, die zu verschiedenen Zeitpunkten stattfanden. Als Hauptquelle diente mir das Buch »Igloo Dwellers were my Church« (Bayeux Arts Inc., 2001) meines Onkels sowie die Titel »Echoes from a Frozen Land« (Hurtig Publishers, 1987) von Donald B. Marsh und »Archibald the Arctic« von Archibald Lang Fleming (Hodder & Stoughton, 1957), besonders was die Beschreibungen des Klimas, der Flora und Fauna der Arktis betrifft. Ich habe außerdem einige Namen von Einheimischen und anderen Freunden geändert, um ihre Identität zu schützen.

Uncle Jack kann sich nicht mehr an jedes Detail, das in diesem Buch beschrieben ist, erinnern. In diesen Fällen habe ich nach bestem Wissen und Gewissen aus den Erinnerungen anderer geschöpft. Ich danke allen Familienmitgliedern und Freunden, die mir dabei geholfen haben.

Vor allem aber danke ich meinem Uncle Jack selbst und seiner inzwischen verstorbenen Frau Betty, die für mich schon immer nichts Geringeres als Helden waren.

Nicola Vollkommer
Reutlingen
März 2011

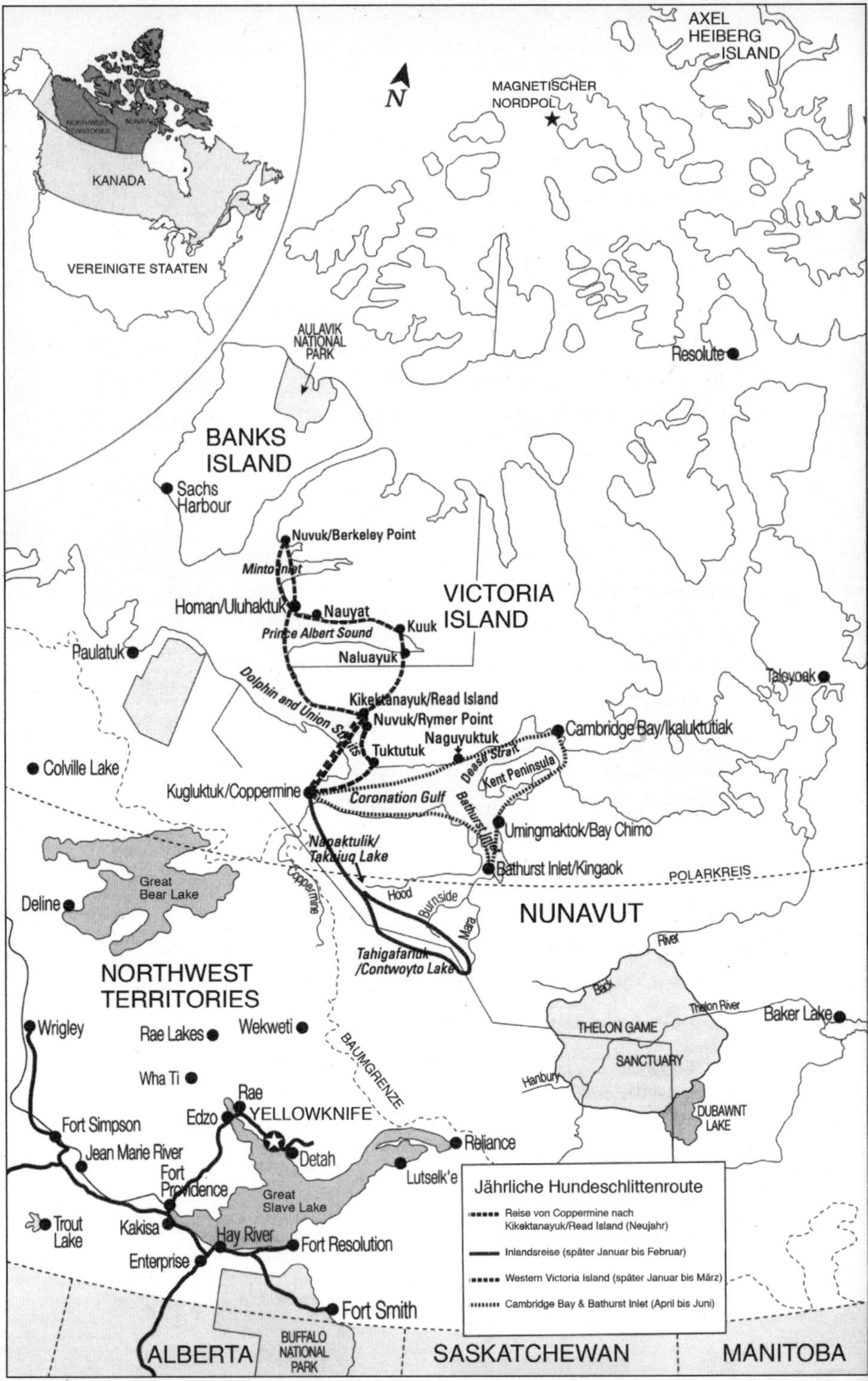

AXEL HEIBERG ISLAND
MAGNETISCHER NORDPOL
N
NORTHWEST TERRITORIES
NUNAVUT
KANADA
VEREINIGTE STAATEN
AULAVIK NATIONAL PARK
Resolute
BANKS ISLAND
Sachs Harbour
Nuvuk/Berkeley Point
Minto Inlet
VICTORIA ISLAND
Homan/Uluhaktuk
Nauyat
Kuuk
Prince Albert Sound
Naluayuk
Paulatuk
Taloyoak
Dolphin and Union Straits
Kikektanayuk/Read Island
Nuvuk/Rymer Point
Cambridge Bay/Ikaluktutiak
Naguyuktuk
Dease Strait
Tuktutuk
Kent Peninsula
Colville Lake
Kugluktuk/Coppermine
Coronation Gulf
Bathurst Inlet
Umingmaktok/Bay Chimo
Napaktulik/Takaiuq Lake
Bathurst Inlet/Kingaok
POLARKREIS
Great Bear Lake
Deline
Coppermine
Hood
Burnside
Mara
NUNAVUT
River
Tahigafaruk/Contwoyto Lake
NORTHWEST TERRITORIES
Back
Thelon River
Baker Lake
THELON GAME
SANCTUARY
Wrigley
Rae Lakes
Wekweti
BAUMGRENZE
Wha Ti
Hanbury
Rae
DUBAWNT LAKE
Edzo
YELLOWKNIFE
Fort Simpson
Reliance
Jean Marie River
Detah
Fort Providence
Lutselk'e
Great Slave Lake
Trout Lake
Kakisa
Hay River
Fort Resolution
Enterprise
Fort Smith
BUFFALO NATIONAL PARK
ALBERTA
SASKATCHEWAN
MANITOBA
Jährliche Hundeschlittenroute
Reise von Coppermine nach Kikektanayuk/Read Island (Neujahr)
Inlandsreise (später Januar bis Februar)
Western Victoria Island (später Januar bis März)
Cambridge Bay & Bathurst Inlet (April bis Juni)

Prolog

»Wenn du einem Kind etwas über Gott beibringen möchtest, dann liest du ihm Bibelgeschichten vor oder nimmst es in einen Kindergottesdienst mit«, sagt John Sperry Junior, wenn er nach den prägendsten Erinnerungen an seine Kindheit in der Arktis gefragt wird. »Wenn du ihm die Größe Gottes sichtbar demonstrieren möchtest, erlebe mit ihm zusammen den magischen Moment, wenn die arktische Sonne in ihrer betörenden Farbenpracht unter den Horizont sinkt. Erzähle ihm, dass Gott sich für seine Sonnenuntergänge in der Arktis besonders viele Gedanken macht. Zeige ihm, wie die Wolken, die sich über den ganzen Himmel hinstrecken, lichterloh zu brennen scheinen, wie sich dieses vielfarbige Schauspiel in ausgedehnten, glatt gefrorenen Wasserflächen widerspiegelt, die so still sind, dass sie wie riesige Glasscheiben aussehen.«

Der Polarkreis, in dessen Nähe John und seine Schwester Angela ihre ersten Lebensjahre verbrachten, liegt bei 66° 30' nördlicher Breite. Auf dieser unsichtbaren Linie bleibt die Sonne am kürzesten Tag des Jahres, dem 21. Dezember, komplett unter dem Horizont, und umgekehrt, am 21. Juni, dem längsten Tag des Jahres, 24 Stunden lang über dem Horizont. Wegen der Neigung der Erdachse erlebt das Land oberhalb des Polarkreises permanentes Tageslicht im Sommer und permanente Dunkelheit im Winter.

Die sogenannte »Arktis« lässt sich geografisch nicht genau definieren. Sie umfasst die Polarregion nördlich des Nördlichen Polarkreises, schließt aber auch Yukon, Südgrönland und Teile Alaskas ein, die südlich vom Polarkreis liegen. Diese riesigen Schneeflächen, nicht ohne Grund als »Barrenlands« (»unfruchtbare Länder«) bezeichnet, liegen nördlich der Baumgrenze, südlich derer dicht bewaldete Gegenden den oberen Rand der sogenannten »nemoralen Zone« (»temperate zone«) wie einen Mantel einhüllen und sich von Alaska bis Quebec erstrecken. Diese inoffizielle Zickzack-Grenze verläuft vom nordwestlichen Rand des Mackenzie-Deltas nach Osten bis zur südlichen Küste der Hudson Bay. Für den Reisenden, der das Glück hat, diesen entlegenen Teil der Erde zu besuchen, entfaltet sich ein atemberaubendes und majestätisches Panorama, das auf den ersten Blick alles andere als unfruchtbar wirkt. Anschwellende Kurven von Bergketten wechseln sich mit gewaltigen Gletschern ab und werfen ihre Schatten auf die grenzenlosen Flächen an den Arktis- und Hudson-Bay-Küsten. Im Sommer schneiden brausende Flüsse und rauschende Wasserfälle tiefe Gräben in die felsige Landschaft. Im Winter verwandelt sich alles in ein regungsloses, aber bezauberndes Kunstwerk in verschiedenen Schattierungen von Weiß und Blau.

Ein einziger Blick auf diese Landschaft aus Eis und Schnee genügt, um dem Betrachter das Gefühl zu geben, dass hier selbst Zeit und Geschichte eingefroren sind. Er spürt aber nicht die apathische, vom Tod umschlungene Schweigsamkeit eines Friedhofs, sondern die Magie einer hellwachen, brütenden, aggressiven Stille. Als ob alle Uhren stehen geblieben wären, aber jeden Augenblick wieder anfangen würden zu ticken. Die schneidende Kälte ist mehr als nur ein Wert auf einem Thermometer. Sie lebt und lauert. Sie wacht erbarmungslos über Spielregeln, denen sich zu widersetzen den sofortigen Tod bedeuten kann. Sie beißt um sich, ihre unsichtbaren, eisigen Finger auf der unerbittlichen Suche nach Beute, die sie innerhalb von Sekunden in einen erstarrten Kadaver verwandeln kann. Dass Tiere oder Menschen hier leben können, scheint unvorstellbar. Aber dass die Menschen, die tatsächlich jahrhundertelang in dieser grausamen Kälte ausgeharrt haben, von einer panischen Angst vor feindseligen Göttern getrieben sind, ist nachvollziehbar: Götter, die ihrer Vorstellung nach hochragende Eisberge, wilde Schneestürme und tiefgefrorene Gewässer bewohnen. Der traditionelle Abschiedsgruß in dieser Umgebung war in früheren Zeiten nicht »Auf Wiedersehen«, sondern »*Falls* wir uns wiedersehen«.

Namen auf der Landkarte sind dort nicht bloß Navigationshilfen für wilde Abenteurer, die verrückt genug waren, sich auf diese barbarische Einöde einzulassen. Sie erzählen endlose Geschichten unvorstellbaren menschlichen Leides: »Starvation Cove« (Hunger-Bucht), »Desolation Island« (Insel der Trostlosigkeit), »Bay of Hollow Cheeks« (Hafen der Hohlen Wangen). Und am schauerlichsten: »Place of Eating Human Flesh« (Ort, an dem man Menschenfleisch isst).

Dieses Buch erzählt von außerordentlichen Menschen, den Eskimos, wie man sie lange nannte. In der Unbewohnbarkeit des hohen Nordens Kanadas und großen Widrigkeiten zum Trotz bauten sie sich ein Zuhause. Nicht weil sie es so wollten, sondern weil sie keine andere Möglichkeit hatten. Dieses Buch ist auch die Geschichte eines ebenso außerordentlichen Ehepaares, das sich entschied, ihr Leben mit diesen Menschen zu teilen, ihre Sprache zu lernen, ihre eigene Familie mitten in der Eiswüste zu gründen, Teil dieser zu Eis gefrorenen Erdgeschichte zu werden, und hier alt zu werden. Dieses Leben war gleichzeitig der Versuch, ein Denkmal für eine Welt zu setzen, die es nicht mehr gibt. Denn Schneehäuser gehören inzwischen der Vergangenheit an und sind nur noch Stoff für Nostalgie. Als John Sperry dem Lockruf der Arktis nicht mehr widerstehen konnte und sich dorthin aufmachte, ahnte er, dass er auch den Untergang genau jener Kultur miterleben würde, die er so sehr ins Herz geschlossen hatte. Das Inuitvolk blieb aber seine große Liebe, auch als er es als dritter »Bishop of the Arctic« zu großem Ansehen gebracht hatte und sich mit der höchsten Prominenz Kanadas auf Augenhöhe befand.

Einer seiner Vorgänger im Bischofsamt sagte einmal: »Auch wenn die Arktis eine kalte und grausame Welt ist, gibt es nichts Wärmeres als den Handschlag eines Eskimos.« Diese Worte machte John Sperry zu seinem Leitbild.

Ein Interview; ein Jubiläum und ein geheimnisvolles Land

Es war im Frühsommer des Jahres 2006. Die Reporterin der Canadian Broadcasting Company hatte ihr Skript bestens geprobt.

»Die Stadt Kugluktuk ist im Vergleich zu den Fünfzigerjahren kaum wiederzuerkennen. Sie hatte damals sogar einen anderen Namen: Coppermine. Ein halbes Dutzend Familien, Polizisten, die nichts zu tun hatten: Das waren ihre Bewohner. Es war eine ganz andere Welt als die Großstadt in England, in der John Sperry aufwuchs. Und ganz anders als die Stadt Kugluktuk heute.«

Professionell und mit einer ausdrucksstarken Stimme trug sie ihren Text vor. Jubiläen und Festtage für die kanadische Bevölkerung zu kommentieren war für sie Routine. Es war nicht ihr erstes Interview mit dem Bischof der Arktis, John Reginald Sperry. Sein Leben und Wirken faszinierte sie seit Jahren.

»John Sperry, der später Bischof der Arktis wurde, kam im Jahr 1950 als Missionar nach Kugluktuk. Allein der Flug kostete ihn fast sein Leben. Er blieb ganze 19 Jahre. Am kommenden Wochenende fliegt er dorthin zurück, wo alles anfing. Denn die Stadt feiert ihren 80. Geburtstag. Bischof Sperry und sein Sohn John sind als Ehrengäste eingeladen. Gestern hatte ich das Vorrecht, mit dem Bischof zu reden.«

Auch für den Bischof waren solche Interviews Routine. Es ging schließlich um ein Thema, über das er stundenlang erzählen konnte. In den 20 kurzen Minuten des Gesprächs streifte er die wichtigsten Eckpunkte seines ereignisreichen Lebens und knüpfte zwischen den großen Unterschieden von damals und heute faszinierende Verbindungen.

Erst wenige Tage davor war er 82 Jahre alt geworden. Diese Gelegenheit, auf eine Kultur zurückzublicken, die es in der ihm vertrauten Form nicht mehr gab, erweckte in ihm gemischte Gefühle.

»Und wie geht es Ihnen dabei, Bischof?«, fragte die Reporterin gegen Ende des Interviews. »Sie sehen den gleichen Fluss, den gleichen Ozean, aber eine völlig andere Ortschaft, von Menschen bewohnt, die auf Motorschlitten herumfahren, in Büros arbeiten und in modernen Häusern leben!«

»Der damalige Lebensstil ist zwar verschwunden«, antwortete der Bischof nachdenklich, »aber die Menschen leben und gedeihen. Und es ist meine Überzeugung, dass Gott in erster Linie mit Menschen Geschichte schreibt und nicht mit Kulturen oder geografischen Ortschaften.«

»Haben Sie Ihre Entscheidung, die besten Jahre Ihres Lebens sozusagen am äußersten Rand der Welt zu verbringen, jemals bereut, Bischof?«

»Niemals!«, war die Antwort, die er auf diese Frage immer gab. »Es wäre für mich eine Strafe gewesen, irgendwo anders auf dieser Welt zu leben.«

»Und was erwartet Sie als Ehrengast bei den Feierlichkeiten am Wochenende?«

»Ich werde Bilder aus der alten Zeit zeigen, eine Unmenge von Fragen beantworten, und die jungen Inuit werden auf jeden Fall ganz genau wissen wollen, wie ihre Großeltern gelebt haben und was mich als jungen Berufsanfänger einer britischen Großstadt dazu bewegte, einer von ihnen zu werden!«

»Und sie werden Ihnen sicher dafür danken, Bischof Sperry. Auch ich danke Ihnen herzlich für das Gespräch.«

*

»Und jetzt zu unserem neuen Thema, Jungs. Wer kann mir sagen, warum unser King George der Fünfte auch ›Kaiser von Indien‹ genannt wird? Etwa weil er gerne auf Elefanten reitet?«

Mr Grattidge lachte laut und herzlich. Ein eher verhaltenes Gekicher ging durch die Reihen der 10-jährigen Jungs, die vor ihm saßen, auf Schulbänken sauber aufgereiht. Mr Grattidges Versuche, unterhaltsam zu sein, gingen immer wieder auf tragische Weise in die Hose.

»Weil Indien zum British Empire gehört. Folglich ist King George auch König über Indien.«

»Absolut korrekt, Mason.«

Robert Mason, Klassenbester und Meisterstreber der Medway Junior School, lieferte immer die gewünschte Antwort.

»Und über welche Teile der Welt herrschen wir Briten?«

»Über alle, Sir!«

Dieses Mal ging ein lautes Gekicher durch die Reihen.

»Das war eine äußerst arrogante, hochmütige Antwort, Sperry. Und auf keinen Fall lustig.«

»Es war nur ein Scherz, Sir. Meinen Sie nicht, dass es einfacher wäre, die Länder zu lernen, die *nicht* zum British Empire gehören?«

Mr Grattidge war nicht beeindruckt.

»Bin ich oder bist du hier der Lehrer, Sperry? So, Mason? Du wolltest etwas sagen.«

»Das British Empire, Sir, umfasst die Kolonien, Protektorate, Reiche und Mandate wie auch weitere Territorien, die von Großbritannien beherrscht werden. Es ist das größte Imperium aller Zeiten und auch zum jetzigen Zeitpunkt die vorherrschende globale Macht. Bis zum Jahr 1922 prägte es das Leben von über 459 Millionen Menschen weltweit, das heißt, einem Viertel der Weltbevölkerung. Mit Recht, Sir, ist von den Dichtern behauptet worden, dass ›die Sonne nie über dem Britischen Imperium untergeht‹. Jede andere Macht, die sich diesem weltweiten Einfluss widersetzte, ist bisher gescheitert. Auch die ehrgeizigen Ambitionen eines Mr Adolf Hitler in Deutschland werden mit Sicherheit scheitern, Sir.«

Mason hielt kurz an, um Luft zu holen. Er war voll in Fahrt geraten und ereiferte sich zusehends. Sein Gesicht wurde ganz rot.

»Ausgezeichnet, Mason, ausgezeichnet! Mr Adolf Hitler lassen wir aber erst mal beiseite. Sperry, wolltest du etwas hinzufügen?«

»Ja, Sir. Mason hat nicht ganz recht. Es gibt einen Teil des British Empire, in dem die Sonne sehr wohl untergeht. Um genau zu sagen, in dem die Sonne lange gar nicht wieder aufgeht.«

Der Lehrer zuckte empört zusammen.

»Machst du wieder Späße, Sperry? Und wo im British Empire geht die Sonne nicht auf, Sperry?«

»Im Eskimoland, Sir. Am Nordpol. Da ist es die ganze Zeit dunkel, den ganzen Winter hindurch.«

Das Gesicht von Mr Grattidge hellte sich plötzlich auf.

»Du bist zwar ein Faulpelz und Kasper, Sperry, aber gelegentlich setzt du dein Gehirn tatsächlich zu nützlichen Zwecken ein. Gut aufgepasst. Und da haben wir es. Selbst die fernen Eskimos, die in ihren Schneehäusern am Endpunkt dieser Welt leben, sind Untertanen Seiner Majestät.«

»Die Armen wissen wahrscheinlich nichts von ihrem großen Glück, vermute ich, Sir«, ergänzte John Sperry, von seinen Freunden und der Familie Jack genannt, schelmisch.

»Wie bitte, Sperry?« Das Gesicht von Mr Grattidge verdunkelte sich wieder.

»Ich … ich meine, die Eskimos müssen sehr glücklich sein, so einen wunderbaren Regenten zu haben wie King George, Sir!«

»Du scheinst ein ausgesprochen gut entwickeltes Talent für verbale Missgeschicke zu besitzen, Sperry. Ironische, unverschämte, unangemessene …«

»Habe ich von meinem Vater geerbt, Sir.«

»Für die grenzwertigen Bemerkungen, die du in dieser Unterrichtsstunde von dir gegeben hast, darfst du ein Igludorf entwerfen und malen und mir morgen zeigen, Sperry. Und eine Geschichte dazu erzählen.«

Kein Problem. Das Talent zum Geschichtenerzählen hatte John ebenfalls von seinem Vater geerbt. Es hatte schon schärfere Strafen gegeben in der Medway Junior School in Leicester.

Die Schule, einen zweiminütigen Spaziergang von der Straße entfernt, in der die Familie Sperry lebte, war alles andere als eine Kaderschmiede für gesellschaftliche Aufsteiger. Aber die Lehrer waren engagiert und interessierten sich für ihre jungen Schützlinge. Qualitäten wie Fleiß und Disziplin, die auch in dieser Innenstadt-Schule gefordert wurden, gehörten nicht unbedingt zu John Sperrys Lieblingstugenden. Er schlug sich aber tapfer durch und verließ die Schule mit einem Gefühl der Befreiung im zarten Alter von 14. Ein paar Fakten hatte er sich auf jeden Fall gut gemerkt. Dank des »British Empires« waren auch Kinder der Unterschicht damals in Erdkunde und Weltgeschichte bestens geschult. Zum Beispiel wusste er, dass große Gebiete nördlich von Amerika zu diesem Empire gehörten, die von einer Dauerschicht aus Schnee und Eis verhüllt waren, und dass sogar Menschen dort lebten. Diese Vorstellung strahlte einen Hauch Romantik aus und das ferne Volk, dessen Schneehäuser sie als schwarz-weiße Zeichnungen in Bilderbüchern abgebildet fanden, erweckte in John und seinem jüngeren Bruder Roy eine endlose Faszination. Manch einen trüben Winterabend verbrachten sie damit vor dem Kamin ihrer winzigen, aber behaglichen Wohnstube und bauten aus den damals für die Haushalte handelsüblichen Salzblöcken »Iglus«.

John bekam nach Abschluss seiner Schulzeit einen Job in der Filiale einer Supermarktkette, wo er »Junge für alles« spielte, Vorräte per Fahrrad überall in der Stadt auslieferte und sich freuen durfte, fürs Erste eine Arbeitsstelle auf Lebzeiten zu haben.

Kindheit in Mittelengland

Durchschnittlicher und unspektakulärer ging es nicht. Die Kulisse: das »Highfields« genannte Viertel, eine eintönige Serie von einfachen Backsteinhäusern, aneinandergereiht, die alle gleich aussahen. Das Einzige, was sich farblich von dem allgegenwärtigen Grau abhob, waren die Schornsteine der Textilfabriken, die emporragten wie ein Wald von Dominosteinen und unablässig dunklen Rauch in die Luft spuckten. Das malerische Rot der typisch englischen Backsteinfassaden hatte sich schon längst in verschiedene Schwarz- und Grautöne verwandelt, dank allgegenwärtiger Rußwolken.

Die Stadt: Leicester, industrielles Mittelengland. Nicht gerade die Gegend, in die man Touristen aus dem Ausland führen würde, um gesunde Luft einzuatmen und die Reize Großbritanniens zu besichtigen.

Selbst die paar Sonnenstrahlen, die sich ab und zu einen Weg durch den Dunst bahnten, hatten einen gräulichen Anstrich. Die kleinen Rasenvierecke hinter den Häusern, durch hohe Mauern voneinander getrennt, waren wie durch nebelige Schleier hindurch gerade noch als Grün erkennbar. Die flache, farblose Landschaft schien niedergedrückt von einem bleiernen Himmel. Erst außerhalb der Stadt stieß man nach und nach auf kleine malerische Dörfer, die typisch englisch anmuteten.

William Sperry, geboren 1902 in Leicester, hatte nur indirekt mit den Textilien zu tun, von denen diese betriebsame Metropole lebte. Nach einer Ausbildung als Schuhmacher war er eine Zeit lang arbeitslos, dann bekam er eine provisorische Anstellung als Putzkraft.

Während dieser mageren Jahre stopfte seine Frau Elsie Strümpfe für wohlhabende Familien. Ihre beiden Söhne saßen zu ihren Füßen und krempelten die Strümpfe um, bevor Elsie sich mit Nadel und Faden über sie hermachte. Auf diesem mühsamen Weg legte die Familie nach einiger Zeit die stolze Summe von 100 Pfund beiseite.

Weitere 100 wurden von den wohlwollenden Großeltern ausgeliehen. Ausgestattet mit einem Schuss Ehrgeiz und einer gehörigen Portion Hartnäckigkeit machte sich William Sperry an die riskante Aufgabe, eine Schuhfabrik zu gründen. Ein Schritt, der in seiner familiären Umgebung befremdlich wirkte und bei vielen Kopfschütteln auslöste.

William und Elsie Sperry, mittellos und mit gerade einmal 22 Jahren verheiratet, hatten die ungewöhnliche Gabe, mit dem wenigen zufrieden zu sein, das sie besaßen, und dennoch für die Möglichkeit offen zu sein, dass das Leben mehr bieten konnte. Bald nach der Heirat waren ihnen zwei kleine Jungs geschenkt worden, John Reginald, der 1924 auf die Welt kam, und Roy Edward, anderthalb Jahre später geboren, im gleichen Jahr wie die spätere Queen. Damals war es üblich, dass Eltern ihren Kindern durch die Namen einen königlichen Hauch verpassten. Der damalige Prinz von Wales war Edward, vor allem in der Arbeiterklasse verehrt, der berüchtigte Thronfolger, der 1936 wegen der amerikanischen Society-Lady Wallis Simpson abdanken und damit einen ungeheuerlichen Skandal auslösen würde. Mitte der Zwanzigerjahre wussten die Eltern, die gerne einen »Edward« in der Reihe ihrer Sprösslinge unterbrachten, davon noch nichts.

Mit dem kindlichen Einfallsreichtum, der nicht ahnt, dass es irgendwelche Welten außerhalb der eigenen grauen und ärmlichen Grenzen gibt, entdeckten die Jungs ein fröhliches Spielreich zwischen den grauen Steinmauern von Highfields. Eine einzige nennenswerte Grünfläche gab es: den nahe gelegenen Viktoria-Park, für Kricketspiele und Seifenkistenrennen wie geschaffen. In einer Zeit, in der Autos eine Seltenheit waren und tagsüber nur das Poltern des Kohlekarrens die Ruhe der Straßen störte, konnte man auf dem Kopfsteinpflaster gemütlich sitzen und stundenlang mit Murmeln und Kastanien spielen, bis der »Lamplighter« bei Einbruch der Dunkelheit mit seinem langen Stab vorbeikam und die Gaslaternen anzündete.

Das Zentrum ihrer kleinen Welt war das kleine, dunkle Wohnzimmer, das einzige Zimmer im Hause, in dem es einen Kamin gab. Auch im Sommer war die wichtigste Pflicht am Tagesanfang, ein Feuer zu schüren, danach spielte sich alles im Bereich dieser Wärme ab. Backsteinmauern sind kalt wie Eis und schlucken im Nu jeden Wärmestrahl.

Wie bei allen Reihenhäusern in Highfields befand sich die Toilette draußen am Ende des Gartens. Gebadet wurde in einer Metallwanne vor dem Kamin, alle nacheinander im gleichen Wasser.

»Die Nacht wird nicht ewig dauern. Es wird nicht finster bleiben. Die Tage, von denen wir sagen, sie gefallen uns nicht, werden nicht die letzten Tage sein. Wir schauen durch sie hindurch, vorwärts auf ein Licht, zu dem wir jetzt schon gehören und das uns nicht loslassen wird …«

Die Stimme des Pfarrers dröhnte durch das riesige Kirchenschiff.

»Ist das schon der Abschlusssegen oder predigt er noch, Roy?«

Roy musste von der Kirchenbank halb aufstehen, um einen Blick in das Gebetsbuch zu werfen, das auf der Ablage vor ihm lag.

»Pech, Jack«, flüsterte er, »das ist leider erst die Predigt. Das Apostolische Dingsbums hatten wir schon, oder? Es kommt noch eine Lesung, ein Text zum Nachdenken, ein Gebet, ein Lied, der Segen. Oh, und heute ist ja Abendmahl.«

Jack stöhnte leise.

»Kannst du so sitzen, Roy, dass Großmutter mich von ihrem Platz aus nicht sieht?«

Großmutter Sperry saß kerzengerade am anderen Ende der Kirchenbank und starrte regungslos auf den Glatzkopf des Gentlemans, der ebenso regungslos direkt vor ihr saß. »Wenn du erwischt wirst, kriegst du keine Erdbeeren, Jack.«

»Ist mir doch egal. Stups mich, wenn wir wieder aufstehen oder knien müssen.«

Roy rutschte leise nach vorne, Jack beugte sich über ein kleines Kreuzworträtselheft, das er aus seiner Hosentasche herausgeholt hatte.

»So ist es gut, du siehst aus, als ob du betest.«

»Der Gott der Hoffnung erfülle uns nun mit Freude und Frieden …«

»Das klingt wie der Segen!«, flüsterte Jack und stopfte seine Kreuzworträtsel zurück in die Hosentasche.

Der Pfarrer klang genauso erleichtert wie die zwei kleinen Zuhörer, die hinter den hohen Kirchenbänken von vorne kaum sichtbar waren.

»Zu Hause spielen wir unsere Schachpartie zu Ende, Roy. Was hältst du davon?«, fragte Jack, nachdem sie dem Pfarrer am Kircheneingang höflich die Hand geschüttelt hatten und Großmutter Sperry sich für die erbauliche Predigt bedankt hatte.

»Wie kannst du überhaupt fragen, Jack? Heute ist doch Sonntag. Mutter wird es nicht erlauben, das weißt du.«

»Ach Mann, muss Sonntag immer der langweiligste Tag der Woche sein?«

»Bei Großmutter Priest werden wir wenigstens dafür bezahlt, dass wir den Gottesdienst aushalten!«, kommentierte Roy.

In der Tat war ein Besuch in der Kirche der zweiten Großmutter für Jack und Roy ein lukratives Geschäft. Elsies Eltern, die die junge Familie jeden zweiten Sonntag zum »Afternoon Tea« einluden, waren überzeugte Methodisten. Die heiß begehrten Pennys als Belohnung für den durchgestandenen Gottesdienst waren eine willkommene Ergänzung des mageren Taschengelds.

Zum Leben in vorbildlicher Frömmigkeit gehörte für die Priest-Großeltern nicht nur der regelmäßige Gottesdienstbesuch, sondern auch absolute Abstinenz. Dass ein anständiger Christ keinen Tropfen Alkohol über die Lippen gleiten lassen durfte, stand für sie außer Frage. Für William Sperry war diese Strenge eine unwiderstehliche Einladung, gerade im Hause seiner Schwiegereltern von seinem neuesten Abstecher in das örtliche Pub zu erzählen. Zu allem Übel war er sein Leben lang auch noch ein stolzer Kettenraucher und erntete dafür in der Familie Priest manch einen bösen Blick und schneidenden Kommentar. Zu jeder Zeit ganz die feine, gepflegte englische Dame, duldete Elsie die rauen Manieren ihres Mannes mit Milde.

An den anderen Sonntagen wurden die Sperry-Großeltern besucht. Williams Pubbesuche waren harmlos im Vergleich zu denen seines Vaters, dem ein gelegentlicher Besuch beim Männerstammtisch längst nicht mehr genügte. Er war Gewohnheitstrinker.

Von Großmutter Sperry, die die Ausschweifungen ihres Mannes mit ihren übereifrigen Kirchgängen wiedergutzumachen versuchte, bekamen die Jungs ebenfalls eine kräftige Dosis Frömmigkeit mit auf den Weg, ohne jedoch einen Penny dafür zu bekommen. Sie zitierte nämlich aus ihrem Gebetbuch so inbrünstig, wie ihr Mann seine Kneipenlieder schmetterte. Unter ihren scharfen Augen machten die zwei Enkelsöhne ihre erste Bekanntschaft mit der anglikanischen Sonntagsliturgie, lernten das Apostolische Glaubensbekenntnis auswendig und rezitierten Psalmen im Wechselchor. Während Jack mit aller Macht versuchte, in der Kirche still zu sitzen und keinen Quatsch zu machen, kam ihm nie der Gedanke, er könne eines Tages diese ehrwürdigen Texte in eine der kompliziertesten Sprachen der Welt übersetzen. Er war der Extrovertierte der beiden Brüder. Sein lebenslanges Markenzeichen: ein schelmisches Funkeln in den Augenwinkeln, wenn er mal wieder in irgendeinen Streich verwickelt war. Roy war das sensible und nachdenkliche Gegenstück, der Schatz seiner Mutter, die ihn liebevoll »Roy-Boy« nannte.

Es war eine Kindheit der betonten Bescheidenheit, in der sich die rabiaten Töne einer derben Kneipenkultur aus den hintersten Gassen mit einem Schuss Eleganz und geerbter Religiosität mischten, die eher von den Damen der Familie kam. Diese bizarre Mischung mit ihrer Heuchelei fiel den Jungs nicht negativ auf. Etwas anderes kannten sie nicht.

Die gesellschaftlichen Schichten in Großbritannien hatten damals ihre eigenen eisernen Regeln. Kein Kind aus Highfields wäre jemals auf die Idee gekommen, einen Universitätsabschluss machen zu wollen. Die groben Klänge des Leicester-Dialekts, damals schon als hässlichster aller britischen Akzente berüchtigt, stigmatisierte auf Anhieb jeden, der ihn sprach, als Bewohner der Arbeiterstadt. So ergaben sich Bildung und gute Manieren bei Jack und Roy eher als Begleitumstände und zufällig, und der spätere soziale Aufstieg der Sperry Family war alles andere als angestrebt. Bei alledem besaß William Sperry eine sprachliche Spritzigkeit, die jeden Gegner in Staub und Asche verwandeln konnte. Seine stechenden blauen Augen sprühten vor Neugier und Witz, er war auch in seiner äußeren Erscheinung auffällig. Sein blonder Lockenschopf machte ihn stattlicher als er in Wirklichkeit war, und sein unwiderstehlicher Blick konnte Wut und Strenge mit der gleichen Schlagkraft ausstrahlen wie Esprit und Lebenslust. Seine Mitarbeiter in der Schuhfabrik fürchteten ihn, seine Söhne verehrten ihn. Die reife Variante seiner verspielten Art machte ihn Jahre später zum beliebtesten aller Großväter.

Elsie mit ihren sanften und dunklen Rehaugen war seine perfekte Ergänzung. Sie ließ sich nie aus der Ruhe bringen. Die kombinierte Liebe dieser zwei für ihre Söhne war das wertvollste Geschenk, das sie den beiden jungen Männern auf ihren Lebensweg hatten mitgeben können.

Kriegssirenen und Marschbefehle

Mr Adolf Hitler konnte man, entgegen der Hoffnung von Mr Grattidge, leider nicht allzu lange »beiseitelassen«. Hätten die sorglosen Schüler der Medway School gewusst, wie viele von ihnen das Erwachsensein nie erleben würden, hätten sie ihren Mr Grattidges und Co. sicher mehr Wertschätzung entgegengebracht.

»Jack, Roy, quick! Sirens! To the air raid shelter!«

Leicester mit seinen Textilmanufakturen war nicht das Hauptziel der deutschen Luftwaffe. Strategisch wichtiger waren militärische Stützpunkte in Coventry, Birmingham, Liverpool, Sheffield und natürlich London. Aber ab und zu wurde auch Leicester, direkt in der Fluglinie zwischen Ärmelkanal und Liverpool gelegen, von einer willkürlich abgeworfenen Bombe getroffen.

»Ach, nicht schon wieder!«, war Jacks Antwort. Der Ruf »To the air raid shelter!« bedeutete stundenlanges Sitzen in der Dunkelheit auf einer harten Bank, Däumchen drehen und hoffen, dass es bald vorbei war. Still sitzen war für Jack eine Qual. William Sperry hatte seinen Hut geschnappt und war schon unterwegs. Als Fabrikbesitzer hatte er das Glück, nicht zum Kriegsdienst eingezogen zu werden. Stattdessen hatte er das Amt eines sogenannten »Air raid wardens« (Luftalarmwächter) inne und musste bei jedem Alarm dafür sorgen, dass die örtliche Bevölkerung in Sicherheit kam.

»Das bringt doch nichts, Mutter! Wir sind zu Hause genauso sicher wie in dem Schutzraum, vielleicht sogar sicherer«, stöhnte Jack.

Eigentlich hatte er recht. Ein richtiger Bunker war der Schutzraum nicht, sondern eine schnell errichtete Backsteinhütte an der Straße, die statt der üblichen Einzelschicht Backsteine zwei Schichten hatte. Einen direkten Treffer hätte darin niemand überlebt.

Ohne die scharfe Überwachung seines Vaters war Jack aufsässiger als sonst, und an diesem Tag ging ihm das mühsame Warten auf die nicht eintreffende deutsche Bombe einfach zu weit.

»Ich gehe mir kurz die Füße vertreten, Mutter! Hier ist es unerträglich muffig.«

»Bloß nicht, komm aber gleich zurück, Jack …«

Es war zu spät. Draußen auf der menschenleeren Straße holte Jack tief Luft, genoss die neu gewonnene Bewegungsfreiheit, überlegte sich, ob er nicht, wenn er schon draußen war, gleich nach Hause laufen sollte. Plötzlich schreckte er auf, als das charakteristische Pfeifen einer sich nähernden Bombe seine Ohren erreichte.

»Nein, ausgerechnet jetzt …!« Keine Zeit für Flucht. Eine ohrenbetäubende Explosion, er flog in die Luft, sein Körper drehte sich, während die Wucht der Detonation ihn direkt durch den Eingang des Luftschutzraums schleuderte. Dann landete er unverletzt und auf beiden Füßen direkt vor seiner überraschten Mutter und seinem Bruder.

»Wenn du unbedingt rausgehen und dich in Gefahr bringen musst, dann komm wenigstens anständig wieder herein«, schimpfte Elsie scherzhaft, erleichtert, ihren Sohn nach der Explosion draußen unversehrt wiederzusehen.

Wenige Minuten später standen die Jungs vor einer Ruine, die ein paar Stunden vorher ein Familienreihenhaus gewesen war.

»Schau, Roy«, kommentierte Jack, »das Haus ist komplett demoliert, aber da hängt der Spiegel an der Wand, schnurgerade, als ob nichts geschehen sei, und die Blumenvase steht unversehrt auf dem Tisch, als ob der Nachmittagstee gleich hereingebracht wird.«

»Gut, dass die Bombe auch *dich* unversehrt gelassen hat«, war die einzige Bemerkung seines Bruders.

Der einzige Teil von Jacks Anatomie, der dem Krieg tatsächlich fast zum Opfer gefallen wäre, waren seine falschen Zähne. Einige Jahre vor Kriegsbeginn war er an einem eisigen Wintertag beim Herumtoben auf dem Schulgelände hingestürzt und verlor dabei zwei Schneidezähne, für die er zu seinem ewigen Bedauern eine Zahnprothese bekam. Damals war der Unterschied zwischen echten und künstlichen Zähnen um einiges spürbarer als heute, ganz abgesehen davon, dass das Ersatzteil die peinliche Angewohnheit hatte, zu ungelegenen Zeiten aus seinem Mund zu purzeln. So auch an einem Samstagabend nach einem Pfadfinderausflug in den Stadtpark.

»Jack, wo bist du bloß?«, rief Roy, der sich auf den Weg nach Hause machen wollte und seinen Bruder nirgendwo finden konnte. Abends war die Stadt stockdunkel. Wegen der Gefahr feindlicher Luftangriffe waren alle Fenster abgedunkelt, keine einzige Straßenlaterne leuchtete.

»Hier unten!«, ertönte eine gedämpfte Stimme aus dem Gebüsch am Rande des Parks. Roy lenkte das Licht seiner Taschenlampe in die Richtung, aus der die Stimme kam. Und tatsächlich, da waren Jacks Beine gerade noch sichtbar, der Rest von ihm lag unter den Sträuchern.

»Meine Zähne!«, lispelte Jack verzweifelt.

Roy verdrückte ein lautes Lachen und schloss sich der verzweifelten Suche an. Mit der Hilfe der Taschenlampe fanden sie die Zähne bald und atmeten erleichtert auf.

»Wie kamen sie ausgerechnet unter die Büsche?«, wagte Roy zu fragen, nachdem er sichergestellt hatte, dass sein Bruder wieder zu Scherzen aufgelegt war.

»Keine Ahnung«, antwortete Jack, »sie haben irgendwie ein Eigenleben.«

Dies sollte nicht das letzte Mal sein, dass Jack wegen seiner Zahnprothese in Verlegenheit kam.

Beide Jungs waren im besten Alter, um einer Nation, die sich im Krieg befand, als Kanonenfutter zu dienen. Jack war 15, Roy gerade 14, als Winston Churchill zwei Tage nach dem deutschen Überfall auf Polen Nazideutschland den Krieg erklärte. Mit 18 wurde man eingezogen. Sich zu weigern galt in anständigen Kreisen als Hochverrat am Vaterland. Pazifisten waren als Feiglinge verpönt. Als Jack sich im Jahr 1942 mit seinen 18 Jahren bei der »Royal Navy« zum Dienst meldete und Roy ein Jahr später als Infanterist eingezogen wurde, war der Krieg schon weit fortgeschritten. An die Möglichkeit, dass sie eventuell nicht mehr zurückkommen würden, erlaubte sich keiner zu denken. Nach dem Abschied von seinen Eltern wartete Roy in der Stadtmitte von Leicester auf den Militärbus, der die neuen Rekruten zu ihrer Ausbildungsstätte bringen sollte. Zufällig befand sich die Haltestelle gegenüber seiner alten Schule.

»Na, wärst du nicht lieber dort auf dem Pausenhof wie in guten alten Zeiten?«, fragte ihn ein ehemaliger Schulfreund, der sich ebenfalls auf die Abenteuerreise in den Krieg aufmachte.

»Nicht im Leben! Mach mich jederzeit zum Soldaten!«, lachte Roy.

Ziel der Ausbildung war die Reise nach Fernost, wo die jungen Soldaten noch im Sommer 1945, als der Krieg in Europa schon vorbei war, helfen sollten, den unaufhaltsamen Vormarsch der Japaner im Südpazifik zu stoppen. Die Atombomben auf Hiroshima und Nagasaki im August dieses Jahres bildeten den grausamen Schlusspunkt eines noch grausameren Kriegs. Roy landete als Teil der britischen Militäraufsicht in Malaysia, wo er als Militärverwalter, inzwischen von »Private Sperry« zu »Sergeant Sperry« befördert, nach eigenen Angaben »einen sehr gemütlichen Militärdienst« verbrachte.

Jacks Militärdienst war nicht ganz so gemütlich. Nach einer kurzen Trainingseinheit auf dem Ausbildungsschiff »HMS Gangees« auf der Themse, auf der sie nicht viel mehr lernten als einen Mast hochzuklettern und das Schiffsdeck zu putzen, galten die jungen Soldaten als seetüchtig. Jacks erster Kriegsposten sollte der Zerstörer »HMS Verdun« sein, ein zählebiges Kriegsschiff aus dem Ersten Weltkrieg, so genannt, um dem Sieg der alliierten Streitkräfte bei Verdun zu gedenken.

Die »HMS Verdun« hatte sich einen Namen als schwimmender Sarg für den »unbekannten Soldaten« gemacht, dessen Überreste am Eingang von Westminster Abbey unter einer schwarzen Gedenkplatte ruhen: »The Tomb of the Unknown Warrior«. Der bedrohlich anmutende Leitsatz »*on ne passe pas*« (»hier werden sie nicht durchkommen«) diente dem Schiff als mahnende Parole gegen potenzielle

Feinde. Jetzt sollte die eindrucksvolle »Lady« in den Gewässern der Nordsee nach feindlichen Schiffen und U-Booten Ausschau halten.

»Unser Thema lautet heute: Wie lebt man als Christ und Soldat und in einer Umgebung, die alles andere als christlich ist?« Eine nachdenkliche Stille füllte den Raum.

Es war der letzte Bibelabend vor Jacks Abschied und vor seiner ersten Seefahrt auf der »Verdun«. Die Tage waren vorbei, in denen der Kirchgang eine Pflicht mit finanzieller Gegenleistung war. Liturgische Texte, die dem kindlichen Gemüt lediglich als Begleitmusik für die neuesten Kreuzworträtsel dienten, hatten in beiden Brüdern Spuren hinterlassen. Dieses Vermächtnis fiel einem jungen Pastor auf, der nach Highfields gezogen war und anfing, Jungs von der Straße in seine Pfadfindergruppe einzuladen und mit ihnen Bibelarbeiten zu machen. Der Krieg würde die erste wirkliche Belastungsprobe für einen neu entdeckten christlichen Glauben werden, der bis dahin nur im geschützten Rahmen der Heimatgemeinde sein Wirkungsfeld gehabt hatte.

Der Pastor räusperte sich und setzte wieder an.

»Ich drücke mich etwas klarer aus. Stellt euch vor, Jungs: Ihr lebt wochenlang auf engstem Raum in Gefahr, Not und Verzicht. Vielleicht habt ihr blutige und traumatische Szenen an der Front miterlebt, die euch an die Grenzen eurer emotionalen Kraft getrieben haben, vielleicht sogar Freunde verloren. Und plötzlich gibt es einen freien Abend, Geld in der Tasche, und ihr dürft in irgendeiner Großstadt der Welt Party machen. Ihr wisst genau, auf welche Weise eure Kameraden diese Zeit verbringen wollen. Und jetzt wollt ihr ihnen zeigen, dass es eine bessere Art zu leben gibt.«

Immer noch nachdenkliche Stille, dieses Mal mit einem Hauch Ratlosigkeit.

»Jack, was denkst du? Nimmst du deine Bibel und legst mit einer donnernden Predigt über das Laster der Sünde los und warnst deine müden, erschöpften, leidgeprüften Freunde vor dem göttlichen Gericht, das sie erwartet, falls sie sich zu viel Spaß erlauben?«

»Nein, Sir. Ich würde hoffen, ich meine, versuchen, schon im Vorfeld ...« Jacks Stimme, sonst voll von Zuversicht bei jedem Thema, war plötzlich unsicher.

»... schon im Vorfeld das Vertrauen der Männer zu gewinnen, ihnen Freund zu sein. Sir, wenn unser Christsein echt ist und nicht die spießige, weltfremde Religion ist, für die viele Menschen es halten, dann ...« Seine Stimme war jetzt klar und feurig. »Dann muss es in solchen widrigen Umständen erst recht sichtbar sein, ohne dass wir Menschen mit der Bibel über den Kopf hauen. Wenn Jesus uns dort nicht hilft, wo wir dem Tod ins Gesicht schauen, wo sonst? Sie haben selbst gesagt: ›Predige, und wenn es sein muss, mit Worten.‹«

»Gute Gedanken. Aber du hast die Frage nicht beantwortet. Was machst du mit dem freien Abend, Jack?«

»Ich würde hoffen, dass *ich* bestimmen darf, was wir an diesem Abend machen. Weil es ohne mich ohnehin keinen Spaß machen würde!«

Keine nachdenkliche Stille mehr, nur Lachsalven. Er hatte es nur im Spaß gesagt, fast nur im Spaß.

»Bei Jesus kam zuerst der Lebensstil, erst danach die Predigt«, schrieb er in seine Notizen nach diesem Abend. »›Und Jesus nahm zu an Weisheit und Alter und Gunst bei Gott und Menschen.‹ Klingt sehr religiös, bedeutet aber einfach, dass die Leute ihn mochten. Zumindest diejenigen, die nicht neidisch auf ihn waren. Und weil das der Fall war, *wollten* sie hören, was er zu sagen hatte.«

Im Auftrag Seiner Majestät

Erst im Nachhinein kann man locker von Zeiten erzählen, in denen jeden Tag das eigene Leben auf dem Spiel stand. Als sie Tag und Nacht in den Kriegsgewässern der Nordsee Wache hielt, wusste die Mannschaft des Zerstörers »HMS Verdun« noch nicht, dass sie, abgesehen von den für die Nordsee typischen Stürmen, unversehrt davonkommen würde.

Das Schiff geriet zu keinem Zeitpunkt in feindliches Feuer, aber die Erwartung ebendieses war eine elementare Rund-um-die-Uhr-Strapaze auf engstem Raum. Manche der jungen Männer waren zum ersten Mal von zu Hause weg. Mit jedem Nerv des Körpers unter Daueranspannung zu leben, dafür war rigorose Disziplin erforderlich, ob an Deck auf der Wache nach feindlichen Angriffen oder unter dem Wasserpegel, wo unablässig nach nicht registrierten U-Booten geortet wurde. Nur ein kleiner Lapsus konnte den Untergang des Schiffs bedeuten.

Die kräfteraubende Anspannung, die sich in den Seelen der jungen Männer anstaute, war enorm. Einzige Gelegenheit für eine Atempause war ein Kurzurlaub alle paar Monate, abhängig allerdings von den Launen und Bewegungen der deutschen Kriegsflotte. Oder ein Kurzaufenthalt in einer kleinen Raucherecke an Bord des Schiffs, in der die Matrosen, die gerade keinen Dienst hatten, ihre hoch geschätzten Tabakrationen verrauchen durften. Soldaten, die über 18 waren, bekamen auch gelegentliche Rumrationen. Mehr als diese dürftigen Vergnügungen hatte das Leben auf dem Schiff nicht zu bieten.

»*Darfst* du als Christ nicht rauchen oder *willst* du nicht rauchen?«, wurde Jack einmal von Sam O'Brien gefragt, einem irischen Matrosen, der unter den rauen Bedingungen auf dem Kriegsschiff und der Trennung von seiner Familie schwer zu leiden hatte. Er und Jack machten gemeinsam Pause auf der Raucherbank an Deck. Es war windstill und das Schiff lief auf ruhigen Wellen. Anstatt seine neue Ration Tabak zu inhalieren, war Jack dabei, sie sorgsam in ein Tuch einzuschnüren.

»Ich kenne jemanden, der den Tabak mehr schätzt als ich«, grinste Jack. »Meine Mutter arbeitet in einer Strumpffabrik, und ihr Chef liebt diesen Tabak über alles. Er bekommt all meine Rationen zu Weihnachten.«

»Obwohl es so eine schlechte Billigmarke ist?«, fragte Sam verwundert.

»Ach, irgendwie gefällt er ihm. Er stopft den Tabak in seine Pfeife, meint, er würde ganz lecker schmecken. Mein Vater ist auch Kettenraucher, aber für ihn ist das Zeug nicht gut genug. Und ich rauche in der Tat nicht: Der Hauptgrund ist, dass ich nicht süchtig werden möchte wie mein Vater! Ich beiße mich lieber mit viel Lesen durch, ja, und stell dir vor, sogar mit Beten und Singen.«

»Hast du Zeit für mich?«, fragte Sam und warf einen kurzen Blick um sich, um sicherzustellen, dass sie alleine waren.

Jack war nicht entgangen, dass seinem Freund etwas auf den Nägeln brannte.

»Ja, sicher. Was ist mit dir, Sam?«

Sam rang kurz um Fassung.

»Sie schreibt, dass sie einen netten amerikanischen Soldaten kennengelernt hat.«

»Sie? Wer ist sie?«

»Meine Frau.« Sam, die muskelbepackte Sportskanone der Schiffsmannschaft, fing an zu schluchzen wie ein Kind. »Jack, ich will sie nicht verlieren. Was soll ich tun? Mir brennen alle Sicherungen durch.«

»Nur mit der Ruhe, Sam. Woher weißt du, dass zwischen den beiden was läuft?«

»Sie schwärmt davon, dass er ihr Strümpfe und Unterwäsche aus den Staaten schickt. Da kann ich nie und nimmer mithalten. Wenn sie fremdgeht, will ich nicht mehr leben. Im Ernst, Jack!«

Jack blickte mitleidsvoll auf den kräftigen, abgehärteten Seemann, der neben ihm saß, gebeugt und mit den Händen über dem Gesicht.

»Pass auf, Sam. Deine Nerven liegen gerade blank. Kommt bei uns allen vor. Vielleicht ist es etwas ganz Unschuldiges. Sei mal ehrlich. Meinst du wirklich, sie würde ausgerechnet *dir* so fröhlich davon schreiben, wenn sie mit dem Kerl durchbrennen wollte? Vielleicht freut sie sich nur über die schönen Sachen und denkt sich nichts dabei. Du weißt, dass Frauen auf solche Dinge stehen.«

»Du hast recht. Seit Monaten nur ausharren, warten, noch mal aushalten. Manchmal denke ich, Jack, dass es einfacher wäre, wenn wir wirklich in Kampfhandlungen verwickelt wären. Dieses Warten treibt mich in den Wahnsinn. Du denkst sicher, ich bin eine feige Heulsuse.«

Jack legte als Antwort seinen Arm um die Schulter seines Freundes, drückte dessen Kopf sanft an seine Schulter.

»Wir haben noch eine Stunde frei, Sam. Ich hole mein Schachbrett. Spielen wir eine Runde und unterhalten uns weiter. Dann kommst du auf andere Gedanken.«

Kein Problem war gelöst, keine Krise ausgestanden, aber ein gebrochener Mann fasste Mut für einen weiteren Tag des Ausharrens.

Für seine militärischen Dienste auf der »Verdun« wurde Jack in den stolzen Rang des »Able Seaman John Sperry« befördert, ein Titel, der den Soldaten zustand, die sich mindestens zwei Jahre lang auf hoher See ausgezeichnet hatten. Danach verschlug es Jack auf eine Flottille von sechs Minenräumschiffen und Richtung Ostasien, in die Arme der japanischen Supermacht. Letztere hatte sich nach dem legendären Angriff auf Pearl Harbour im Dezember 1941 mit Entschlossenheit aufgemacht, neue Weltmacht im Pazifik wie auch in ganz Südostasien zu werden. Jacks Flottille war nach der Kapitulation der Japaner am 2. September 1945 an der Aufräumaktion beteiligt. Die feindlichen Streitkräfte hatten die verlassenen Gewässer – sozusagen als Abschiedsgeschenk – mit Minen übersät. Die Aufgabe der Flottille war es nun, diese zu entdecken und zu entschärfen, bevor sich weitere alliierte Schiffe einen Weg durch die ehemals feindlichen Meere bahnten.

»Ein Hoch auf den Frieden in Europa! Derweil überwachen wir in aller Treue die Außenposten des Empires und mühen uns Tag für Tag unter Einsatz unseres Lebens ab, die Wasserwege Seiner Majestät frei zu halten«, schrieb Jack scherzhaft an seine Eltern, »nur damit ihr eure Essensrationen bekommt, wie die Maden im Speck herumfaulenzt und vor allem damit du, lieber Vater, auf deine lebenswichtigen Zigaretten nicht verzichten musst! Demnächst machen wir uns Richtung Malaysia auf. Ich habe Roy geschrieben, dass er nach unserer Schiffsnummer J389 Ausschau halten und mir zuwinken soll, falls er zufällig an einem der Tausend Strände Asiens spazieren geht und meine hochgewachsene Gestalt an Deck erspäht, während unser Schiff zufällig an ihm vorbeisegelt.«

Dieser Scherz hatte prophetische Kraft. Dass Jacks Schiff tatsächlich in den Hafen der Insel Penang in Malaysia einlief, gerade als Roy einen Spaziergang am Strand machte und die Schiffsnummer J389 an einem vorbeisegelnden Minenräumschiff erkannte, war der Stoff für lange Briefe nach Hause mit euphorischen Beschreibungen der unvergesslichen drei Tage, die die Brüder in Fernost miteinander verbringen durften.

Der 8. Mai 1945. Harry Truman, Präsident der Vereinigten Staaten, gab die »unconditional surrender« (»die bedingungslose Kapitulation«) von Nazi-Deutschland bekannt und Winston Churchill schloss die Rede seines Lebens mit verhaltener Freude ab: »We may allow ourselves a brief moment of rejoicing – long live the call of freedom!« (»Wir dürfen uns einen kurzen Augenblick der Freude erlauben – lang lebe der Ruf der Freiheit!«) Adolf Hitler hatte sich lieber das Leben genommen, als zu kapitulieren. Truman und Churchill warnten vor einer übertriebenen Euphorie, hatten doch 50 Millionen Menschen ihr Leben in diesem Krieg verloren. Nichtsdestoweniger wurde VE-Day (»Victory in Europe«) ausgerufen, die kriegsmüden Länder Europas atmeten kollektiv auf und feierten das Ende des Leidens in den Großstädten Europas mit ausgelassenen Straßenfesten. Für die Sperry-Brüder in Fernost stand jedoch noch keine Heimreise bevor. Die Japaner versuchten bis zuletzt, sich an die Vorherrschaft in Asien zu klammern, und bezahlten dafür einen bitteren Preis.

Eine Stimme in den Trümmern

»Legen wir tatsächlich an?«, fragte Jack verwundert.

»Ja, wir haben bis zum Abend frei und dürfen an Land. Wenn wir das hier überhaupt Land nennen können. Wir werden vermutlich nicht auf unseren Sieg anstoßen, Kameraden.«

Die Matrosen unterhielten sich nicht über eine kurze Vergnügungsfahrt als Erholung nach einer langen Seefahrt. J389 hatte gerade am japanischen Ufer unweit der Stadt Hiroshima angelegt.

Hier hatte die erste Atombombe am 6. August 1945 ihre tödliche Pilzwolke in die Luft geschleudert, bevor die Kriegshafenstadt Nagasaki wenige Tage danach ebenfalls in Schutt und Asche gelegt worden war, um die japanische Militärmacht endgültig in die Knie zu zwingen. 92 000 Zivilisten wurden mit diesen beiden Schlägen nicht nur in die Knie, sondern ins Grab gezwungen. Bis Jahresende und auch danach sollten es noch weit mehr werden, denn die Spätfolgen der beiden Atombomben ließen Tausende Menschen einen langsamen und qualvollen Tod erleiden.

Fast ein halbes Jahr nach dem Abwurf blickte eine Gruppe von Marinesoldaten auf die leblose Geisterstadt, die früher eine blühende Metropole gewesen und jetzt in ein Totenreich verwandelt war. Das Trümmerfeld erstreckte sich über vier Quadratkilometer. Ein einziger Blick auf die flache, von Bergen umgebene Ebene genügte, um das unvorstellbare Maß der Tragödie zu erfassen.

»*Eine Ruinenstadt, die komplett von einer Schicht Staub verhüllt war. Ein leicht saurer Geruch, irgendetwas Chemisches, hing in der Luft. Farben gab es nicht. Ein Mausoleum für ein ganzes Volk*«, schrieb Jack mit einem Schaudern in sein Tagebuch. »*Nur das Krankenhaus war als Gebäude erkennbar. Wie ein Film, der in voller Bewegung plötzlich durch einen Filmriss anhält und sein Bild verliert. Aber anstatt nach Behebung des*

Defekts weiterzulaufen, implodiert er und zerstört die ganze Geschichte. Für immer. Und es war eben kein Film. Es war ein Ausflug in die Hölle. Befanden wir uns tatsächlich auf der Erdoberfläche oder waren wir eine Ebene darunter?«

Die Soldaten irrten ungehindert durch die Ruinen. Zu reden wäre einem Verbrechen gleich gewesen. Es war, als ob aus dem vergifteten Boden die Schreie der Sterbenden hallen würden. Kinder, Männer, Frauen, die ihren normalen Geschäften nachgegangen waren. Und dann in einem Augenblick ausgelöscht, zu Hunderten, zu Tausenden.

Plötzlich bewegte sich etwas mitten in der geisterhaften Stille. Eine kleine Traube Menschen durchkämmte die Überreste eines Wohnhauses. Mit einem Freudenschrei hob ein junges Mädchen die zerfetzten Reste einer Puppe in die Luft.

»Als sie uns sahen, standen sie plötzlich Spalier und verbeugten sich tief«, schrieb Jack weiter, *»ich musste kurz überlegen, warum, dann fiel mir mit Entsetzen ein, was seit Anfang dieser Exkursion nach Hiroshima bei uns allen völlig in Vergessenheit geraten war: Wir waren die Sieger, sie die Besiegten. Das wussten auch sie. Warum kam ich mir in dem Augenblick wie der hoffnungsloseste aller Verlierer vor? Diese armen Leute hatten doch nichts verbrochen. Warum erwischt es immer die Unschuldigen?«*

Es war eine dieser allzu kurzen Schnittstellen, an denen die gewissenlose Kriegsmaschinerie, die die Welt sechs Jahre lang erbarmungslos niedergewalzt hatte, ein menschliches Gesicht bekam: das verweinte Gesicht eines Kindes. Die gebeugte Gestalt einer jungen Mutter auf der Suche nach ihren Teetassen, nach ihrer Perlenkette, nach ihrem Baby.

Jack erlebte den Augenblick wie in Zeitlupe. Irgendetwas noch nie Dagewesenes rührte sich tief in seinem Bewusstsein. Bilder flimmerten im Eiltempo durch seinen Kopf. Nachkriegsengland. Der Chefsessel seines Vaters, Geldscheine aufgestapelt auf einem Tisch. Schmucke Häuser in einem britischen Vorort, jedes mit einem Erker versehen und von einem Rosengarten umgeben. Seine Mutter liebte Rosen. Schachspiele mit seinem Bruder, ein Lagerfeuer mit den Pfadfindern. Ein gelegentlicher Predigtdienst. Aber zwischen diese Schnappschüsse drängte sich immer wieder dieses grauenhafte Bild der Trümmer und des Mädchens, das seine Puppe suchte. Und dann andere Bilder: Jack als stolzer Kapitän seines eigenen Schiffes, hochgewachsen, sonnengebräunt, von allen bewundert. Glanzvolle Abenteuer auf hoher See. Und wieder das Kind. Als ob es sich mit aller Gewalt in seinem Herzen Platz schaffen, dort nach Zuwendung suchen würde. Unerbeten, unerwünscht. Peinlich.

»Gehen wir zurück aufs Schiff?«, sagte er zu seinen Kameraden.

»Alles in Ordnung, Jack?«

»Mir ist bloß etwas schwindelig. Die schlechte Luft wahrscheinlich«, antwortete er abwesend.

Alle wunderten sich über Jacks bedrückte Stimmung. Er lief auf dem Schiffsdeck hin und her, in Gedanken versunken. In der Nacht träumte er. Graue Steinplatten mit unleserlichen Inschriften in einer gottverlassenen Landschaft, in der es keine Bäume gab. Ausgedorrte Gräser, die zwischen den Platten wehten. Eine trockene Brise, die durstig machte. Keine Sonne. Er versuchte, ein Zelt aufzustellen, fand aber keinen Platz zwischen den Steinplatten. Es war zu windig. Er suchte nach seiner Wasserflasche, aber sie war weg. Das Mädchen lief vorbei, sie suchte zwischen den Steinen nach der Puppe. Er wollte sie fragen, wo es Wasser gab und wer denn unter den Steinen lag, aber er konnte sie nicht einholen. Er wachte auf und hatte Kopfweh.

Hatte Gott seine Finger im Spiel? Wollte er Jack an frühere Entschlüsse und Versprechen erinnern? Gottesbegegnungen sahen doch aber anders aus. Mit einem eindeutigen Reden von Gott, mit freudiger Gewissheit und einem klassischen missionarischen Sendungsbewusstsein verbunden. Oder doch nicht? Der Prophet Daniel war zwei Wochen lang krank gewesen. Jesaja erlitt so etwas wie einen Zusammenbruch. Mose rang mit der eigenen Unsicherheit und weigerte sich.

Hiroshima hatte sich in seiner Seele eingenistet, ob er wollte oder nicht.

Jahre später in der Arktis schöpfte Jack den Verdacht, dass dieser schicksalhafte Abstecher ans japanische Ufer nicht nur seelische, sondern auch körperliche Spuren hinterlassen hatte. Er wurde von einer unerklärlichen Krankheit heimgesucht, für die es auch nach vielen Arztbesuchen keine Diagnose gab. Inzwischen gab es jede Menge Untersuchungen zu den Spätfolgen radioaktiver Strahlung bei Menschen, die der verseuchten Luft Hiroshimas und Nagasakis ausgesetzt gewesen waren. Als Jack einen Spezialisten fragte, ob dies die Ursache seiner Beschwerden sein könnte, zeigte sich dieser unbeeindruckt und lenkte Jacks Aufmerksamkeit mit trockener Nüchternheit auf eine andere Tatsache.

»Ich sehe, Sir, dass Sie sich hauptsächlich von Karibufleisch ernähren. Wenn radioaktive Strahlung in Ihren Körper gelangt ist, dann ist es wahrscheinlicher, dass dies über die Karibus gekommen ist. Im Winter wandern die Tiere nämlich über den tiefgefrorenen Nordpol nach Russland und ernähren sich vom Moos der nördlichen Tundra. Und wo, meinen Sie, führen die Russen ihre ganzen radioaktiven Tests durch?«

Woher die Symptome kamen, wurde nie geklärt. Sie gingen von alleine wieder weg.

*

Am Ende seines Dienstes bei der Marine winkten Jack zwei Lebensentwürfe. Das Angebot, in den Offiziersrang befördert zu werden und auch nach dem Krieg Karriere bei der Marine zu machen, war für einen jungen Mann verlockend, der in fünf Jahren auf Kriegsschiffen ein Seefahrer aus Leidenschaft geworden war. Und dann der

Lebensweg, den sein Vater für ihn vorgesehen hatte: ein bürgerlicher Traumjob als Chef der Schuhfabrik in Leicester. Der Betrieb war entgegen allen Erwartungen gediehen, und William träumte von einem Familienunternehmen mit seinen Söhnen.

Jack ging stundenlang in dem Park spazieren, in dem er als Junge Kricket gespielt hatte, und dachte an die Mutter, die in den Ruinen ihres Hauses nach Überresten einer verlorenen Existenz gesucht hatte. Und dann wieder an das Kind. Ein neues Element gewann in diesen Wahrnehmungen immer klarer an Gestalt: Der Gedanke daran, dass es auf dieser Erde unzählige »Hiroshimas« gab, in denen Menschen mitten in Lebenstrümmern nach vertrauten Relikten einer sinnvollen Existenz suchten. Ein inneres Drängen drückte ihm auf der Seele und verwandelte sich in ein unausgesprochenes Gebet, das jedes andere Vorhaben nach und nach zum Schweigen brachte.

»Gib mir nur ein Stück gebrochene Menschheit, einen wüsten Landstrich irgendwo in dieser Welt, und ich werde versuchen, zu helfen, Gutes zu tun, die Folgen menschlicher Grausamkeit rückgängig zu machen.«

Der Tag kam, an dem Jack wusste, dass dies die Stimme Gottes war.

Frisch von einer gefährlichen Zeit auf hoher See zurückgekehrt, während viele Söhne, Brüder und Ehemänner nicht den Luxus hatten, ein Nachkriegsgroßbritannien zu erleben, haderte Jack mit der Notwendigkeit, seinem Vater von seinen Plänen für einen ungewöhnlichen Lebensweg zu erzählen. Mit einem dankbaren Aufatmen hatte sich das Elternpaar Sperry nach den überstandenen Kriegsstrapazen auf die Rückkehr zu ihrem fröhlichen Vierer-Gespann am heimischen Herd gefreut.

»Und wenn es nicht die Fabrik sein sollte, was dann?«, fragte William, nachdem sein ältester Sohn das schwierige Thema zaghaft angeschnitten hatte. *Unfreundlich klingt er nicht,* dachte Jack. William Sperrys wüste Töne und Launen waren weit und breit gefürchtet.

Nach diesem harmlosen Einstieg fuhr Jack mit etwas mehr Zuversicht fort.

»Ich weiß nicht, wohin ich möchte, Dad. Auf jeden Fall in die Mission, irgendwohin auf der Welt. Ich denke, in den hohen Norden, vielleicht zu den Eskimos. Aber das will ich erst gründlich prüfen. Erster Schritt wird wohl eine Bibelschule sein.«

»Ein Jahr lang? Zwei Jahre? Bekommst du Taschengeld? Wer bezahlt dich?«

»Na ja … so einfach ist es nicht, Dad. Drei Jahre, kein Taschengeld, ich muss es selbst bezahlen, jeden Pfennig davon, Unterkunft, Essen, Studiengebühren. Ich will vorher arbeiten, um das Geld dafür zusammenzusparen.«

Jetzt war alles raus.

Jack erwartete, dass ihm Empörung entgegenschlug und versuchte, seine Anspannung nicht zu zeigen. Doch das verärgerte: »Im Krieg bist du übergeschnappt« oder: »Hast du sie nicht mehr alle?« oder: »Wer hat dir diesen blöden Floh ins Ohr gesetzt?«, das er erwartet hatte, kam nicht. Stattdessen eine kurze Pause und dann das Letzte, womit er gerechnet hatte:

»Und wie viel Geld brauchst du, mein Sohn?«

Eigentlich hätte Jack wissen können, dass sein Vater, streng und rabiat wie dieser manchmal sein konnte, niemals ernst gemeinten Plänen im Leben seiner Söhne im Wege gestanden hätte.

Da dieses heikle Hindernis nun beseitigt war, stürzte sich Jack in erste Vorbereitungen für sein ehrgeiziges Vorhaben. Etappe eins hatte einen Namen: »Emmanuel Bible College«, ein renommiertes Trainingszentrum für Missionare, in der Hafenstadt Birkenhead nahe Liverpool gelegen. Hier konnte man sich mit den Entbehrungen auf fernsten Missionsfeldern vertraut machen und prüfen, ob man dazu die nötige Willenskraft besaß.

Jack hatte als Rückenwind für seinen neuen Schritt nicht nur den vollen Segen, sondern auch die finanzielle Unterstützung seiner Eltern. Für ihn blieb die Opferbereitschaft der Sperry-Eltern, die später bereit waren, wenn auch mit schwerem Herzen, sogar den zweiten Sohn in die weite Welt ziehen zu lassen, ein bleibender Anlass zur Dankbarkeit und das größte Wunder von allen in einer Lebensgeschichte, die noch viele Wunder bezeugen würde.

Die Vorbereitung beginnt

»Und Regel drei lautet: Es ist absolut, aber wirklich *absolut* kein Austausch zwischen männlichen und weiblichen Mitgliedern dieses Colleges erlaubt.«

Der Direktor des Colleges schaute über seine Brille und fokussierte seinen garstigsten Blick einen Augenblick lang auf die Reihen von neuen Studenten, die in stiller Ehrfurcht vor ihm saßen, die Frauen links, die Männer rechts.

Die Worte saßen. Die empörte Stille im Raum war voll mit unausgesprochenen Protestschreien.

»Mit Studenten und Studentinnen, die sich dieser Regel widersetzen, wird kurzer Prozess gemacht. Er oder sie wird ohne Verwarnung entlassen, das Ticket nach Hause bezahlt er oder sie selbst.«

Schien der ehrwürdige Gentleman den Horror schadenfreudig zu genießen, den er in zahlreichen jungen Seelen gerade ausgelöst hatte, oder hatte sich Jack das nur eingebildet?

»Jetzt zu Regel Nummer vier …«

»Es war also doch kein Gerücht, es stimmt wirklich, George«, sagte Jack später zu seinem Zimmergenossen, als sie sich wieder zu reden trauten. »Dass sie wirklich *so* streng sind, hatte ich nicht geglaubt.«

»Aber schauen darf man«, erwiderte George schelmisch, »gegen Schauen gibt es keine Regel.«

»Von wegen!«, wand Jack energisch ein. »Die Damen nehmen sogar einen anderen Weg zur Kirche und sitzen auf der anderen Seite, auf den hinteren Kirchenbänken! Keine der Regeln hat so viele Unterparagrafen«, sagte Jack und hielt seinem neuen Freund das Papier unter die Nase.

»Mahlzeiten werden zu getrennten Zeiten eingenommen, und nach den Vorlesungen müssen die Damen den Saal verlassen, bevor die Männer sich von ihren Plätzen erheben. Sie können uns gleich

Scheuklappen aushändigen, oder? Die Marine war ein Honigschlecken im Vergleich zu dem hier!«

»Da gab es halt gar keine Frauen, Jack. So kann man das Problem auch lösen. Ach komm, deine atemberaubende Erscheinung wird die Damen schon aus der Ferne in eine kollektive Ohnmacht versetzen, ohne dass du ein Wort sagst.«

»Hör du bloß damit auf.« Jack schubste George kameradschaftlich in die Seite. »Ich bin nicht auf Abenteuer aus, sondern auf eine Beziehung fürs Leben. Wenn ich in drei Jahren irgendwo im karg bevölkerten Niemandsland im Auftrag des Herrn lande, dann muss ich doch vorher die entsprechende Frau kennenlernen, oder? Und wo soll ich sie finden, wenn nicht hier?«

Die unerbittliche Regel drei des Emmanuel-Colleges war kein willkürlicher Streich, um den Studenten das Leben schwer zu machen. Die Verantwortlichen dort nahmen die Anweisungen des Apostels Paulus an seinen jungen Freund Timotheus beim Wort: »Niemand, der Kriegsdienste leistet, verwickelt sich in die Beschäftigungen des Lebens, damit er dem gefalle, der ihn angeworben hat« (2. Tim 2,4).

Der Ruf in die Mission wurde nicht mit Gänseblümchenzupfen »vielleicht ja, vielleicht nein«, nach der Devise »Schauen wir mal, ob es klappt« beantwortet. Es gab für die Studenten nur die Antwort eines gehorsamen Soldaten auf den Befehl seines Generals, der Ruf bedeutete für sie die Absage an jeden Gedanken an Selbstverwirklichung und wurde im Vorfeld ernsthaft geprüft.

Es war nicht einfach, die Entscheidung rückgängig zu machen, nachdem sie gefällt worden war. Erst recht durfte der innere, konzentrierte Blick nicht durch romantische Liebschaften getrübt werden. Ein Missionar, der zum ersten Mal ins Ausland aufbrach, konnte erst nach fünf Jahren mit einem Heimaturlaub rechnen. Fehlentscheidungen kosteten einen hohen Preis.

Jack tröstete sich mit der biblischen Geschichte des ersten Menschen, der sich in einem Tiefschlaf befand, als ihm eine wunderschöne Frau von Gott selbst zugeführt wurde, und fügte sich, mehr oder weniger, den drakonischen Regeln der Geschlechtertrennung. Neugierige Blicke schweiften hin und her auf den getrennten Wegen zur Kirche, durch den Esssaal, vor und zurück im Vorlesungssaal, während die eifrigen angehenden Missionare sich in gewichtige Fächer wie Missiologie, Eschatologie, Homiletik, Christologie und Ekklesiologie vertieften.

Mitten im streng getakteten Tagesablauf der Missionsschule wuchs Jacks Überzeugung, dass sein Interesse am Volk der Eskimos mehr als ein Wunschtraum oder gar ein Überbleibsel der pompösen Ausführungen von Mr Grattidge in seiner Schulzeit war. Seine schönsten Stunden waren die Abende, an denen er alles daransetzte, diesem Volk auf die Spur zu kommen, seine Geschichte und Bräuche auszukundschaften.

Er fand zum Beispiel heraus, dass die Wikinger als erste Forscher auf diese Ureinwohner Grönlands und Nordamerikas gestoßen waren, dass sie sie »Skraellings« nannten und mit ihnen sowohl friedliche wie auch feindliche Begegnungen hatten. Der Name, der sich weltweit als umgangssprachliche Sammelbezeichnung für die Völker im nördlichen Polargebiet durchsetzte, war jedoch »Eskimo«, eine Abwandlung von zwei Indianerbegriffen: »Eskiquimantsic« und »Ashlimegu«. Beide Wörter bedeuten »Rohfleischesser«. Vom Standpunkt der Indianer aus, die die Eskimos als Konkurrenten um wertvolle Jagdreviere empfanden, war dies alles andere als ein Kompliment.

»*Wahrscheinlich ist es dir nie als seltsam aufgestoßen, lieber Roy, dass die Eskimos seit Jahrhunderten in einer Umgebung überleben, in der sie kein Vitamin C aufnehmen können*«, schrieb er an seinen Bruder. »*Vitamin C ist übrigens, falls du dich nicht mehr an Biologie mit Miss Jolliffe erinnern kannst, die überlebenswichtige Substanz, die unser Körper aus Gemüse zieht. Der Boden in der Arktis ist aber immer tiefgefroren, es gibt kein Grünzeug. Das Überlebensgeheimnis der Eskimos steckt ausgerechnet in dem Namen ›Rohfleischesser‹. Das rohe Fleisch kommt ja großteils von Fischen und Robben, aber auch von Karibus. Letztere ernähren sich wiederum von kleinen Tundrabeeren, die in der Sommerzeit im Unterholz in der südlichen Arktis wachsen. Diese Dinge sind kleine Vitaminbomben. Auf diesem Weg kommt Vitamin C in die Nahrungskette und bleibt, wenn das Fleisch nicht gekocht wird, erhalten. Regelrechte Nährstofflieferanten. Wären ihre Vorfahren keine ›Rohfleischesser‹ gewesen, würde es die Eskimos als Volk heute gar nicht geben.*

In dieser Hinsicht ist der Einbruch unserer sogenannten Zivilisation für sie absolut kein Segen. Sie fangen an nach unserem Vorbild ihr Fleisch zu kochen und zu braten und werden krank. Viele sterben an Skorbut.«

Jack studierte Atlanten, las Bücher von Polarforschern und Missionaren und sammelte so viel Lebensgefühl für eine fremde Existenz, wie man es eben aus der Ferne an einem Schreibtisch tun kann. Ein Blick auf die Landkarte zeigte, dass sich das Gebiet der Eskimos von der Tschuktschen-Halbinsel Nordostsibiriens über die Beringstraße und die arktischen Regionen Alaskas und Kanadas bis nach Grönland erstreckte. Obwohl ihre Siedlungsgebiete geografisch weit auseinander lagen, hatten sie eine bemerkenswert einheitliche Kultur- und Sprachverwandtschaft. Ihre Zahl im gesamten Arktisgebiet wurde auf etwa 10 000 geschätzt.

Aber es waren nicht nur kulturelle Details, die Jack faszinierten.

»Was für Menschen müssen das sein, die es fertigbringen, jahrhundertelang in diesem unmenschlichen Klima eine Existenz zu bestreiten«, schrieb er in sein Tagebuch. *»Sie haben nicht einmal Häuser. Nur Tierhäute und Schnee. Leben das halbe Jahr über in kompletter eiskalter, gottverlassener Dunkelheit.*

Lebensfeindlicher geht es nicht. Sie bringen aber den schlimmsten Widrigkeiten zum Trotz Generationen um Generationen von Kindern auf die Welt und bauen eine Kultur.«

Die Faszination ließ ihn nicht los.

Romanze mit Hürdenlauf

»Sehr geehrte Miss MacLaren,
ich weiß nicht ganz, wie ich beginnen soll. Wer ich bin, wissen Sie schon. Da ich nun seit einer Woche von den Einschränkungen der Regel drei befreit bin, möchte ich mich mit einer besonderen Bitte an Sie wenden, die mich allerdings Mut kostet. Ich fürchte, dass die albernen Streiche, für die ich während meiner Zeit im Emmanuel Bible College berüchtigt war, über die Tatsache hinwegtäuschen könnten, dass ich es mit meiner Hingabe an unseren Herrn ernst meine und meine Entscheidung für ein Leben in seinem Dienst unerschütterlich ist. Hiervon möchte ich Sie von ganzem Herzen überzeugen, bevor ich Ihnen das Interesse bekunde, das ich seit längerer Zeit an Ihrer Person habe …«

Elisabeth MacLaren, von Freunden und Familie Betty genannt, hatte ihr drittes und letztes Studienjahr im Emmanuel College noch vor sich. Selbst die strengen Vorschriften von Regel drei konnten nicht verhindern, dass sie einen Brief von einem Verehrer in Empfang nahm. Die ruhige, zierlich gebaute junge Frau mit ihren blonden Haaren und ihrer sachlichen Art, seriösem Blick und festem Schritt war Jack in den letzten zwei Jahren seines Studiums des Öfteren aufgefallen.

Da sie einen weit größeren Respekt vor Verordnungen hegte als er, sich ihrem Studium mit ungeteiltem Herzen widmete und die Männergesellschaft des Colleges kaum eines Blickes würdigte, war er sich alles andere als sicher, ob sein erster Annäherungsversuch auf fruchtbaren Boden fallen würde.

Nachdem Jack während seines dreijährigen Aufenthalts am Emmanuel Bible College klar geworden war, dass das Ziel dieser langen Vorbereitungszeit wirklich das Eskimovolk im Norden Kanadas sein würde, hatte er die hohen Anforderungen der anglikanischen Arktisdiözese, die seit vielen Jahren nördlich des Polarkreises in den einheimischen Siedlungen arbeitete, zur Zufriedenheit erfüllt. Seine Reise nach Kanada stand in einigen Wochen bevor. Nur noch diese eine Sache wollte er erledigen.

»Ich glaube nicht, dass sie ein romantischer Typ ist, der auf Gedichte und Sentimentalitäten steht«, hatte er mit Erleichterung erkannt, »deshalb versuche ich es lieber auf die nüchterne Tour.« So begründete er sein »Interesse an Ihrer Person« mit einigen sachlichen Argumenten und schloss

»mit besten Segenswünschen und in der Hoffnung, von Ihnen eine baldige Antwort zu erhalten,
Ihr sehr ergebener
Jack Sperry«

Mindestens drei Entwürfe landeten im Papierkorb, bevor er den Umschlag mit einem Zittern im Herzen zum Briefkasten trug und die ganze Zeit mit Reue an die Nacht dachte, in der er und ein paar andere Jungs aufs Dach des Damenhauses geklettert waren und mit dem gruseligen Ruf »Gespenster, Gespenster« Bimmelglocken in die Schornsteine hinuntergelassen hatten. Die aufgebrachten Schreie der aus dem Tiefschlaf gerissenen Studentinnen hatten selbst diesen hartgesottenen Kerlen einen richtigen Schreck eingejagt.

»Nur gut, dass wir nicht erwischt wurden«, dachte Jack und errötete leicht in der verzweifelten Hoffnung, dass Miss MacLaren keinen Verdacht bezüglich des Initiators dieses Verbrechens geschöpft hatte.

Ein weiterer Grund zur Sorge war das Gerücht, dass Betty MacLaren einen klaren Ruf von Gott nach Afrika verspürte. »Möchten Sie mein Schneehaus mit mir teilen?«, wie es in seinem ersten Entwurf gestanden hatte, wäre in diesem Fall nicht gerade der optimale Ansatz für einen Heiratsantrag gewesen. Ob man aus romantischen

Gründen einen göttlichen »Ruf« in die entgegengesetzte Richtung bekommen konnte?

Er schrieb ernsthaft, mit Nachdruck, offensichtlich glaubwürdig genug, um Bettys Herz zu bewegen. Dass sie im Auftrag des Evangeliums irgendwohin gehen wollte, war ihr seit jungen Jahren klar. Eine strenggläubige Großmutter hatte jahrelang schon ein betendes Auge auf das blonde Mädchen gehabt, das mit seinen ernsten Augen und bohrenden, alles andere als kindlichen Fragen über Gott und die Welt über seine Jahre hinaus reif gewesen war. Sie hatte mit ihr Bibelgeschichten gelesen, ihr eine erste eigene Bibel geschenkt und wurde das Gefühl nicht los, dass Gott für dieses Kind einen ungewöhnlichen Lebensweg vorgezeichnet hatte.

Als sie 16 Jahre alt war, kniete Betty eines Abends neben ihrem Bett und betete aus einer plötzlichen Gottessehnsucht heraus: »Herr, wenn du es ernst mit mir meinst, zeig mir bitte deinen Weg. Ich will deine Zeugin sein.«

Als sie kurz danach aufstand, über ihr eigenes Gebet leicht erschrocken, wie auch über ihre Anmaßung, die Stimme Gottes hören zu wollen, schien es ihr plötzlich, als ob der Raum hell würde. Ob die Stimme im gewöhnlichen Sinne hörbar war oder nicht, konnte sie später nicht sagen. Aber der Inhalt war eindeutig: »Ich werde dich rufen, und sobald ich rufe, will ich, dass du gehst, ohne zu zögern.«

Es war nicht eine dieser »Visionen«, die einem religiösen Wunschdenken entstammen und mit denen moderne, wohlstandsverwöhnte Christen gerne prahlen in der Hoffnung, durch sie mit billiger göttlicher Erlaubnis ein persönliches Selbstverwirklichungsprogramm durchziehen zu können. Wer Gott wirklich intensiv begegnet ist, berichtet nicht leichtfertig davon.

So auch die junge Elisabeth MacLaren. Die Echtheit ihrer Gottesbegegnung erwies sich dort, wo nur wahre Gottesbegegnungen sich zeigen: in der Opferbereitschaft und Selbstlosigkeit ihres Lebensstils. Eine biblische Vision ist heute, wie zu biblischen Zeiten, immer mit einem Mandat verknüpft.

Ihre Antwort auf Jacks Brief war nicht überschwänglich, aber auch nicht abweisend. Sie war eben nicht die Sorte von Frau, die in Ekstase geriet. Aber auch ihr Blick hatte weit genug gestreift, um von dem großen, gut aussehenden jungen Prediger beeindruckt zu sein, der in seinem Abschlussjahr am College oft den Gottesdienst geleitet und die Studentenschaft mit seinem schelmischen, gewinnenden Charme immer zum Lachen gebracht hatte. Konnte dies der Ruf sein, den sie nach ihrem Gebet damals gehört hatte?

»Ganz abgesehen davon: Mit ihm zusammen monatelang im Schnee eingeschlossen zu sein, wäre nicht das Schlimmste, was einer Frau passieren könnte«, dachte sie, als sie ihren Antwortbrief zum Briefkasten trug und sich mit jedem Schritt besser vorstellen konnte, dass Gott sie als Gehilfin an Jacks Seite stellen wollte.

Es dauerte nicht lang, bis Jack weit schwierigere Briefe verfassen musste. Diese gingen an die Aufsichtsbehörde der Arktismission und an den Bischof der »Northwest Territories«, seinen zukünftigen Vorgesetzten.

»Exzellenz,
Sie dürfen sich wegen meiner Wahl einer Ehefrau keine Sorgen machen. Auf Ihre Genehmigung warten wir sehnlichst. Elisabeth MacLaren und ich werden gerne und von ganzem Herzen alle Vorlagen der Diözese erfüllen, die uns von Ihnen auferlegt werden.

Sie fragen mich, wie lange ich Miss MacLaren kenne. Um genau zu sein, zwei ganze Jahre. Wir haben in der Zeit zwar, gemäß den Anordnungen des Colleges, kein Wort miteinander getauscht, aber ich war mir auch aus der vorgeschriebenen Entfernung heraus absolut sicher, dass sie die Frau ist, die mir Gott zur Seite stellen möchte, auch ohne mit ihr gesprochen zu haben. Nach meinem Abschluss tauschten wir regelmäßig Briefe miteinander aus und lernten uns auf diesem Weg besser kennen. Wie viel Zeit wir miteinander verbracht haben? Einen gan-

zen Tag. Ich verbrachte ein paar Stunden mit ihr und ihren Eltern in ihrer Heimatstadt Belvedere in Kent, wo ich die Zustimmung ihres Vaters zur Heirat erhielt, und danach verbrachten wir einen glücklichen Tag alleine miteinander, bevor sie zum College zurückmusste. Mit jedem Augenblick in ihrer Nähe war ich überzeugter, die richtige Wahl getroffen zu haben.«

Der Bischof sollte das letzte Wort haben.

Die letzte Hürde

Elisabeth MacLaren wurde in eine Familie von Bergleuten hineingeboren und verbrachte ihre Kindheit in Nordostengland, bis Mr MacLarens Suche nach neuer Arbeit die Familie nach Kent in Südengland verschlug. Bettys Vater hatte durch eine schwere Verletzung im Kampf an der Sommes im Ersten Weltkrieg ein Auge verloren und war auf der linken Körperhälfte gelähmt. Ansonsten war das Vorhaben der Tochter, mit einem jungen Mann, den sie kaum kannte, fast bis an den Nordpol reisen zu wollen, das Spektakulärste, was sich je in Jacks zukünftiger Schwiegerfamilie MacLaren zugetragen hatte. Diese Hürde würde wohl die schwierigste sein.

»Soso, die Eskimos«, murmelte Mr Andrew MacLaren, als er »Bettys jungen Mann«, wie er in familiären Kreisen bis dahin bezeichnet wurde, bei der ersten Begegnung mit einer Mischung aus Bewunderung und Skepsis musterte. »Sie dürfen sich übrigens mit Keksen bedienen. Milch in Ihren Tee?« Die zwei Männer saßen spätnachmittags im Halbdunkel des kleinen Wohnzimmers bei MacLarens zu Hause. Mr MacLaren zupfte nervös an den Fusseln einer Tweedjacke, die seinen korpulenten Umfang vorne nicht ganz bedeckte und deshalb immer offen blieb. Es war Jack nebenbei aufgefallen, dass die Knöpfe vorne unbenutzt waren.

»Warum müssen sie missioniert werden? Warum muss überhaupt jemand missioniert werden?« McLaren sprach mit der derben Rauheit der schottischen Landschaft, in der er aufgewachsen war. Eine Rauheit, die ehrliche Antworten einforderte, aber nicht unfreundlich war.

Es gab kein Thema, über das Jack inzwischen lieber redete als die Eskimos. Es war ihm im Vorfeld schon klar gewesen, dass er mit überzeugenden Gründen aufwarten musste, um den MacLarens die bevorstehende Entführung der Tochter in den entlegensten Teil des Planeten schmackhaft zu machen. Er rührte seinen Tee nachdenklich um und blickte konzentriert auf den Silberlöffel, den er in der Hand hielt.

»Ich habe genug Milch in meinem Tee, danke, Sir.« Er zögerte, holte tief Luft.

»Irgendwo anfangen«, dachte er bei sich.

»Eine gute Frage, Sir. Weil sie seit Jahrhunderten in jeder Hinsicht in einer stockdunklen Finsternis leben und sich nach Licht sehnen.«

Das zumindest war ein Gefühl, das der Kriegsveteran MacLaren gut kannte. Äußerlich wirkten seine Augen noch intakt. Erst beim näheren Hinschauen sah man, dass kein Licht aus dem einen leuchtete und dass ein Mundwinkel herunterhing. Es stieß Jack für einen kurzen Moment seltsam auf, in ein Gesicht zu blicken, das nur zur Hälfte lebte.

»Es herrscht dort eine verheerende soziale Notlage, Mr MacLaren, die Menschen leben unter primitivsten Bedingungen und sie fühlen sich von der Welt im Stich gelassen. Das Klima hat ein Eigenleben wie in keinem anderen Teil der Welt. Ein Großteil der Energie verbraucht der Körper dort, um sich gegen die Kälte zu wehren. Temperaturen bis zu -50° im Winter. Das Leben der Eskimos hängt von den Wanderwegen der Karibuherden ab, die unberechenbar sein können. Wenn die Tiere eine andere Route nehmen als erwartet, kann dies den Tod eines ganzen Igludorfs bedeuten. Das Leben dort besteht nur aus Unsicherheit, ist ein Kampf auf Leben und Tod. Allein die Ortsnamen sprechen von einer erschütternden Hoffnungslosigkeit: ›Hunger-Bucht‹, ›Kap Sturm‹, ›Insel der Trostlosigkeit‹.«

»Ja, ist alles interessant und sicher richtig«, unterbrach Mr MacLaren und drehte mit einer schroffen Bewegung an einem Knopf seiner Tweedjacke, »aber muss das unser Problem sein? Sie haben dort doch schon immer so gelebt. Können Sie nachvollziehen, dass ich nur mit dem größten Unbehagen Briefe für meine Tochter und Enkelkinder an eine Adresse in der ›Hunger-Bucht‹ richten würde?«

Es fiel Jack auf, wie stark Andrew MacLarens schottischer Akzent noch war, trotz der langen Jahre in England.

»Aber das wird nicht unsere Adresse sein, Sir«, entgegnete Jack energisch, »ich kann Ihnen versichern, dass …«

»Lassen Sie mich ausreden, Mr Sperry. Was wollen Sie schon gegen das Wetter dort unternehmen? Und es gibt viele Völker auf der Erde, die leiden. Ganz abgesehen davon, dass wir selbst eine nicht geringe Portion Elend mitbekommen haben.«

Er deutete mit einer schlichten Handbewegung auf die gelähmte Seite seines Körpers. Ein Hauch von Schmerz und verdrängtem Trauma zeichnete sich kurz in seinem Gesicht ab. Erinnerungen, schaurige Albträume von eiskalten Nächten in den Schützengräben Frankreichs, vom Aufwachen in einem Kriegslazarett, von der Nachricht, dass die Wunden bleibende Schäden hinterlassen würden, vom ersten Blick in den Spiegel auf sein zerschmettertes Gesicht. Es war ein Schrapnell gewesen.

»Man kann Ihre Frage auch anders formulieren, Sir. Und zwar: Sollte all dieses Leiden umsonst gewesen sein?« Jacks Stimme war mitfühlend, überzeugend. Er erzählte von seinem Gang durch die Trümmer von Hiroshima, von dem Versprechen, das er vor seinem Gott abgelegt hatte.

»Das Warum des Leids werden wir wahrscheinlich nie erkunden, Mr MacLaren«, fuhr er nachdenklich fort, »aber durchlebtes Leid kann auch Kapital in den Händen Gottes sein, davon bin ich überzeugt. Zum Beispiel, indem wir anderen Menschen in ihrem Leid zur Seite stehen. Indem wir dafür sorgen, dass unser Leid nicht ohne positive Konsequenzen bleibt.«

Es wurde still. Mr MacLaren schaute an Jack vorbei in den leeren Raum. Jack konnte in der zunehmenden Dämmerung nicht ausmachen, wie seine Worte auf den leidgeprüften älteren Herrn wirkten. Er rückte mit seinem Stuhl etwas näher an ihn heran.

»Und es ist nicht so, dass wir den Eskimos einen Glauben aufzwingen, den sie nicht wollen. Wir können die Wetterverhältnisse zwar nicht ändern, aber wir können ihnen zeigen, dass sie nicht vergessen sind. Wir können von einem Schöpfer erzählen, der auch für sie auf diese Welt gekommen ist und ein Leben anbietet, das selbst über den Tod hinausgeht. Das gibt ihnen Hoffnung. Und sie wollen Bescheid wissen. Dazu kommt, dass viele Weiße, die bisher dorthin gingen, sich nicht immer vorbildlich verhalten haben und sie mit ihrem Pelzhandel ausgebeutet haben. Man kann sich gar nicht ausmalen, was die Unterwanderung dieser Gegenden durch die moderne Zivilisation ausrichten wird. Ich möchte diesen Menschen zeigen, dass es auch andere weiße Menschen gibt, solche, die sie nicht nur zum eigenen Vorteil missbrauchen.«

»Nett, wenn die Eskimos erfahren, dass Gott sie liebt, Mr Sperry, aber was bringt es ihnen praktisch?«

Mr MacLaren drehte fleißig an seinem Knopf. Jack wunderte sich, dass er noch an der Jacke dranhing.

»Sie sollen erfahren, dass der Gott der Bibel nicht nur der Gott des weißen Mannes ist, Sir. Es ist meine tiefe Überzeugung, dass sich die Bekanntschaft mit Gott in jeder Lebenslage, in jedem Lebensbereich, in jeder Kultur positiv auswirkt.«

Sein zukünftiger Schwiegervater wechselte rasch das Thema. Er mochte es nicht zu persönlich.

»Mich brauchen Sie nicht zu missionieren, Mr Sperry«, sagte er leicht eingeschnappt. »Zurück zu meiner Tochter. Sie sind ein sportlicher junger Mann. Sie haben Kriegsfronten erlebt und durchgestanden. Aber meine Tochter? Ist dieses Leben auch für sie zumutbar?«

»Gibt es irgendeinen Ort auf dieser Welt, an dem das Leben zumutbar ist? Ich bin kein leichtfertiger Abenteurer, Sir. Eine lange Bedenkzeit ging dieser Entscheidung voraus, bevor die Würfel endgültig gefallen sind. Und ich werde alles daransetzen, dass es Ihrer Tochter gut geht, glauben Sie mir. Sie hat Zeit, die Entscheidung genau zu prüfen. Denken Sie bitte nicht, dass die Eskimos wilde Barbaren sind, die Missionare als Hauptgang beim Festmahl verspeisen.«

Mr MacLaren schmunzelte kurz, lehnte sich in seinem Sessel zurück und schlürfte leise seinen Tee.

»›Ihr werdet meine Zeugen sein bis an das Ende der Erde‹«, zitierte Jack mit Ehrfurcht in der Stimme, »die allerletzten Worte unseres Herrn, bevor er in den Himmel aufgefahren ist. Mr MacLaren, wenn die Arktis nicht ›das Ende der Erde‹ bedeutet, welcher Ort sonst?«

Es war wieder still im Raum. Jack fragte sich, ob sein Gesprächspartner noch wach war.

»Wissen Sie, Mr Sperry, warum wir uns so gefreut haben, dass unsere Tochter Krankenschwester lernt?« McLaren wartete nicht auf eine Antwort.

»Weil ich hoffte, sie würde mich im Alter pflegen. Aber gut, ich will Ihnen kein schlechtes Gewissen machen, nur weil Sie meine Tochter heiraten wollen. Wir werden Betty keine Steine in den Weg legen.«

Er trank seinen Tee aus und wischte sich mit einem großen Taschentuch den Mund und dann die Augen.

»Betty sparte viele ihrer Nahrungsrationen auf, um sie mir zu geben, Mr Sperry. Ich habe es erst hinterher erfahren. Sie ist immer so besorgt um mich.«

Jack konnte sich das gut vorstellen.

»Aber jetzt erzählen Sie mir mehr von Ihren Eskimos. Warum müssen gerade Sie dorthin? Können nicht andere gehen?«

»Es sind schon viele hingegangen.«

Mr MacLaren rutschte zum Rand des Sessels vor, aufmerksam nach vorne gebeugt. Weltgeschichte in jeder Form hatte ihn schon immer fasziniert.

»Besser für die Knöpfe«, dachte Jack insgeheim.

Jack erzählte, wie schon 1000 nach Christus der gläubige König Olaf von Norwegen Priester nach Grönland schickte. Im 18. Jahrhundert folgte ein evangelischer Pfarrer aus Norwegen, Hans Egede, den Fußspuren dieser ersten Missionare, er wurde als »Apostel Grönlands« bekannt. Er suchte vergeblich nach Spuren der früheren christlichen Siedlungen und baute seine eigene missionarische Arbeit auf. Inzwischen waren die Herrnhuter aus Deutschland in Grönland, Labrador und Kanada gelandet, erzählten den kanadischen Eskimos vom Evangelium und errichteten dort ihre eigenen Siedlungen. Katholische Missionsgesellschaften waren auch fleißig am Werk. Es waren aber Missionare der anglikanischen Kirche, die erst 100 Jahre später weiter ins schwer erreichbare Inland der kanadischen Arktis drangen.

»Auf diesen Forschungsreisen entdeckten die Briten etwas, das für weltweite Aufregung sorgte«, erzählte Jack.

»Und das war?«

»In der Zentralarktis lebte eine ungewöhnliche Volksgruppe von Eskimos, die blaue Augen hatten und ähnlich wie Europäer aussahen. Man fragte sich, ob diese vielleicht die verlorenen Grönland-Eskimos waren, Nachkommen der verschwundenen skandinavischen Missionare, die König Olaf geschickt hatte. Es gab aber keine Beweise.«

»Und Sie? Wo werden Sie leben?«

»Unsere Basisstation wird Coppermine sein, am westlichen Rand der Zentralarktis, die auch ›Nunavut-Territorium‹ genannt wird. Der Ort liegt knapp oberhalb des Polarkreises. Im Sommer sechs Wochen nur Tageslicht, im Winter sechs Wochen fast komplette Dunkelheit. Die Copper-Inuit, die in der Zentralarktis leben, sind das Volk, das unsere Hilfe am meisten braucht.«

»Aber alle Eskimos heißen doch Inuit, nicht wahr?«

»Stimmt, und es gibt viele verschiedene Inuit-Volksgruppen. In Coppermine wohnen die Kitengmiut, das heißt genau übersetzt ›die Menschen in der Mitte‹. Diese Menschen waren immer am schwersten zugänglich, sowohl vom Osten her als auch vom Westen. Frühere Missionare drangen nur so weit ins Inland vor, bis sie entweder durch zu viel Schnee und Eis oder durch zu viel Tauwetter aufgehalten wurden. Ich übernehme die St.-Andrew's-Mission von Harold Webster, der mit seiner Familie weiterzieht.«

»Und Ihre Aufgabe?«

»Betty wird für die Missionszentrale in Coppermine zuständig sein, wo alle Fäden zusammenlaufen. Schauen Sie hier, ich zeige es

Ihnen auf einer Landkarte. Ich werde landauf und landab unterwegs sein. Aber nur im Winter. Dann frieren nämlich die Seen und das Meer zu, und das Reisen mit Hund und Schlitten ist möglich. Von Coppermine aus werde ich Gemeindemitglieder hier auf Victoria Island, nach Süden in den Barrenlands, östlich bis zur Spence Bay auf der Boothia-Halbinsel besuchen. Sie leben tatsächlich in Iglus.« Er klopfte mit seinem Finger auf die jeweiligen Ortsnamen auf der Landkarte, die er aus seiner Tasche gezogen hatte.

»Und das sind Ihre Gemeindemitglieder?«

»Jawohl. Diese Siedlungen haben die christliche Botschaft mit Freude aufgenommen, haben aber weder Bibeln noch ausgebildete Gemeindeleiter und sind zum Teil nach wie vor den Flüchen der Schamanen ausgesetzt. Der Aberglaube, der mit diesen Flüchen verbunden ist, kann sie das Leben kosten. Es gibt außerdem ein Projekt, das ich mehr als alles andere durchführen möchte, wenn alles gut geht.« Jack zögerte.

»Welches?«

»Mein Traum wäre, die Bibel in die Sprache der Kitengmiut zu übersetzen. Für ihren Dialekt haben sie nämlich keine Schrift. Aber das ist noch Zukunftsmusik. Erst müssen wir überhaupt dorthin kommen.«

»Sie wollen also Geschichte schreiben«, war der einzige Kommentar.

»Wenn es Gottes Geschichte, die Geschichte des Evangeliums wäre, wäre es für mich eine Ehre«, antwortete Jack nachdenklich. »Was Menschen davon halten, darf zweitrangig sein. Ich zweifle, ob viele Menschen sich für das interessieren werden, was wir am Rande der Welt treiben oder nicht treiben. Wenn ich darf, bediene ich mich mit einer zweiten Tasse Tee.«

Es gibt Menschen, die sich aufmachen, um Mutiges zu wagen. Und es gibt diejenigen, die diese Menschen genug lieben, um sie ziehen zu lassen und sich mit dem betäubenden Verlust abzufinden, den lange Trennungen und weite Entfernungen mit sich bringen.

Auch diese haben auf eine leise innere Stimme gehört, die zum Loslassen mahnt in Augenblicken, in denen es einfacher wäre, festzuhalten, zu klagen und reihenweise logische Gründe vorzubringen, die vor einem riskanten Lebensschritt warnen. Hinter Mr MacLarens ungeschliffener Fassade schlug ein aufrichtiges Herz, das nur das Beste für seine Tochter wollte. Er ließ los.

Nur einmal in ihrem Leben brach Betty, von allen für die Ruhe bewundert, die sie selbst mitten in den heftigsten Lebensstürmen ausstrahlte, sichtbar und hörbar unter der Last des Schmerzes zusammen. Das war einige Jahre nach dieser Begegnung zwischen Andrew MacLaren und seinem zukünftigen Schwiegersohn, als die Nachricht sie in Coppermine erreichte, dass ihr geliebter Vater gestorben war. Sie weinte tagelang ununterbrochen.

Eheschließungen von Missionskandidaten wurden von der Aufsichtsbehörde der anglikanischen Arktismission generell mit Argwohn betrachtet. Das Bischofsamt verordnete dem Paar eine Probezeit von zwei Jahren.

Jack sollte, wie geplant, in Liverpool einschiffen und nach Kanada übersetzen. Dort wartete eine Pastoralausbildung auf ihn mit anschließender Ordination als Pfarrer der anglikanischen Kirche. Erst dann galt er als für den pastoralen Dienst in Coppermine qualifiziert. Betty wurde ein regelrechter Hürdenlauf vorgeschrieben, der prüfen sollte, dass sie für das Leben mit den vielen Entbehrungen der Arktis und weitab von jeder Zivilisation geeignet war. Nach ihrem Abschluss am Emmanuel Bible College durchstand sie auf eigene Faust den gleichen Bewerbungsmarathon wie Jack. Jeder Lebensbereich wurde unter die Lupe genommen: Herkunftsfamilie, Theologie, Missionsverständnis, Charaktereigenschaften, Belastbarkeit. Die Probe war mühsam, gründlich, hart.

Gute Karten hatte sie dadurch, dass sie schon vor der Bibelschulzeit eine qualifizierte Krankenschwester gewesen war. Eine Zusatzausbildung als Hebamme fügte sie nach ihrem College-Abschluss hinzu. Medizinisches Personal jeder Art war überall in der Arktis Mangelware.

»Wir freuen uns, Ihnen mitteilen zu können, dass wir Ihre Bewerbung eingehend überprüft haben und Ihnen hiermit unsere Zusage für die Mitarbeit in unserer Missionsgesellschaft geben wollen.«

Einen Luftsprung machte Betty nicht. Aber sie atmete erleichtert auf. Das erste große Hindernis war überwunden.

Der Auftrag wird ernst

»Er führt mich auf grüne Weiden, er leitet mich an stillen Wassern«, sang eine Gruppe wetterfester junger Männer mit einer trotzigen, gezwungenen Fröhlichkeit. Dicht gedrängt standen sie unter einem einzigen Regenschirm am ansonsten verlassenen Landesteg. Die Kulisse war alles andere als grün, weder waren Weiden zu sehen noch sahen die trüben braunen Wellen im Entferntesten wie stille Wasser aus. Es war ein grauer Septembertag 1949, der Ort war der Hafen Liverpools, und die H. M. S. »Ascania« legte gerade vom Dock ab. Ziel der Schiffsreise war Montreal in Kanada, geplanter Ankunftstermin 8. Oktober.

Jack stand an Deck. Seine windverwehten Collegefreunde sangen unentwegt weiter von stillen Wassern, dunklen Tälern und überfließenden Kelchen, während der Regen in Strömen vom Himmel schüttete, die lange Gestalt und der winkende Arm ihres Freundes gegen den faden Herbsthimmel immer kleiner wurde und das Schiff schließlich nur noch ein Fleck am Horizont war.

»Er führt mich auf grüne Weiden …«, murmelte Jack nachdenklich, als er einige Monate später aus Halifax in Kanada an seinen Bruder schrieb:

»Jetzt laufen die letzten Vorbereitungen auf Hochtouren. Halifax war eine gute Übergangsstation. Die Ordinationsfeier findet im Mai in Winnipeg statt. Das pastorale Zusatzstudium unter den Fittichen von Dr. Isherwood (er ist Pfarrer der St. Pauls Church) war wertvoll. Inzwischen habe ich ein klareres Bild von dem Leben, auf das ich mich einlasse. Mein Verlangen, endlich bei den Eskimos zu sein, wird mit jedem Tag größer. Die Not dort ist gewaltig, der Mitarbeiter wenige. Im Moment scheint es, als ob dunkle Kräfte am Werk sind, die alles rückgängig machen wollen, was treue Männer Gottes in den ver-

gangenen Jahren aufgebaut haben. Mir sind drei Dinge bewusst: die Unmöglichkeit der Aufgabe, meine eigene Unfähigkeit, aber viel wichtiger: die Fähigkeit unseres mächtigen Gottes. Es war schwer genug, so weit zu kommen wie ich jetzt gekommen bin. Der schwerste Teil steht noch bevor. Bete für mich um Gnade, viel Gnade.«

»Woran erinnert mich das?«, dachte er, als er seinen ersten Blick auf die Stadt Winnipeg warf. Er saß in einem Eisenbahnwagen der »Canadian National Transcontinental Railway« und der Zug näherte sich im Schneckentempo einer Stadt, die gerade die größte Tragödie ihrer Geschichte erlebt hatte. Gewaltige Überschwemmungen des »Red River« hatten ganze Wohn- und Geschäftsviertel in Trümmer verwandelt. Deiche waren gebrochen, die Stadtbewohner arbeiteten unermüdlich rund um die Uhr, um die Flussufer mit Sandsäcken zu befestigen und die Deiche zu stabilisieren. Die Nerven einer ganzen Stadt lagen blank. Der geringste Anstieg oder Rückgang des Wasserpegels hielt die angespannte Aufmerksamkeit Tausender Menschen in seinem Bann und jede Bewegung der schlammigen Wellen gegen Deiche und Dämme wurde mit Angst beobachtet.

Alte Erinnerungen, vergangene Zwiegespräche mit Gott stiegen mit großer Dringlichkeit in Jacks Herzen hoch. Wie einst vor den Trümmern Hiroshimas betete er: »Herr, gib mir ein Stück Erde, das ich zu einem besseren Ort machen kann, wo ich Menschen helfen kann, die in Not sind.«

Weil die Überschwemmung alle Schlagzeilen und den gesamten Einsatz der Stadt in Anspruch nahm, fanden die Ereignisse in der anglikanischen St.-Johns-Kathedrale ein paar Tage später wenig Beachtung in der örtlichen Bevölkerung. Für manche Beteiligte an diesen Ereignissen jedoch sollten sie tief greifende Auswirkungen haben. Am 30. Mai wurde Donald Ben Marsh als zweiter Bischof der Arktis geweiht. Am Tag darauf knieten zwei junge Pastoren, John Sperry und Donald Whitbread, vor dem neuen Bischof, der sie für einen Dienst in der Kirche Jesu Christi im entferntesten Norden Kanadas segnete.

»Ich brauche euch nicht zu sagen, dass harte Zeiten auf euch warten«, mahnte der neue Bischof in seiner Predigt und blickte die zwei frisch gekürten Diener Gottes scharf an, »nicht nur harte, sondern auch lebensgefährliche.«

Nein, daran brauchte er die zwei jungen Männer gewiss nicht zu erinnern. Zwei schweigsame Zeugen, Jacks und Donalds unmittelbare Vorgänger, lagen draußen, wenige Meter entfernt, auf dem Friedhof. Einer war Reverend Turner, dessen Dienst als Pioniermissionar im Norden von Baffin Island durch die verirrte Kugel eines Jägers jäh beendet worden war. Er starb kurz nach dem Unfall.

Der andere, Reverend Stringer, wurde nicht für seine missionarischen Dienste im Nordwesten Kanadas in der Klatschpresse berühmt, sondern weil er kurz vor seinem Hungertod seine Mokassinstiefel gegessen hatte.

Die Ordinationsfeier war nüchtern, ergreifend und ein klein wenig beängstigend. Jack und sein Kollege Donald Whitbread verließen die Kathedrale mit den guten Wünschen und Gebeten vieler wohlwollender Besucher.

»*Ich hatte das Gefühl, dass viele uns etwas mitleidsvoll und wehmütig anschauten, als ob es kein Wiedersehen geben würde*«, schrieb er an seinen Bruder. »*So, als ob wir nun in die Einöde verbannt werden, vom Rand der gefrorenen Welt herunterpurzeln könnten und nie wieder gesehen werden. Wir beide hatten trotzdem das ehrfurchtsvolle Gefühl, gemäß der alten apostolischen Tradition vom Heiligen Geist für das Werk des Herrn abgesondert zu sein. Es ist unsere innige Hoffnung, dass wir durch Gottes Gnade und mit etwas gesundem Menschenverstand doch ein paar Jahre effektiver Arbeit für unsern Herrn erleben und nicht zu bald auf diesem Friedhof unsere letzte Ruhe finden.*«

Donald Whitbread wurde in die östliche Arktis geschickt, Jack wurde der westliche Teil zugeteilt. Von hier aus sollte er sich um die Copper-Inuit der Zentralarktis kümmern, ihre Sprache lernen, ihren Glauben stärken.

So einfach teilte man sich ein riesiges Stück gefrorene Erde. Wenige Stunden nach der Ordination verabschiedeten sich die zwei Männer und machten sich auf gen Norden. Donald zunächst mal nach Toronto, danach sollte er seine Arbeit in Nordquebec beginnen. Jack stieg in einen Zug Richtung Edmonton, von dort aus sollte er 1 500 Kilometer zur nördlichen Atlantikküste weiterfliegen. Sie rechneten nicht mit einem Wiedersehen. Bevor das Fliegen zur Alltagsroutine auch für Missionare wurde, konnte man 50 Jahre in der gleichen Missionsgesellschaft im gleichen Land arbeiten, ohne sich jemals zu Gesicht zu bekommen.

Es gab kein Zurück mehr. Damals unterzeichneten Missionare der Arktisdiözese einen Vertrag über fünf Jahre, ohne Heimaturlaub. Danach war eine sechsmonatige Pause vorgesehen. Das Gehalt betrug für einen ledigen Mann 1 400 Dollar im Jahr. Mit diesem Geld musste er alles finanzieren.

Diese strengen Vorgaben wurden nicht infrage gestellt, sie gehörten zum Mandat dazu. Man lebte tapfer nach der Devise: »Der Herr wird uns versorgen.« Im Licht der Dringlichkeit des Missionsbefehls schien jede Beschäftigung mit Geld und materiellen Sorgen unnötig und trivial.

»*Und so gingen wir hinaus*«, schrieb Jack später im nostalgischen Rückblick, »*gespannt auf jene Menschen, die unsere Fantasie und unsere Planungen jahrelang so sehr vereinnahmt hatten. Dennoch hing ein Schatten über unserer Vorfreude. Diejenigen, die auf uns warteten, würden sie auf uns genauso freudig gespannt sein wie wir auf sie? Würden wir ein Gewinn für diese Menschensiedlungen im hohen Norden sein, oder würden sie uns lediglich als Agenten aus dem Ausland sehen?*«

Jacks erster Sitzplatz auf der Reise gen Norden war eine alte Orangenkiste. Auf dieser Kiste saß er, sein nagelneuer Parka mit Erbrochenem – nicht seinem eigenen – bespritzt, in einem wackeligen einmotorigen Flieger, der durch einen eiskalten Himmel auf ein unbekanntes Ziel hintaumelte. Bäume, Straßen und sonstige Spuren menschlicher Existenz waren schon längst außer Sichtweite. Aus dem Fenster hinaus sah er nichts: eine unendliche Leere, die so weit reichte, wie das Auge sehen konnte.

Es war der 21. Juni 1950. Er hatte sich eigens schick gemacht in der Hoffnung, auf der letzten Etappe seiner Reise gleich Mitglieder seiner neuen Pfarrgemeinde begrüßen zu dürfen. Eine nagelneue Jacke und, natürlich, sein Beffchen, er war schließlich seit wenigen Wochen ordinierter Pfarrer der anglikanischen Kirche. Vom Anfang des Sommers war noch wenig zu sehen. Überall lag noch Schnee. Die Temperatur war nicht weit über null.

Aber keine noch so gute Vorbereitung konnte ihn für diese ersten Augenblicke seines neuen Lebens ausrüsten.

»Äääh, hallo, ich bin Reverend John Sperry, der neue …« Weiter kam er nicht.

»Da hinten!« Der Pilot, der keine Uniform trug und im Begriff war, Postsäcke und Kisten voller Lebensmitteldosen ins Flugzeug zu laden, schien von seinem gebildeten Passagier nicht beeindruckt zu sein.

»Hinten zum Gepäck!«

Tatsächlich. Nicht der Ehrenplatz neben dem Piloten war für den neuen Missionar gedacht – der scheinbar einzige Passagierplatz in diesem seltsamen Fluggerät –, sondern die Kiste neben dem Gepäck im Rumpf der Maschine.

»Sicherheitsgurte?«, wagte Jack zögerlich zu fragen, nachdem er einen Blick durch die Tür geworfen hatte. Die einzige Antwort war ein lautes Lachen des Piloten.

»Festhalten tut's auch!«, rief er.

Jack machte es sich zwischen den Postsäcken so bequem, wie er konnte. Irgendwo ganz hinten saß ein zweiter, unscheinbarer Passagier mit seinem Hund.

Einen leisen Zweifel, ob diese Berufung wirklich der göttliche Ruf war, für den er ihn gehalten hatte, und wenn ja, ob es klüger gewesen wäre, *nicht* auf ihn zu hören, hätte man ihm in diesem Augenblick verziehen.

»Ich wäre nicht der erste fahrlässige Abenteurer, der einen Flug in den Tod gebucht hätte.« Er rückte seinen verrutschten sakralen Kragen wieder gerade.

Noch wusste er nicht, dass Ernie Boffa, der wenig vertrauenerweckende Mann am Steuer, einer der bewährtesten Piloten der Arktis war. In Sachen Sicherheit befand sich Jack in besten Händen. Während er aber auf seiner Orangenkiste hockte und eine halbe Stunde lang auf den Abflug wartete, gingen ihm ganz andere Gedanken durch den Kopf.

»Was Betty wohl hiervon halten würde?«, fragte er sich mit einem kurzen Stich im Herzen.

Zwei Jahre lang sollte er sie nicht sehen. Die Aussicht auf ein bequemes Leben als Mitinhaber der Schuhfabrik in Leicester, der vertraute Kreis einer Familie, an der er von ganzem Herzen hing: Dies alles lag unwiederbringlich hinter ihm. Vor ihm lag der Rand der zivilisierten Welt, eine gewaltige Eiswüste, die bei der geringsten Spur von Anmaßung seitens irgendeines Menschen, der es wagte, auf diesen eisigen Flächen einen Fußabdruck zu hinterlassen, sofort und erbarmungslos zuschlagen würde.

Ein Aufruhr am hinteren Eingang der kleinen Maschine holte ihn ruckartig aus seinen Grübeleien heraus. Ein junger Mann wurde gerade an Bord getragen oder vielmehr geschleppt und ohne Umstände direkt neben Jack abgeladen.

»Guten Tag, ich bin Reverend John Sperry aus Großbritannien, der neue …«

»Gooooten Tag, ich meine, goooooote Nacht, verdammt noch mal, ich bin soooo müde …«

Der junge Mitreisende rülpste laut, gähnte, lehnte seinen Kopf an Jacks sauberen, neuen Parka und schlief prompt ein. Offensichtlich hatte er ein paar Nächte durchgefeiert, bevor er sich auf den Weg zu einem Bergwerkslager irgendwo im Norden aufmachte.

Mit einem erschütternden Krachen und Knattern startete der Motor. Sie waren unterwegs. Jack warf einen ersten faszinierten Blick aus der Luft auf die ungeheure Weite des arktischen Nordens. Er war überwältigt. Weg waren die nostalgischen Gedanken an seine Eltern, seinen Bruder und seine Verlobte in der geliebten Heimat. Eine gespannte Vorfreude auf sein neues Leben stieg wieder in ihm auf. Allerdings nicht für lang. Sein Weggefährte war wieder aufgewacht und suchte nach einer Zigarette. Es war lange vor der Zeit der Rauchverbotsschilder.

»Entschuldigung, könnten Sie vielleicht …?«

Jack blickte besorgt auf die angezündete Zigarette, die nun auf dem Boden lag. Die Feinmotorik seines Begleiters ließ unter dem Alkoholeinfluss zu wünschen übrig und die Zigarette war heruntergefallen.

»Passen Sie bloß auf«, flüsterte Jack ihm zu und legte ihm die Zigarette mit einer freundschaftlichen Geste wieder zwischen die Finger. Was er allerdings sofort bereute, denn kurz darauf wurde er voller Panik Zeuge, wie die angezündete Zigarette wieder über den Boden rollte und in einem kleinen Loch verschwand, unter dem sich die prall gefüllten Benzintanks befanden.

»Mr Boffa! Mr Boffa! Feuer im Tank!!«, schrie Jack so laut er konnte nach vorne zum Piloten. Ernie schrie noch lauter nach hinten zu dem Passagier, der im Heck saß, und dieser schob Jack einen Feuerlöscher über die Kisten und Postsäcke zu. Inzwischen flog Ernie Achterbahn mit der Maschine um zu prüfen, ob sie eine Rauchspur hinter sich ließen. Jack schnappte den Feuerlöscher, richtete ihn auf das Loch im Boden und drückte so fest er konnte auf den Griff.

Die Zigarette wurde gerade noch rechtzeitig lahmgelegt.

»Mann, das tut mir aber *so* leid!« Der alkoholisierte Reisegefährte brach in ein lautes Schluchzen aus, legte sich wieder auf Jacks Schulter und übergab sich prompt auf den neuen Parka. Die Achterbahnfahrt war eine Nummer zu viel gewesen. Jack begutachtete den Schaden, stöhnte und der Gedanke schoss ihm durch den Kopf, dass er wahrscheinlich fünf Jahre lang keine Waschküche mehr von innen sehen würde.

»Ist auch egal«, dachte er, »bin sowieso zu müde, um mir darüber Sorgen zu machen.«

Das Flugzeug landete bei einem Bergwerks-Feldlager mitten im Nirgendwo und lud den inzwischen bußfertigen und nüchternen Alkoholiker ab. Mit etwas weniger Gewicht hob es wieder ab und setzte seinen Weg Richtung Norden fort.

Von seinem alles andere als unkomplizierten Reisebegleiter nun befreit, rückte Jack seinen notdürftigen Sitzplatz näher ans Fenster. An Tausende und Abertausende von Varianten der Farbe Weiß würde er sich schnell gewöhnen müssen. Und dabei war der arktische Sommer schon angebrochen, die Tage so lang, dass die Sonne sich gerade zwei Stunden Ruhe gönnte. Wie würde es erst im Winter sein? Er fühlte sich wie ein hilfloser Statist, gefangen mitten in einem gewaltigen Naturschauspiel, das unvorstellbare Kräfte vor seinen Augen entfaltete, als er es aus der Höhe bestaunte. Es war schwierig, aus dieser Entfernung Größen oder Maße zu bestimmen. Weiträumige dunkle Flächen mit klaren Umrissen waren wohl die Schatten von kaum sichtbaren Schneewehen und -hügeln. Grünliche Flächen deuteten gefrorene Tümpel und kleine Seen an. Der Himmel leuchtete türkis und wurde immer dunkler, bis die Sonne sich langsam senkte und der Flieger an Höhe verlor. Der Pilot hatte eine zweite Zwischenlandung angekündigt. Ein weißer, milchiger Nebel, der die Schneewüste inzwischen umhüllte, verwandelte sich in Gold, als der Flieger auf einem kleinen See aufsetzte. Fontänen von Wasser auf allen Seiten, ein Poltern, Rütteln und Stoßen, ein letztes Aufbrausen der Motoren, und er kam an einem Ufer zum Stillstand, an dem eine kleine Hütte sichtbar war.

Diese kleinen wendigen Flieger, als »Norseman« bekannt, waren extra für den Flugtransport in der Arktis gebaut worden und konnten sowohl mit Rädern als auch mit Schnee- und Wasserskiern auf dem Boden beziehungsweise auf Eis oder Wasser aufsetzen.

Die Vorstellung, Coppermine noch am gleichen Tag zum ersten Mal zu erblicken, erwies sich als illusorisch. Bei diesem Zwischenstopp erfuhr Ernie über Funk, dass noch Eisschollen den Coppermine-Fluss blockierten. Für die dort notwendige Wasserlandung war es zu gefährlich.

»Willst du mit mir zurück nach Yellowknife fliegen? Wir versuchen es in sechs Tagen wieder mit Coppermine.« Jacks Herz sank.

»Und die Alternative?« Er versuchte, seine Enttäuschung zu verbergen. Irgendwohin zurückzufliegen nach allen bisher bestandenen Abenteuern, würde sich wie eine frühzeitige Kapitulation anfühlen.

»Du schaufelst dich hier in der Hütte mit Greg ein und ich hole dich wieder ab, sobald die Wetterlage sich beruhigt hat und das Eis abgedriftet ist«, antwortete Ernie.

»Bin ich denn keine Last für ihn?«, fragte Jack.

»Ganz im Gegenteil«, lachte Ernie, »er sieht zwar rau aus, freut sich aber über Gesellschaft. Und hat eine Menge zu erzählen. Vergiss alles, was du über das Leben am Polarkreis bisher gehört hast. Greg erzählt dir, wie es wirklich ist.«

Jack musste blitzschnell lernen, mit der ersten Unannehmlichkeit seines neuen Lebens klarzukommen. Planen konnte man hier nichts. Termine, Uhrzeiten, Abmachungen: Jede strenge Zeitregie der zivilisierten Welt war den übermächtigen Naturgewalten ausgesetzt, die hier konkurrenzlos herrschten und ihre eigenen Tagesordnungen und Spielregeln hatten.

Bärenfleisch im Licht der Mitternachtssonne

Greg Magnum war gleichzeitig Wärter, Fallensteller und Jäger. Er lebte mutterseelenallein mit seinen Hunden und seinen Fallen in einer gigantischen Eislandschaft, ein Überbleibsel aus den betriebsamen Zeiten, als noch Goldgräberstimmung herrschte und hier auf das große Geld gehofft wurde. Er hatte irgendwie vergessen, wieder wegzuziehen. Falls er in seinem früheren Leben Manieren gelernt hatte, waren diese schon längst in Vergessenheit geraten. Sein ungepflegter Bart hatte seit Jahren keinen Rasierer mehr gesehen, wohl aber jede Menge Fleisch- und Fischmahlzeiten, deren Überreste die zerzausten Haare zierten.

Hinter der wilden Fassade verbargen sich ein warmes Herz und gebildeter Verstand, und von diesem ersten Begleiter, der alle klassischen Züge eines eingefleischten Eremiten vorwies, bekam Jack seinen ersten richtigen Geschmack vom Leben in der Arktis. Wildnis pur. Bis hin zu dem Schwarzbär, den Greg geschossen hatte und gerade zerstückelte. Das erste Gulasch aßen sie gleich am Abend, dann kalt zum Frühstück und wieder warm zum Mittagessen. Jeden Tag Schwarzbär, hin und wieder etwas Forelle aus dem See als Abwechslung. Nichts dient der raschen Annäherung zweier Menschen mehr als die klebrige und blutige Vorarbeit für ein geteiltes Schwarzbärenmahl.

Greg erzählte über das Leben im Eskimoland, über Sitten und Folklore. Er hatte zu jeder Zeit irgendwas im Mund. Sein kräftiger Kiefer machte seltsame Kreisbewegungen, während er erzählte, kaute und zwischendrin gelegentlich schmatzte. Jack bekam eine Ahnung von der bunten Kultur, die hinter der schweigsamen und feindlichen Fassade der Eismassen ein Stück merkwürdige Weltgeschichte schrieb.

»Über die verschiedenen Herkunftstheorien weißt du offensichtlich schon Bescheid«, sagte Greg, der gerade ein scharfes Messer am

Griff im Mund hielt und Jack zeigte, wie man eine Forelle aufschlitzt. Jack versuchte, seine innere Abscheu gegen die schleimige Masse von Fischinnereien in den Griff zu bekommen, die bald auf dem Mittagstisch landen würde, und sich auf Gregs Ausführungen zu konzentrieren. Das raue Holz der rustikalen Hütte, die Geweihstangen, die an den Wänden hingen, die Bären- und Karibufelle, die Boden und Bänke bedeckten: Die Kulisse hätte nicht passender sein können für diese seltsame Gestalt, die sich im Abseits ein Zuhause geschaffen hatte. Wie gerne hätte Jack gewusst, was Greg bewegt hatte, sich von der zivilisierten Welt zu verabschieden.

»Die Vorfahren der heutigen Eskimos wanderten wahrscheinlich über die Beringstraße aus Asien bis hierher, wohl auf der Suche nach neuen Jagdrevieren. Sie ließen sich in der baumlosen Tundra an der Arktisküste nieder, weil sie sich mit der Walross- und Robbenjagd wie auch mit dem Fischfang auskannten. Ihre Existenz hing von diesen Kenntnissen ab. Bewaldete Reviere weiter im Süden waren schon von Indianern bewohnt, die kriegslüstern waren und Eindringlingen ein schnelles Ende bereiteten. Die Feindschaft zwischen Indianern und Eskimos besteht bis heute.«

Greg hielt kurz an, während er versuchte, mit seiner Zunge ein Stück Fisch aus seiner hinteren Rachenhöhle zu holen.

»Und die Theorie, dass einige über das Meer kamen?«, fragte Jack, während er Luft holte und seine Messerspitze schwungvoll in den Bauch der nächsten Forelle stach.

»Könnte was dran sein. Es ist möglich, dass sie mit ihren Kajaks an der Westküste der Arktis entlanggerudert sind. Interessant ist allerdings, dass alle Ureinwohner im Norden bei der Geburt den gleichen lilafarbenen Punkt am Steißbein haben wie die Asiaten. Was vermuten lässt, dass die Wanderungen über die Beringstraße doch eine längere Geschichte haben.«

Jack schluckte kurz, als Greg sein verschmiertes Messer an seinem Bart abwischte, es ableckte und einen Forellenkopf mit einem Schlag abhackte.

»Als Mann der Kirche willst du sicher wissen, wie es mit der Religion steht«, fuhr Greg fort. Er stocherte mit seinem Messer nachdenklich in einigen wenig appetitlich aussehenden Fischgräten herum, die an einem Ende des Tisches aufgehäuft waren.

»Na ja, wenn ich mich nicht schon etwas damit beschäftigt hätte, wäre ich nicht hier«, antwortete Jack, »aber erzähl ruhig.«

»Von Haus aus sind sie Animisten, verehren also die Geister von Steinen, Pflanzen und Tieren«, erklärte Greg. »Ist ja logisch. Wer jahrhundertelang solch extremen Umweltbedingungen wie den hiesigen ausgesetzt ist, dem bleibt nichts anderes übrig. Wobei ...«, hier schaute er Jack neugierig an, »sie es leichter haben, euren Gott der Bibel zu akzeptieren als manche christliche Weiße, die ich kenne.«

Aus dieser Bemerkung schloss Jack, dass Greg sich selbst nicht zu den »christlichen Weißen« zählte.

»Der Lebensstil in der Bibel ist ähnlich dem ihren. Landgebunden, bodenständig, von feindlichen Kräften umgeben, ums Überleben ringend, abhängig von den Launen der Natur. Bei den Hebräern ging es um ›Regen oder kein Regen‹. Bei den Eskimos um ›Karibus oder keine Karibus‹. Nur der Gott dazu, oder der ›große Geist‹, wie sie ihn nennen, hat ihnen die ganze Zeit gefehlt. Sie mögen ihn, euren christlichen Gott.«

»Und unsere Aufgabe ist es, ihnen das Buch und den Lebensstil dazu zu liefern«, sagte Jack, mehr zu sich selbst als zu seinem neuen Freund. Gleichzeitig fragte er sich, ob Gott wirklich vorhatte, Menschen in dieser eisigen, feindlichen Stille leben zu lassen, als er die Welt schuf.

»Ist auch logisch, dass sie ihn mögen.« Greg schnitt mit einem Messerhieb einen weiteren Fischkopf ab und warf ihn zur Seite. Jack zuckte zusammen, als eine kleine Dusche Schleimtropfen auf dem Tisch und auf dem Ärmel seines Parkas landete, und versuchte, sie mit einer unauffälligen Handbewegung wegzuwischen.

»Mein Parka wird mit allen erdenklichen Ehren in sein neues Leben eingeweiht«, grübelte er, als er an die erste Staffel seines Flugs zurückdachte. Greg war immer noch bei den religiösen Befindlichkeiten der Eskimos.

»Sie führen eine Existenz unter einfachsten Bedingungen, zwangsläufig sehr auf die physischen Umstände konzentriert, dabei sind sie zarte, hochintelligente Menschen.«

Greg klopfte mit seiner Messerklinge auf den Tisch, blickte aus dem Fenster und fügte mit einem nachdenklichen Stirnrunzeln hinzu: »Das ist ein Phänomen bei den Eskimos. Von Bildung, Aufklärung, Zivilisation wissen sie nichts. Sie überleben in dieser beißenden Kälte durch die Kraft ihrer Muskeln und die Schärfe ihrer Augen. Und dennoch sind sie die edelsten, feinsten Menschen dieser Welt. Du hörst sie kaum klagen. Und beobachte mal, wie sie mit ihren Kindern umgehen oder wie stark ihre Frauen das Sagen haben in ihren Lebensgemeinschaften.« Er fing wieder an, die letzten Fische zu schlitzen.

»So, jetzt haben wir auch für die beiden Hunde genug.«

Er drehte die Flamme des kleinen Kerosinbrenners höher und setzte eine Pfanne darauf.

»Mein wichtigster Rat, Jack: Komm ja nicht besserwisserisch oder herablassend auf sie zu. Da machen sie sofort dicht.«

Jack hatte das nicht vor.

In den Stunden, in denen sich die zwei Männer nicht unterhielten, musste sich Jack an die Stille seiner neuen Umgebung gewöhnen. Immer wieder griff er unbewusst an seine Ohren, hustete und räusperte sich, um sicherzustellen, dass er nicht taub geworden war. Er blickte aus dem kleinen verstaubten Fenster von Gregs Hütte auf die kolossale Weite der von einer weißen Hülle bedeckten Tundra hinaus. Er staunte über die vielen Farben, die Schnee haben konnte. Grün schimmernd unter einem mit Wolken bedeckten Himmel. Gespenstige Konturen in Blaugrau unter dem Sternenhimmel in den kurzen Sommernachtsstunden. Glühendes Goldrot beim Licht der Mitternachtssonne. Blendend, funkelnd, für das ungeschützte Auge kaum erträglich, wenn die Mittagssonne strahlte. Aber es war vor allem die immense, endlose Grabesstille, die ihn überwältigte und gleichzeitig erschreckte. Sie war unheimlich, Ehrfurcht gebietend. Als plötzlich das Summen von Ernie Boffas Motoren aus der Ferne hörbar wurde, war das ein Schock.

Nach sechs unvergesslichen Tagen verabschiedete sich Jack von Greg Magnum mit einem herzlichen, festen Händedruck. Die kleine Norseman hob ab und flog direkt in das blendende Licht der Mitternachtssonne hinein. Jacks Ankunft in Coppermine fiel gerade in die längsten Tage des seltsamen Arktis-Kalenders. Dunkler als das Feuerrot der nicht untergehenden Sonne wurde es nicht. Bei diesem Flug reisten zu Jacks Erleichterung keine abenteuerlichen Passagiere mit, nur er allein, dieses Mal in zivilisierter Manier angeschnallt auf dem Sitz neben dem Piloten. Um ein Uhr nachts kam Jack endlich in Coppermine an, der kleinen Siedlung, die für die nächsten 19 Jahre seine Heimat werden sollte.

❄

Coppermine, heute mit der Inuitbezeichnung »Kugluktuk« (»Ort mit Stromschnellen«) benannt, war damals ein winziger Außenposten, der sich auf eine eisige Fläche zwischen den Ufern des Coppermine-Flusses und des »Coronation Gulf« des Polarmeers schmiegte, für Zeit und Ewigkeit in die Schneewehen der weißen Landschaft eingefroren. Diese Siedlung war die westlichste Gemeinde des Territoriums Nunavut, das auf der westlichen Seite an die »Northwest Territories« angrenzte und an der östlichen Seite an Grönland.

Ursprünglich hieß der Ort »Fort Hearne« nach Samuel Hearne, dem ersten weißen Mann, der das Polarmeer erblickte und dem es gelungen war, in die Zentralarktis durchzudringen. Es hatte schon im 18. Jahrhundert Gerüchte gegeben, dass am Ufer eines großen Flusses in diesem unerreichbaren Teil des Landes Kupfer zu finden sei. Hearnes Ziel war es gewesen, nach diesem wertvollen Metall zu suchen und im Auftrag der »Hudson Bay Company« die Fühler für weitere Handelsmöglichkeiten auszustrecken. Weil Fort Hearne mit dem nicht weit entfernten Cape Hearne, auch nach dem berühmten Forscher genannt, zu oft verwechselt wurde, übernahm man den Namen des Flusses für die Siedlung. Kupfer wurde damals nur wenig gefunden, aber der Name blieb.

Als der Pilot Ernie Boffa mit Jack an Bord an der Flussmündung aufsetzte, bestand die Siedlung aus ein paar wenigen Hütten, verstreut an der flachen Mündung des Flusses, dort, wo das Festland sich nach Norden hin bald in ein Gemisch von zahlreichen Inseln und Wasserwegen auflöste. Auf der einen Seite das Meer, auf der anderen Seite eine endlose Weite.

Die Norseman zischte in einem schwindelerregenden Tempo über das Wasser Richtung Ufer und wurde von einem Empfangskomitee mit euphorischem Winken begrüßt. Die Nachricht des sich nähernden Flugzeugs hatte sich blitzschnell in der Siedlung verbreitet. Einmal im Monat, gute Wetterverhältnisse vorausgesetzt, landete die kleine Norseman entweder auf dem Eis oder dem Wasser des Coppermine-Flusses. Es war der einzige Motor, der in dieser eisigen Weite jemals zu hören war. Beim ersten fernen Summen des Triebwerks rannten die Dorfbewohner aus allen Richtungen zum Fluss. Die gesamte Bevölkerung Coppermines wartete am Ufer. Ein kurzer, freudiger Gedanke, ob sie wohl seinetwegen gekommen seien, schoss durch Jacks Kopf. Doch es folgte zugleich die Ernüchterung. Nicht um den neuen Pastor zu begrüßen waren die Menschen gekommen, sondern um die großen, blauen Postsäcke und die Kisten voller Vorräte in Empfang zu nehmen, auf die sie schon seit Wochen warteten.

Eine herzliche, laute Stimme drang durch die neugierigen Blicke, mit denen Jack begrüßt wurde, als er aus dem Flieger stieg.

»Endlich bist du hier! Herzlich willkommen, Jack Sperry!«

»Canon Harold Webster! Nach so langer Zeit! Nie habe ich mich so gefreut, einen deftigen Lancashire-Dialekt zu Ohren zu bekommen!«

Jack musterte den Nordengländer mit einem kurzen Blick und dachte, wie viel kleiner und stockiger ihm dieser vorkam als bei ihrer ersten Begegnung einige Jahre davor. Als ob er Jacks Gedanken lesen konnte, lieferte sein Gastgeber die Erklärung:

»Also, entweder bist du größer geworden oder ich bin geschrumpft«, lachte er. »Oder aber, treu der Devise ›So werden wie die Einheimischen‹ habe ich mich in den vielen Jahren der kleinen Gestalt der Eskimos angepasst!« Harolds herbe, aber offenherzige Art gefiel Jack auf Anhieb.

Ein fester Handschlag zwischen den zwei Landsleuten, Erleichterung nach dem Ende der mühsamen Reise, die freundliche Aufnahme von Edith Webster und ihren Töchtern, eine dampfende Tasse Tee neben einem Kohlefeuer im winzigen Missionshaus, ein einfaches, aber herzlich eingerichtetes Zimmer, das ehemalige Missionsbüro der St.-Andrew's-Mission, für den Gast. Jack fühlte sich wie im Paradies. Endlich wieder Zivilisation. Er blickte sich neugierig im kleinen Wohnzimmer um, das bald sein Zuhause werden sollte. Unübersehbare Spuren des Herkunftslands, wie die einfachen Vorhänge aus Baumwolle mit ihrem Osterglockenmuster und das Porzellangeschirr mit roten Rosen und vergoldeten Rändern, wirkten etwas merkwürdig unter den groben Karibu- und Eisbärfellen, die Boden und Wände schmückten. Aber auf tröstliche Weise vertraut. Der allgegenwärtige Geruch von Kohle erinnerte ihn an seine Mutter. Kleine elektrische Heizgeräte ergänzten die Wärme, die vom Kohleofen strahlte. So sorgfältig, wie Edith mit ihrer vergoldeten Teekanne umgeht, muss sie ein Familienerbstück sein, dachte Jack. Gleichzeitig versuchte er, sich innerlich ein erstes Bild von Betty in diesem behaglichen Umfeld zu machen. Es war nicht schwierig. Sie würde gut hineinpassen, dachte er mit Genugtuung.

Canon Harold Webster hatte nur noch die Aufgabe, seinem Nachfolger auf die Sprünge zu helfen, danach sollte er mit seiner Familie auf eine neue Dienststelle wechseln, im Delta des großen Mackenzie-Flusses. Zweiundzwanzig Jahre hatte es dieser unschlagbare Pionier im wilden Schneetreiben des hohen Nordens ausgehalten. Für solche Dauerstrapazen brauchte man Kondition, und sie hinterließen auch bei den robustesten Einwanderern gesundheitliche Spuren. Ein Aufenthalt von 20 Jahren galt normalerweise als oberstes Limit.

»Erzähl mal, Jack, woher kennt Harold und du euch eigentlich?«, wollte Edith wissen, nachdem sie die leere Teekanne aus einem Wassertopf auf dem altmodischen Herd neu gefüllt hatte. »Ich weiß nur, dass du mir damals schrecklich jung und zart vorkamst! Anders als jetzt. Das Bärenfleisch ist dir nicht schlecht bekommen.«

Jack erzählte, wie er schon mit 15 Jahren angefangen hatte, sich über Missionsgesellschaften in der Arktis zu informieren. Ihm wurde die Adresse von einem Reverend Webster gegeben, dessen Sohn Missionar in Coppermine war.

»An den Brief erinnere ich mich«, unterbrach Harold, »mein Vater leitete ihn an mich weiter, ich schrieb zurück und versprach, für dich zu beten. Hab ich auch gemacht!«

»War nötig«, fuhr Jack fort, »die Turbulenzen der Kriegsjahre haben mich von meinem Interesse an der Arktis gewaltig abgelenkt. Erst auf der Bibelschule wurde die Sache richtig aktuell.«

»Und irgendwann tauchtest du bei uns auf, gerade als wir im Heimaturlaub waren.«

»Ja, es war das Sommersemester, und wir sollten zu acht mit einem Bollerwagen voller Literatur durch Nordwestengland wandern. Bei Sonne oder Regen sollten wir Gottesdienste unter freiem Himmel abhalten, es war Teil unseres praktischen Trainings für die Mission.«

»Und eine eurer Stationen war ein kleines anglikanisches Missionswerk in der Nähe von Blackpool …«, erinnerte sich Harold, während er die neu gefüllte Teekanne mit ihrem Rosenmuster sorgfältig aus den Händen seiner Frau nahm.

»… wo wir von deinem lieben Vater begrüßt wurden! Ich hatte meinen Brief von damals längst vergessen. Er aber nicht. Als Allererstes sagte er: ›Ist zufällig jemand hier mit dem Namen Sperry?‹ Er hatte meinen Namen auf der Liste der Bibelschüler wiedererkannt.

Mir war es im ersten Moment peinlich, aber meine Freude war groß, als er mir erzählte, dass ihr gerade im Heimaturlaub wart.«

»Und dann durfte ich dich mit meinen Bildern beeindrucken und Geschichten vom Leben hier erzählen. Offensichtlich ist es mir gelungen, dich auf den Geschmack zu bringen.«

»Nach so vielen Zufällen hatte ich keine andere Wahl«, lachte Jack. »Mein Freund George behauptet immer: ›Ich verstehe nicht immer, wie Gebet funktioniert, aber wenn ich bete, geschehen in meinem Freundeskreis alle möglichen Zufälle!‹«

»Dieser war auf jeden Fall einer der besten«, kommentierte Edith.

»Aber du musst schon früher geahnt haben, dass du in die Mission gehen würdest«, ergänzte ihr Mann.

»Es war eine Versammlung im Jugendtreff in unserer Gemeinde. Ein Evangelist, der aus Australien zu Besuch war, predigte mit so einer Dringlichkeit über das, was es wirklich bedeutet, Jesus nachzufolgen, dass wir tief betroffen waren, die ganze Schar. Wir versprachen, diesen Ruf ernst zu nehmen, aus vollen Stücken als echte Christen zu leben, ob in der Heimat oder auf dem Missionsfeld. Einige aus der damaligen Gruppe wollen jetzt eine ›Arctic Fellowship‹ in Leicester gründen, um die Arbeit hier zu unterstützen.«

»Und wie hieß dieser Evangelist?«, fragte Harold, den die Erwähnung von Australien besonders hatte aufmerken lassen.

»Reverend Lionel Fletcher.«

Groß war das Staunen, als Harry Webster mit Rührung in der Stimme rief: »Das gibt es nicht! Auch ich habe mich damals nach einer Predigt von Reverend Lionel Fletcher für ein Leben in der Mission entschieden!«

Ein alter australischer Prediger hat wahrscheinlich nie erfahren, welche lebensverändernden Auswirkungen zwei Predigten an verschiedenen Orten, zu verschiedenen Zeiten, auf das Leben von zwei jungen Männern gehabt hatten.

Wichtigste Begleiter in eine fremde Welt

»Eine Runde schlafen oder willst du das Nachtleben Coppermines sehen?«

Keine Frage, Jack wollte es sehen. So viel, so schnell wie möglich. Er hatte schon längst aufgehört, auf seine Uhr zu blicken. Sein Aufenthalt bei Greg Magnum hatte ihn schon auf ein Leben eingestimmt, in dem es weder Tag noch Nacht gab. Es herrschte Tauwetter, die frische Luft unter der Mitternachtssonne war belebend. Es war zwei Uhr nachts.

Hören konnte man das Nachtleben schon. Ein Hämmern und Sägen, Rufe erwachsener Männer, das Spielen kleiner Kinder. Überall roch es nach Fisch.

»Die helle Zeit ist so kurz, dass wir alle Reparaturarbeiten an den Häusern im Eiltempo verrichten, bevor der Winter einschlägt«, erklärte Harold. »Bevor ich dir ein paar Nachbarn vorstelle, zeige ich dir deine wichtigsten zukünftigen Gemeindemitglieder, Jack. Diese Richtung.«

Harold nahm seinen neuen Mitarbeiter mit hinter das kleine Haus, wo Jack neugierig, aber verwirrt umherblickte.

»Schau nach unten!«, lachte Harold. »Von diesen Freunden wird dein Gelingen am allermeisten abhängen.«

Sechzehn Huskys, kuschelig und weich, mit spitzen Ohren und großen Augen wie aus einem Bilderbuch, saßen aneinandergekettet und schnappten nach den in den Sommermonaten allgegenwärtigen Mücken. Sie blickten Jack neugierig an.

»Gleichzeitig werden diese lieben Kerle den Löwenanteil deiner Kraft in Anspruch nehmen«, erklärte Harold. »Sie werden im Sommer etwas faul, weil sie nicht genug unterwegs sind. Aber bald arbeiten wir sie wieder ein.«

»Und eins haben sie immer«, fügte er hinzu, »Hunger. Fische für sie heranzuschleppen ist die aufwendigste Arbeit, die wir hier tun und wird deine erste Aufgabe als Pfarrer im Wartestand sein.« Jacks fragender Blick entging Harold nicht.

»Weißt du, glückliche Hunde sind tatsächlich unser größtes Kapital. Und unsere Überlebensgarantie schlechthin. Deshalb werden sie wie Familienmitglieder behandelt.«

»Haben sie keine Hundehütten?«, fragte Jack, der sich im Schnee hingekniet hatte, um eine erste Annäherung an seine zukünftigen Wegbegleiter zu wagen.

»Platz, Snowball, nur nicht aufregen!«, brüllte Harold plötzlich, als der quirligste der Hundestaffel sich auf Jack warf und sein Gesicht ableckte. »Siehst du? Sie freuen sich schon auf ein neues Herrchen. Und ich freue mich auf jeden Fall darauf, diesen Teil meiner Gemeinde in deine Hände zu übergeben.« Harolds Beziehung zu seinen Hunden war wohl nicht die beste.

»Hundehütten? Natürlich nicht. Sie sind ja Ureinwohner hier.«

Jack lachte als ihm Harold vormachte, wie sich ein Husky in einem Schneesturm zu einer flauschigen Kugel zusammenrollte, den Schwanz über das Gesicht zog, sich halb in den Schnee hineingrub, um in seinem dicken Winterfell auch bei mörderischen Temperaturen warm zu bleiben.

»Manchmal muss man eine Weile nach ihnen suchen, so zugeschneit sind sie. Du siehst lauter kleine Schneehügel in der Gegend verteilt, stocherst fest in jeden hinein, und dann strampeln sich deine Huskys aus ihren ganz persönlichen kleinen Iglus heraus, frisch und munter. Natürlich tragen wir unseren Teil zu ihrem Wohlbefinden bei. Wenn es wirklich kalt wird, bekommen sie Robbensteaks, mit viel Speck dran. Das ist, wie wenn sie eine Wärmflasche schlucken würden, mit einer Menge Mineralien und Vitaminpillen dazu.«

»*Der neue Prediger als Hundehüter*«, schrieb Jack nachdenklich in sein Tagebuch. »*Na ja, Mose musste sich immerhin 40 Jahre lang mit Schafen herumtreiben, bis er auf sein Volk losgelassen wurde. Ich hoffe, es wird bei mir nicht ganz so lange dauern.*«

Manche der Leute, die er beim Aussteigen aus dem Flieger kurz gesehen hatte, sah Jack nun wieder. Seine Ankunft war schon jetzt Ortsgespräch Nummer eins und neugierige, lächelnde Gesichter erschienen an etlichen Fenstern und Türen, während er seinen Rundgang mit Harold machte. Denn die paar Hütten, die vom kleinen Flieger aus für das untrainierte Auge kaum sichtbar gewesen waren, beherbergten eine lebhafte, künstlich zusammengewürfelte Mischung von Individuen, die alle voneinander abhängig waren. Bill Munro, örtlicher Filialleiter der »Hudson Bay Company«, stieg mit einem Pinsel in der Hand von einer Leiter herunter und zog einen staubigen Lederhandschuh aus, um Jack kräftig und herzlich die Hand zu drücken.

»Der Rot-Weiß-Anstrich muss aufgefrischt werden«, erklärte der warmherzige Kanadier, »alle Handelsposten sind rot und weiß. Damit man sie gleich erkennt, besonders im Schnee«, grinste er. Jack mochte ihn sofort.

»Nicht alle Händler sind also böse«, dachte er, als Harold ihm erklärte, wie die Hudson-Bay-Händler schon seit einigen Jahrhunderten den Pelzhandel in großen Teilen des britisch beherrschten Nordamerika kontrollierten und mit wohlwollender Gutmütigkeit das endlose Kommen und Gehen von Einheimischen beaufsichtigten, beladen mit Fellen, wenn sie kamen, mit Utensilien, Haushaltswaren und Lebensmitteln, wenn sie wieder abzogen. Bis Jack nach Coppermine kam, war es zumindest hier ein eingespieltes Geben-und-Nehmen. Die Eskimos waren vor allem für die Gewehre dankbar, die sie von den Handelsleuten bekamen, und die das Ende der mühsamen Jagd mit Speer und Harpune eingeleitet hatten. Auch Nähnadeln aus Stahl waren heiß begehrte Objekte und ein willkommener Ersatz für das Nähzeug aus Walknochen, das in früheren Zeiten verwendet wurde. Die Eskimos lieferten als Gegenleistung vor allem das begehrte Fell der Polarfüchse: das exklusive Rohmaterial für unzählige Pelzmäntel, hochwertige Handschuhe und Stolen, die in der Haute Couture der Damenwelt in Paris, New York und London Hochkonjunktur hatten. So wurde die aufkommende Dekadenz einer übersättigten Luxusgesellschaft von den Eskimos mit ihrem primitiven Lebensstil fleißig bedient.

Nicht weit von der Hudson-Bay-Hütte entfernt befand sich die katholische Mission, die zu jeder Zeit einen oder zwei Priester beherbergte. Für Gesetz und Ordnung sorgte die »Royal Canadian Mounted Police«. Nicht, dass sie viel zu tun gehabt hätten. Ihre Rolle war eher repräsentativ, und »mounted« (beritten) waren sie auch nicht. Kein Pferd hätte es lange in diesem aggressiven Klima ausgehalten. Ein sogenanntes »Department of Transport« verwaltete das winzige Postamt; eine Wetter- und Funkstation und eine kleine Krankenstation, nicht immer besetzt, verliehen der Siedlung zumindest einen Anschein von Zivilisation. Sieben einheimische Familien lebten in der Siedlung. Sie arbeiteten für die Behörden und stockten ihr bescheidenes Einkommen durch Jagen und Fischen in örtlichen Revieren auf. Einige waren freiwillige Mitarbeiter in der Mission.

Zur St.-Andrew's-Mission gehörten neben dem Wohnhaus auch zwei kleine Lagerhallen, eine Hütte, die zum Trocknen von Fisch verwendet wurde, und ein Grundstück, auf dem im Herbst eine Kirche gebaut werden sollte.

»Das wird deine zweite Aufgabe sein, Jack, nach dem Hundefüttern. Das Baumaterial kommt im September mit dem Schiff, wir legen alle Hand an, und das Dach muss bis ›close-in-time‹ – das heißt, bis der Winter kommt – drauf sein. Für die Menschenmengen, die im Winter hier eintreffen, reicht der kleine Versammlungsraum im Missionshaus nicht mehr.«

»Und hier, last but not least.« Harold zeigte auf ein windmühlenartiges Gerät am Rand der Siedlung, dessen Flügel sich langsam im Wind drehten. »Das ist unser ›Wind Charger‹. Er lädt Batterien auf und erzeugt genug Strom für ein paar Glühbirnen mit niedrigem Wattverbrauch und für die elektrischen Heizgeräte, aber natürlich nur, wenn es Wind gibt. Sobald die Lichter ausgehen, zünden wir Kerosinlampen an.«

In dieser bunt gemischten Lebensgemeinschaft befand sich also Jacks zukünftige Pfarrgemeinde, der Kern davon zumindest. Der Großteil seiner Gemeindemitglieder hockte irgendwo im Schnee, in Jagdrevieren draußen in fernen Eiswüsten.

Diese zu entdecken und kennenzulernen, würde erst bei Einbruch des Winters möglich werden, wenn Seen, Flüsse wie auch das Meer passierbar waren.

»Warum starrt sie mich nur an?«, flüsterte Jack entnervt.

»Wart einfach mal ab. Alles mit Geduld!«

Zehn ganze Minuten pausenlos von einer Frau vom Kopf bis zu den Füßen gemustert zu werden, war Jack etwas unheimlich. Plötzlich drehte sich die Frau um und verschwand aus dem Haus.

»Hab ich etwas falsch gemacht, Harold? Kommt sie wieder um mich zu messen, oder was?«

»Sie hat dich doch schon gemessen, Jack«, lachte Harold.

»Wie bitte?«

»Sie schaut dich ganz genau an und vergleicht dich mit ihrem Ehemann. Sie misst dich mit ihren Augen, merkt sich vor allem die Breite deiner Schultern und die Länge deiner Beine. Du wirst dich wundern, was dabei herauskommt.«

Das Warten lohnte sich allemal. Arktistaugliche Kleidung zu nähen und instand zu halten, war Überlebenssache. Selbst die kleinsten Mädchen konnten geschickt mit Nadel und Faden oder, in früheren Zeiten, mit spitzen Walknochennadeln und Karibusehnen umgehen. Wenige Tage später wurde Jacks komplette Ausrüstung, maßgeschneidert auf seine Körpergröße, geliefert.

Harold weihte Jack in die Tücken und Tugenden der regelrechten Waffenrüstung aus Karibuhaut ein, die offensichtlich und notwendigerweise dann doch mehr auf Funktionalität als auf Ästhetik angelegt war.

»Dein Mantel, oder ›Kulitak‹, besteht aus zwei Schichten Karibuhaut, an der die Karibuhaare zwecks Wärmeisolierung dranbleiben: Schau hier. Eine Schicht nach außen, eine nach innen.

Und hier ist dein Unterhemd, sozusagen, in Zukunft nennst du es dein ›Atiki‹«, erklärte Harold weiter. »Das trägst du direkt auf der Haut, auch mit den Haaren nach innen. Das Ding hat eine Kapuze, mit dem Fell eines Bärenmarders gefüttert. Wie du siehst, ist es viel weicher als der Mantel. Hier, probier es an. Nur Mund, Augen und Nase dürfen frei sein.«

»Von wegen ›probier es an!‹«, sagte Jack, als er in dem Berg von Fell, der vor ihm lag, einen Ärmel suchte. »Das Ding wiegt eine Tonne!«

»Keine Sorge, du gewöhnst dich dran. Warte ab, bis die ersten Winterwinde wehen …«

»Warum Bärenmarderfell an der Kapuze, und nicht Karibu?«

»Weil dein gefrorener Atem leichter von Bärenmarderfell abfällt als von Karibuhaaren. Sonst ist dein Kopf permanent mit Eiszapfen umrahmt. Etwas ungeschickt. Wie du siehst, ist alles durchdacht. Schau, die Kapuze passt perfekt.«

»Und wird Hundefell auch verwendet?«

»Huch, das darfst du hier nicht zu laut fragen«, antwortete Harold. »Einen Hund zu töten, vor allem nur für sein Fell, ist, als brächte man einen Verwandten um!«

Jacks Beine wurden in Karibusocken gekleidet, wie der Rest der Kleidung mit den Haaren nach innen. Über diese wurden »Kamiks«, oder Stiefel, gezogen, auch aus Karibuhaut. Die Sohlen waren aber aus zäherer Elchhaut gefertigt. Handschuhe aus Karibuhaut schützten seine Hände.

»Zieh ja nicht solche Grimassen«, bemerkte Harold, »so ein Anzug hat mir das Leben gerettet. Einmal holte mich ein Schneesturm ein, meine Hunde sind samt Schlitten abgehauen, und ich bin schutzlos ohne Feuer und Nahrung vier Tage lang im Schnee herumgewandert.«

»Hauen Hunde einfach so ab?«, fragte Jack erschrocken.

»Na ja, ein bisschen Schuld hatte auch ich an der Sache«, räumte Harold ein, »ich hatte meinen Leithund geschlagen, weil er zu langsam war. Ein Faulpelz war der. Meine derbe, nordenglische Umgangsart mochte er wohl nicht.«

»Kein Wunder«, dachte Jack, sagte es aber nicht laut.

»Und was macht der Kerl? Reißt seine Leine ab und haut ab, auf Nimmernimmerwiedersehen. Ich, Trottel wie ich bin, versuche, ihn einzufangen, verlaufe mich in diesem eiskalten Unwetter, während der Rest meiner Hunde fröhlich ohne mich zurück nach Hause findet. Zum Glück wurde eine Suchmannschaft nach mir losgeschickt und sie fand mich irgendwo neben einer Schneedrift liegen. Trotz meines ungeplanten Aufenthalts im Schnee hatte ich dank meiner Karibuhülle nicht die geringste Spur von Frostbeulen.«

»Und woran erkennt man Frostbeulen?«

»Wenn wir unterwegs sind, müssen wir immer auf die Gesichter unserer Reisegefährten achten. Wenn nämlich weiße, wachsähnliche Flecken auf der Haut erscheinen, muss man schnell handeln, Feuer machen, zudecken, denn das sind die Anfänge von Frostbeulen.«

Jack steckte schon mitten in seiner ersten Unterrichtsstunde zum Thema Wetter. Harold erzählte, dass die bittere Kälte im Winter wie ein Messer schneiden konnte. Tiefsttemperaturen von minus 50 Grad plus ein eisiger Wind waren eine giftige Mischung, bei der ungeschütztes menschliches Fleisch innerhalb von 40 Sekunden erfrieren konnte. Nackte Fingerspitzen, die in Verbindung mit Metall kamen, wurden sofort taub. Dies sollte Jack bald selbst feststellen, als er versuchte, erste Bilder zu knipsen und dabei auf den Auslöser drückte.

»Nachdem ich all das mühsam angezogen hatte, nunmehr mit etwas Verständnis für das ›Warum‹«, schrieb Jack an seine Verlobte und seine Eltern, *»hatte ich ein für alle Male begriffen, dass man sich hier von jedem Modebewusstsein endgültig ver-*

abschieden musste.« Er schmunzelte und fügte ironisch hinzu: *»Ich fühlte mich so flink und agil wie ein mittelalterlicher Ritter in voller Ausrüstung. Aber warm war ich. Und das war die Hauptsache.«*

Erste Tour aufs Eis

»Du hast eine gute Missionsschule besucht, Jack«, sagte Harold Webster. Jack wusste das Kompliment seines Mentors zu schätzen. Sie waren auf Jacks erster Reise mit Hundegespann und Schlitten nördlich von Coppermine, aufs gefrorene Meer, eine Tagesreise weit. Jacks neue Karibumontur bestand ihre erste handfeste Bewährungsprobe. Auf diesen Abstecher ins Kernland des Polarkreises hatte er sich mit einer Mischung aus Angst und immenser Spannung gefreut.

»Von wegen Missionsschule! Was haben theologische Exegesen, Vorlesungen und philosophische Extravaganzen mit dem allem hier zu tun? Meine beste Vorbereitung auf dieses Leben war die Marine!«

Die beiden Männer saßen nebeneinander vorne auf einem voll beladenen Schlitten, der mühelos durch den frischen Schnee des Winteranfangs zischte. Die Eisoberfläche unter der Schneeschicht war bisher glatt, die Hunde liefen gut. Man konnte sich unterhalten, musste sich seinem Gesprächspartner allerdings zuwenden und direkt ins Gesicht sprechen, um in all den Fellen gehört zu werden. Alle Teile des Kopfs, einschließlich der Ohren, waren in Fell eingehüllt, nur Mund, Nase und Augen nicht.

Die Beschaffenheit des gefrorenen Meeres hing immer davon ab, wie das Wetter zur Zeit des Frostes gerade war. Eine ruhige Wetterphase ergab glattes Eis; wenn Stürme tobten, gab es raues Eis und die gefrorene Meeresfläche glich einem Trümmerfeld.

»Die Marine?«, fragte Harold neugierig. »Und was hat das Leben auf dem Schiff mit dem Leben mitten in der Arktis gemeinsam?«

»Eine ganze Menge«, sagte Jack, »die Wichtigkeit von Gemeinschaft zum Beispiel. Auf einem Schiff in Kriegszeiten bist du auf ein gutes Miteinander hundertprozentig angewiesen, du musst schnell kommunizieren, rund um die Uhr auf der Hut sein. Hier müssen wir genau die gleiche Mentalität haben. Ein kleiner Fehler, und die gesamte Mannschaft kommt in Gefahr.« Harold nickte zustimmend.

Mitten auf dem vereisten Wasser, das nur durch die gewellte Oberfläche vom Festland zu unterscheiden war, liefen die Männer nach zwei Stunden Fahrt abwechselnd neben dem Schlitten, um ihren Kreislauf wieder in Schwung zu bringen. Das Eis war nicht mehr so glatt wie am Anfang und die Hunde waren enorm beansprucht. Die zurückliegende Wegstrecke war eine unruhige Fahrt gewesen.

Jack blickte auf das stille, weiße Meer, das vor ihm lag, schaurig im blassen Mondlicht. Fern vom Lichtradius des Halbmonds funkelten Tausende von Sternen, die die dunkelblaue Kulisse des Nachthimmels mit ihrem dünnen Licht durchstachen. Am Horizont vor ihnen leuchtete das gefrorene Wasser wie eine stahlharte Platte. Die erstarrten Wellen konnte man in dieser Entfernung nicht mehr ausmachen.

Einen größeren Unterschied zum Leben auf einem Kriegsschiff, eingepfercht auf engstem Raum, von Dauerlärm und schwitzenden Männerkörpern umgeben, konnte man sich eigentlich nicht vorstellen. Äußerlich gesehen zumindest.

»So friedlich, wie es im Moment aussieht, kommt man nicht auf die Idee, dass überall Tod und Gefahr lauern«, sagte Jack.

»Und gerade deshalb machen wir jetzt ein kurzes ›Mug-up‹.«

Das war Harolds Bezeichnung für eine Teepause. Die Ausrüstung dazu war einfach, aber effektiv: Der kleine Kerosinbrenner wurde schnell angezündet, Schnee in einem Topf gekocht. Teeblätter hinein. Fertig. Schiffszwieback gab es als Imbiss dazu. Manche der Hunde leckten Schnee, um ihren Durst zu löschen, andere hatten sich schon hingelegt und hechelten. Futter bekamen sie erst abends bei der Ankunft.

»Sonstige Ähnlichkeiten mit der Marine?«, fragte Harold, während er den heißen Dampf des Tees genüsslich einatmete und seine von Handschuhen bedeckten Hände am Keramikbecher wärmte, bevor er den ersten Schluck nahm.

»Schiffszwieback natürlich!«, fuhr Jack mit vollem Mund fort. »Und Zusammenarbeit«, nachdem er den ersten trockenen Bissen dieser unappetitlichen Kost geschluckt hatte.

»Auf dem Schiff hatte jeder seine feste Stellung. Ich arbeitete unten als U-Boot-Detektor.«

»Und was macht man da?«

»Unser Job war es, Signale auszusenden, die widerhallten, wenn sie auf Metall stießen. Wir mussten diese Echos interpretieren und feststellen, ob es sich hier um ein feindliches Schiff handelte. Andere standen auf dem Deck mit Ferngläsern, wieder andere hockten auf dem Mast. Wir lauschten unten, die anderen schauten oben. Rund um die Uhr.«

»Ich glaube, wir müssen uns wieder auf den Weg machen und Iglu-Detektor spielen, Jack, sonst reicht der Brennstoff nicht, und das Futter für die Hunde geht aus. Außer, wenn die Leute in der Siedlung genug übrig haben. Wir wollen ihnen aber nicht zur Last fallen.«

Es war November und Jack hatte nicht nur mitgeholfen, eine Kirche zu bauen, sondern hatte auch den ersten bedeutsamen Wetterumschwung in einer Landschaft erlebt, die tausend Gesichter hatte. Der Wintereinbruch löste in allen Arktissiedlungen ein regelrechtes Getümmel von Leben und Betriebsamkeit aus und wurde mit Freude begrüßt, aber auch mit unermüdlichen Vorbereitungen auf die bevorstehende Eiszeit. Die Insektenschwärme, die Mensch und Vieh in den kurzen Sommermonaten geplagt hatten, verschwanden. Seen und das Meer waren nicht mehr Hindernisse, sondern verwandelten sich im Nu in breite Straßen. Im November schon machte es eine Schneeschicht möglich, ungehindert mit einem Hundegespann auf dem harten Eis zu reisen. Man konnte einen Abstecher zu den Verwandten machen, Felle an den Handelsposten abliefern. Als sogar der gefrorene Ozean zu einer Hauptstraße wurde, konnten die Missionare selbst Gemeindemitglieder besuchen, die am entferntesten Rand des »Pfarrbezirks« lebten. Auf dem fest gefrorenen Polarmeer wurden ganze Siedlungen gebaut. Eine der näher gelegenen Siedlungen war das Ziel der Reise von Jack und Harold. In keinem anderen Teil der Erde war es möglich, ohne Bahn und geteerte Straßen so schnell und mühelos unterwegs zu sein. Festgefahrene Schlittenspuren anderer Reisender waren ein guter Ersatz für fehlende Straßenschilder. Außerdem wusste Harold Webster aus jahrelanger Erfahrung, wo sich seine Gemeindemitglieder zu welcher Jahreszeit befanden. Auch der scharfe Geruchssinn der Hunde führte unweigerlich in Menschensiedlungen.

Spätestens im Dezember bauten Einheimische, die den Sommer über in Stoff- oder Karibuhautzelten gewohnt hatten, die ersten Schneehäuser. Bis dahin hatte der Wind so viele Schneedünen aufgehäuft, dass es reichlich »Baumaterial« gab. Jede Familie konnte ihr Traumhaus entwerfen und gestalten. Alles kostenfrei. Ohne Baugenehmigungen, ohne Architektengebühren. Diese Fertigkeit hatten die Eskimos durch die Jahrhunderte hindurch zu einer hohen Kunst optimiert. Ein Umzug stellte kein Problem dar. Man baute einfach ein neues Schneehaus.

Auch für die Jagd, von deren Erfolg das Überleben der Eskimos abhing, war der erste Schneefall ein wichtiger Einschnitt. Gewehre wurden auf Hochglanz poliert und instand gesetzt. Jagdfieber griff um sich. Der frisch gefallene Schnee war auch für den Jäger wie eine lebendige Landkarte. Tiere hinterließen nun Spuren, die ihre Verfolger mit verlässlicher Orientierung zu ihrer Beute führten oder Bewegungen von Menschengruppen und Siedlungen treu dokumentierten. Man fand sich. Auch ohne Telefone, Post, Straßenschilder und moderne Verkehrsmittel.

*

»Traumhaft, wie auf einer Weihnachtskarte«, murmelte Jack, als sie sich einer kleinen Traube leuchtender Schneehäuser näherten, die als leicht gelb strahlende Hügelchen aus den Schneemassen hervorstachen. Im Schnee wirkte alles gedämpft, geräuschlos, wie in Watte gepackt. Ein einziges unnötiges Wort, und der Zauber war gebrochen. Das Rauschen der Schlittenkufen auf dem Schnee schien zu diesem Märchen dazuzugehören.

Die zwei Männer saßen wieder vorne auf dem Schlitten. Aber jetzt schweigsam. Fremd und wie aus einer anderen Welt vernahm man nur das gelegentliche Bellen eines der elf Hunde, die den Schlitten zogen, oder Harolds Rufe, die dem Leithund unmissverständliche Anweisungen gaben.

»Wie spät haben wir eigentlich?«

Jack hatte seine Stimme zu einem leisen Flüstern gedämpft.

»Mitternacht«, flüsterte Harold durch die vereisten Ränder seiner Kapuze zurück, »aber das macht nichts, sie werden schon von anderen Reisenden erfahren haben, dass wir unterwegs sind. Wahrscheinlich sind wir das größte Ereignis, das sie seit Langem hatten.«

Jack war hellwach. Sein Körper hatte noch keinen Ersatz für den Tagesrhythmus gefunden, den es in dieser Welt einfach nicht gab. Es fühlte sich nicht wie Mitternacht an. Die schneebedeckte Ebene spiegelte das gedämpfte Licht der Himmelskörper wider und verstärkte es dadurch. Wie eine gespenstige Dämmerung. Irgendwas zwischen Tag und Nacht, oder vielmehr irgendwas ganz anderes, aus einer Welt, in der es Tag und Nacht nicht gab.

»Horch, Jack! Einer ihrer Hunde hat uns schon gewittert, obwohl wir noch weit weg sind. Sie haben einen übernatürlichen Geruchssinn.«

Tatsächlich. Ein schläfriger Husky in der Iglusiedlung hatte die Witterung aufgenommen. Er sprang hoch, bellte und zog an seiner Kette. Bald waren es mehrere Hunde. Alle bellten in die Richtung, aus der die Besucher kamen.

Spätestens jetzt war der Zauber gebrochen. Harolds Hunde sprangen mit neuem Elan nach vorne, frisch angespornt durch die Aussicht auf Gesellschaft und neue Gerüche, Klänge und vor allem Futter.

Als der Schlitten endlich ankam, stolperten Kinder aus jedem Schneehaus. Sie lachten und hüpften vor Aufregung hoch und runter. Die Siedlung wimmelte schon von Lärm und Leben. Mahnende Elternstimmen riefen Kindern Anweisungen zu.

»Holt das Robbenfleisch! Die Hunde werden Hunger haben!«

Jack blickte fasziniert um sich. Es war nicht seine erste Begegnung mit Eskimos. Die einheimischen Bewohner Coppermines kannte er nach einem halben Jahr Aufenthalt dort schon gut. Er war es schon gewohnt, sich bücken zu müssen, um ihnen die Hand zu geben. Jack war auch für westliche Verhältnisse ein hochgewachsener Mann. Warum aber kamen ihm diese Leute besonders klein vor? Weil ihre Häuser so niedrig waren? Oder waren sie durch ihre dicken Felle breiter und wirkten deswegen kleinwüchsiger?

Während Harold von den Bewohnern, die aus den Schneehäusern herausgerannt kamen, überschwänglich willkommen geheißen wurde, musste Jack sich damit zufriedengeben, mit mehr Abstand neugierig, aber nicht unfreundlich beäugt zu werden.

Bald wurden die beiden Besucher zu dem Zwei-Zimmer-Schneehaus eines alten Ehepaares geführt, das Aivgak und Uliguna hieß. Zwei gewölbte Schneeräume fanden sie vor, durch einen gemeinsamen Eingang verbunden. Das alte Ehepaar wohnte mit seinem 40-jährigen Sohn in einem der Räume, die Tochter mit Ehemann und zwei Kindern in dem anderen.

»Von Privatsphäre kann hier keine Rede sein«, flüsterte Jack, als die zwei Männer sich bückten, um durch den niedrigen Schneeeingang zu kommen.

»Tja, Geburten, Intimitäten, Tod, An- und Ausziehen, Toilettengänge: Für alles hast du ein Publikum«, schmunzelte Harold. »Und noch eine Sache, Jack. Der Geruch ist am Anfang gewöhnungsbedürftig. Robbenspeck in den Lampen, das Schwitzen in den dicken Mänteln, kein Bad seit einem Jahr, hausinternes Klo, keine Lüftung. Eine kräftige Mischung. Aber wir tragen ja auch dazu bei.«

An Herzlichkeit und Gastfreundschaft fehlte es diesen Menschen nicht. Die Ankunft von Gästen bedeutete Neuigkeiten, Vorräte, eine willkommene Abwechslung von der Mühe des Alltags. Jedes Mal, wenn Jack dachte, dass wirklich kein Mensch mehr in diese vollgepackte Hütte hineinpasste, quetschte sich noch einer dazu. Wie aus dem Nichts erschienen Keramikbecher mit Tee, alle saßen zusammengerückt auf der Eisplattform, die die Hälfte des Innenraums füllte, auf Decken aus Karibufell.

»Rück noch ein bisschen, Jack, noch zwei Männer müssen hier drauf. Wir sitzen übrigens mitten in ihrem Schlafzimmer«, erklärte Harold.

»Liegen die Felle direkt auf dem Schnee?«, fragte Jack verwundert.

»Nein, ein Geflecht von Weidengeäst liegt dazwischen. Sonst wären wir bei unserer Körperwärme im Nu alle patschnass. Ist es dir aufgefallen, dass es hier auf halber Höhe wärmer ist als im Eingang? Die Wärme steigt nämlich und staut sich auf der Plattform. So bleibt man auch nachts warm, alle ganz dicht in einer Reihe, wie Sardinen in der Dose. Dieses Abenteuer steht dir noch bevor.«

Die Luft war stickig, gelb, Dunstschwaden der Robbenspeck-Lampe und der schwitzenden Menschenkörper durchzogen die muffige Atmosphäre. Stücke gefrorenen Fleischs wurden herumgereicht, jeder bekam dazu ein kleines Messer.

»Alles so machen, wie die es machen«, hatte Harold ihm gesagt. Also nicht fragen, was es war, einfach kleine Stücke abschneiden und in den Mund stopfen, schnell schlucken. Dann das Tuch von seinem Nachbarn mit Dank nehmen, Messer und Mund abwischen, Tuch weiterreichen. Und lachen, immer lachen. Letzteres zumindest schien Wirkung zu zeigen. Das verwitterte Gesicht einer alten Frau strahlte zurück.

»Ist dir aufgefallen, wie oft sie das Wort ›Kavlunak‹ sagen?«, fragte Harold mitten in die erregte Unterhaltung hinein.

»Ich verstehe kein Wort, Harold, nur eine endlose Reihe von K-Geräuschen!« Jack war resigniert und leicht niedergeschlagen.

»Du bist für sie ein Kavlunak. Das heißt, ein ›weißer Mann‹, so was wie ein blutiger Anfänger, der sich mit ihrer Kultur noch nicht auskennt. Übrigens, hat jemand die Medikamentenkiste hereingebracht?«

Er hätte sich keine Sorgen machen brauchen. Die Medikamentenkiste war für diese Menschen wie eine Schatztruhe und wurde immer als Erstes vom Schlitten geholt, mit großer Sorgfalt hinten im Iglu verstaut und dann überwacht.

»Bist du hier der Pfarrer oder der Arzt?«, fragte Jack voller Bewunderung, als sich Aivgak, die Hausherrin, auf den Boden setzte und den Mund weit öffnete, bevor Harold von der Plattform herunterstieg und anfing, mit einer Zahnarztzange in ihrem Mund herumzustochern.

»Wir sind alles. Postbote, Zahnarzt, Doktor und nebenher auch Prediger. Und das Allerwichtigste hätte ich fast vergessen: Klatschtante musst du sein, aber was für eine. Die Leute wollen jedes pikante Detail aus den anderen Siedlungen wissen. Wer wen wo geheiratet hat, ein Kind bekommen, wer gestorben ist und so weiter. So, jetzt bis drei zählen, und ... Taschentuch bitte, Jack. Schau genau hin, wie ich es mache, sie werden es auch von dir erwarten.« Ein Reißen, ein leichtes Stöhnen und der problematische Zahn war draußen. Harold redete unentwegt weiter, während er das Blut abwischte und Desinfektionsmittel auf das frische Loch in Aivgaks Mund tupfte. Offensichtlich war so ein Eingriff für den hartgesottenen Prediger Routine.

»Die Frauen haben es besonders schwer mit ihren Zähnen, Jack. Wenn du genau hinschaust, aber bitte nicht zu genau, weil das unhöflich ist, wird dir auffallen, dass die Zähne der älteren Frauen nur kleine, abgenutzte Stümpfe sind, falls sie überhaupt noch Zähne haben. Das ist die Folge jahrzehntelangen Bearbeitens von Tierhäuten. Die Häute werden nicht wie bei uns gegerbt, sondern getrocknet. Danach werden sie geschliffen, damit sie weich werden. Und weil die Ränder fürs Nähen besonders weich sein müssen, werden diese von den Frauen gekaut. Handarbeit beziehungsweise Zahnarbeit vom Feinsten. Und das wird regelmäßig wiederholt – wenn wir hier übernachten würden, wären unsere Stiefel bis zur Abfahrt weich und gemütlich, als wenn sie neu wären.«

Aus Tierhäuten gemachte Stiefel wurden nach kurzer Zeit steif von Abnützung, Schweiß und Feuchtigkeit, vor allem nach einer langen Reise. Die Frau des Hauses hatte unter vielen anderen Dingen die Aufgabe, die gesamte Fußbekleidung der Familie, und auch die der Gäste, regelmäßig durchzukauen.

»Die Baffin-Eskimos haben früher Harnsäure verwendet, um ihre Stiefel weich zu halten«, klärte Harold auf, »ihre Iglus stanken noch mehr wie dieses hier nach Ammoniak …«

Nachdem Harold mehreren Patienten einen Zahn gezogen hatte, folgte eine lange, ungehemmte und herzliche Austauschrunde und schließlich eine Andacht, bei der es im Schneehaus plötzlich still wurde. Die alte Frau starrte Jack wieder an und strahlte, als er sie anlächelte. Ihr Blick wich nicht mehr von seinem Gesicht, während Harold predigte. Offensichtlich hatte er schon eine Freundin gewonnen.

Zum Abschluss folgten Gebete, bei denen Jack nur ahnen konnte, worum sie sich drehten. Ein gemeinsames Gebet war wohl das Vaterunser. Noch mehr Tee, mit gefrorenen Klumpen von irgendetwas. Jack wollte lieber nicht wissen, was. Es war ein Kurzbesuch, ohne Übernachtung. Die Missionare verabschiedeten sich unter vielem Händeschütteln, dankten für die Gastfreundschaft und drückten ihre Vorfreude auf den nächsten Besuch aus. Dann spannten sie ihre Hunde an den Schlitten und fuhren in die frostige Nacht hinein.

Sobald man als Kavlunak schon bekannt und akzeptiert war, wurde man auf das Niveau eines »Minihitak« befördert. Dieses Wort, das dem englischen Wort »Minister« entlehnt und der einheimischen Grammatik angepasst war, entsprach am besten der europäischen Bezeichnung für »Pastor«.

»Sei froh, dass wir nicht in der Ostarktis leben«, hatte Harold zu Jack gesagt. »Dort heißt du als Pastor ›Aryoogerksooeyee‹. Derjenige, der verpflichtet ist, geistliche und allgemeine Prinzipien der guten Lebensführung zu unterrichten. Nicht schlecht, hey?«

»Dann bleiben wir doch lieber bei Minihitak!«, lachte Jack.

Die Begegnungen in Aivgaks und Uligunas Schneehütte waren eine nüchterne Erinnerung für Jack, welchen langen Weg er vor sich hatte, um sich dieser fremden und seltsamen Kultur anzupassen. Es war nicht schwierig zu erkennen, was die größte Herausforderung sein würde: die Sprache. Die Copper-Inuit sprachen den Inuinaktun-Dialekt. Auch nachdem Jack sich schon einen ordentlichen Grundwortschatz zu eigen gemacht hatte, schien es ihm, als ob diese Menschen ganz andere Worte verwenden würden als die, die er gelernt hatte. Außerdem redeten sie sehr schnell. Und Jack wollte keinem Dolmetscher zumuten, jedes Wort zu übersetzen.

Sein erstes Ziel war schon klar: diese beklemmende Schallgrenze zu durchbrechen. Es würde einige Jahre dauern, bis er sich in der Sprache völlig zu Hause fühlen würde, den Humor und die Zwischentöne zu interpretieren wusste. Die Ansprüche waren hoch. Ein Pastor sollte nicht nur Lehrer der Schriften sein. Er sollte auch Neuigkeiten überbringen und Geschichten erzählen. Vor allem aber wusste Jack, dass er möglichst schnell in der Lage sein sollte, auch die tiefsten sozialen und persönlichen Probleme und Nöte der ihm anvertrauten Menschen zu verstehen. Dies alles lag für den Neuling Jack Sperry noch in weiter Ferne.

»*Es ist ein seltsames Gefühl des erzwungenen Schweigens*«, schrieb er an seinen Bruder. »*Nach allen mit Bravour überstandenen Strapazen der Marine, des Kriegs und der Missionsschule tue ich mich mit dieser andauernden Hilflosigkeit schwer. Die Umgebung hier reduziert mich auf den Zustand eines neugeborenen Babys, das alles von Anfang an lernen muss, für die kleinsten Bedürfnisse von anderen Menschen abhängig ist. Ich fühle mich unendlich verwundbar. Draußen in der Wildnis kann ich ohne fremde Hilfe nicht mal essen oder mich anziehen. Alltägliches wird zur Qual. Ich kenne die Sitten nicht, verstehe die Sprache nicht, kann bei den Witzen nicht mitlachen, habe vor Blamagen eine wahnsinnige Angst. Das Ganze kommt mir wie ein gewaltiger Berg vor und manchmal zweifele ich daran, ob ich es jemals schaffe, diesen Berg zu erklimmen.*«

Nicht nur das äußerste Maß an körperlicher Anstrengung wurde Jack in dieser fremden Welt abverlangt. Auch für die psychischen Strapazen musste Jack eine Überlebensstrategie finden.

»*Man muss lernen, über sich selbst lachen zu können*«, erklärte er seinem Bruder weiter, »*zu akzeptieren, dass man ein Unwissender ist. Und man darf alles nicht so tragisch nehmen. Belehrbar sein, und niemals, aber wirklich niemals aus der Fassung geraten. Ich stelle fest, dass die Menschen, die die höchste Achtung der einheimischen Bevölkerung gewinnen, eines gemeinsam haben: Sie bleiben auch mitten in extremsten Beschwernissen ruhig und besonnen und behandeln Führende und Mitreisende mit Respekt.*«

*

»Das Anstrengendste bisher war, diese Hunde bei Laune zu halten. Wie viel Fisch haben wir noch?«

»Hier ist noch ein Sack, Jack. Snowball, mein Junge, du hast schon genug, lass die anderen ran!«

Mitten in einem Gewühl von Bellen, Schmatzen und Grölen hungriger Huskys machte das Zweierteam gerade Pause auf der Rückfahrt nach Coppermine, oder vielmehr, die Hunde machten Pause. Ein Imbiss kostete vor allem eines: Mengen von getrockneten Fischsteaks.

»Hier, Snowball«, rief Jack, »ein letzter Fisch, aber nur, weil du der Chef bist, dann ist Schluss!«

»Es ist am Anfang gewöhnungsbedürftig, wie viel Futter die Hunde brauchen«, bemerkte Harold. »Es ist aufwändig genug, an sich selbst und seine Familie zu denken. Aber, wie du siehst, würden wir ohne sie nicht weit kommen, ob beim Reisen – oder überhaupt!«

Jeder von Harolds 16 erwachsenen Arbeitshunden brauchte, um satt zu werden, genauso viel Essen am Tag wie ein aktiver Mensch. Gerade nachdem sich am Anfang des Winters die erste Eisschicht auf

»Bis an die Enden der Erde« – Jack und Betty Sperry in den Anfangsjahren ihres Dienstes in Coppermine.

Unbeschwerte Jahre in Leicester, England.
Jack (links) und Roy (rechts) mit Rob, dem Hund, im Jahr 1935.

Roy (links), Jack (rechts): Nach den Kriegsjahren wieder zu Hause.

Die stolzen Eltern William und Elsie Sperry (etwa 1955).

Als Seefahrer in seinem Element: Jack als Marinesoldat (1942).

Betty als »Registered Nurse and Midwife« am Ende ihrer Ausbildung (1948).

Jack bei seiner Ordination als Pfarrer der anglikanischen Kirche (1951).

Die Familie wächst: Jack und Betty mit John und Angela, 1963.

Angela mit ihrem Freund Ikey Bolt, 1960.

Coppermine (heute Kugluktuk) in den Vierzigerjahren.

Von der Härte des Lebens gezeichnet: Dorfältester einer Iglusiedlung.

Neues Zuhause: Die »St.-Andrew's-Mission«, Baujahr 1929, diente sowohl als Wohnhaus als auch als Kirche, bis 1951 eine neue Kirche gebaut wurde.

»Mug-up« und Kirche im Schnee: Jack mit Gemeindemitgliedern.

Eine typische Reiseszene. Ein Hundegespann lief mit einer Geschwindigkeit von etwa acht Stundenkilometern, Reisebegleiter liefen oft neben dem Schlitten, um warm zu bleiben und die Hunde zu entlasten.

dem Coppermine-Fluss gebildet hatte, bewegten sich Schwärme von Arktislachs unter der Eisfläche – allerdings nur zufällig die Lösung dieses Problems. Um diese begehrte Ernte von Menschen- und Hundefutter einzuholen, legten die Einwohner Netze unter das Eis, eine extrem mühsame und nicht ungefährliche Aktion. War die Eisschicht zu dünn, folgte schnell ein frostiges Bad. War das Eis zu dick, bestand die Gefahr, dass die Delikatessen schon längst ins Meer geschwommen waren, bis man endlich in ihr Flussrevier eindringen konnte. Jack hatte von Harold gelernt, wie man bei idealer Eisdickte Löcher in das Eis hackte und ein schweres Seil mit Haken durch die Löcher zog. An diesem Seil zog Jack anschließend Unterwassernetze hindurch, ebenso von Gewichten am Platz gehalten. Somit entstand eine unsichtbare Barriere für ahnungslose Lachsschwärme, die unterwegs zum Meer waren, bevor sie in den Kochtöpfen dankbarer Arktisbewohner landeten. Zweimal am Tag wurden die Netze geleert und als Überlebensgarantie für den Winter in maßgefertigten Eishäusern aufbewahrt. Im Sommer holten Hundebesitzer diese Fischbestände heraus, um sie aufzuschlitzen, Eingeweide und Rückgrat zu entfernen und den Rest in der Sonne und im Wind zum Trocknen aufzuhängen. Die Trockenkost (»Pipfi« genannt) wurde für Winterreisen aufbewahrt. Während die Hunde im Sommer nicht arbeiteten, ernährten sie sich von den Fischeingeweiden. Schmackhaftere Fischteile wurden für die härteren Zeiten später im Jahr aufbewahrt.

Dass Snowball und seine Kollegen eigenständige Persönlichkeiten waren und nicht mit Lenkrad und Bremse gesteuert werden konnten, hatte Jack schon beim Lachsfang erlebt. Ausflüge zu den Netzen waren eine willkommene Gelegenheit, die Hunde, die im Sommer träge geworden waren, wieder an die Teamarbeit im Gespann zu gewöhnen. Nach ihrer Arbeitspause waren sie quirlig und eigensinnig. Die wichtigste Rolle im Rudel spielte der Leithund. Alle anderen folgten ihm, Befehle der Schlittenführer hin oder her. Aber selbst erfahrene Leithunde blieben eben Hunde. Snowball, der intelligente und geschickte, aber betagte Chef des siebenköpfigen Hundegespanns, das beim Lachsfang eingesetzt wurde, hatte es immer eilig, nach erledigter Arbeit seinen Feierabend zu genießen. So war es auch an einem Tag, an dem Harold und Jack den Schlitten mit Lachs beladen hatten. Snowball, der genug von der Arbeit hatte, raste los. Die Männer brüllten mit ganzer Kraft. Denn in halsbrecherischer Geschwindigkeit steuerte Snowball mitten auf ein Wasserloch zu, eine Stelle, an der die Wasserströmung die Bildung einer Eisschicht verhindert hatte. Snowball war aber nicht mehr zu stoppen. Harold und Jack konnten nur noch vergeblich schreien und vom Schlitten abspringen, um ihre eigene Haut zu retten. Snowball, sechs Hunde und der gesamte Tagesfang stürzten ins eiskalte Wasser.

Jetzt schmunzelte Jack, als er sich an dieses, sein erstes Abenteuer mit einem Hundegespann erinnerte und kraulte Snowballs Ohren.

»Und dann hast du es geschafft, alle Hunde am anderen Eisufer wieder herauszuziehen, sogar den Schlitten und unsere kostbaren Wintersteaks, ohne dass ihr euch in tiefgefrorenes Hundefleisch verwandelt habt. Du bist ein echter Held! Aber kommt, Freunde, es geht wieder los!«, sagte Harold.

Snowball sprang auf, zog an seiner Leine, und die anderen folgten. Bald waren sie wieder unterwegs. Nun waren es wieder elf Hunde, die fächerförmig in ihr Geschirr eingespannt waren und, Seite an Seite aneinandergepresst, mit disziplinierter Zielstrebigkeit in die weiße Landschaft vordrangen, Richtung Heimat. Die Durchschnittsgeschwindigkeit betrug etwa elf Kilometer pro Stunde in einem flotten Laufschritt, der allerdings stundenlang aufrechterhalten werden konnte, wenn nichts dazwischen kam. Schlittenhunde rennen nicht.

Jack hatte seine anfängliche Enttäuschung darüber überwunden, dass die Gespanne nicht mit dramatischer Geschwindigkeit über das Eis und den Schnee rasten wie in den Kinostreifen. Eigentlich war so eine Schlittenreise recht unspektakulär.

Momentaufnahmen eines Abenteuers

Es war Jacks zweiter Winter in der Arktis. Er genoss die Abenteuer im Freien, für die er schon als kleiner Junge zu jeder Zeit zu gewinnen gewesen war, denn dies hatte sich nicht geändert. Mittlerweile war er nicht nur ein geschickter Angler, er konnte auch eine Robbe in Windeseile häuten und zerlegen. Er hatte auch die eine Kunst gelernt, die in der feindlichen Arktis mehr als alles andere überlebenswichtig war: die Kunst des Wartens. Stundenlang, wenn es sein musste, bis ein Karibu oder eine Robbe in Schussweite war und erlegt werden konnte. Auch seine Grundkenntnisse der Inuinaktun-Sprache reichten inzwischen für Alltagsgespräche.

> »*Ich bin fürs Erste als Lernender, nicht als Lehrender hier*«, schrieb er in sein Tagebuch, »*meine wichtigste Aufgabe in dieser Anfangszeit ist die, die uns Menschen am schwersten fällt: das Zuhören. Kein Rampenlicht suchen, keine messbaren Erfolge der Arbeit anstreben, einfach beobachten und empfangen. Nicht gerade der Stoff für spannende Missionsberichte. Ich habe es aber hier mit Bräuchen, Gewohnheiten, Denkweisen zu tun, die von einem anderen Planeten sein könnten, so anders sind sie als alles, was ich bisher kenne. Ich muss mir Zeit nehmen, um dieser neuen Kultur auf den Zahn zu fühlen, mich in ihre Denkwelt hineinzufinden. Eines ist aber klar: Diese lieben Menschen haben mich in ihren Bann gezogen. Auf Anhieb.*«

Jacks erste Reise blieb, wie sich herausstellte, die einzige, die er in der Begleitung Harold Websters machte. Der Arktisveteran schien mehr als froh zu sein, seine unbändige Hundestaffel in die tierfreundlichen Hände seines Nachfolgers zu übergeben. Auch die langen Reisen zu den Siedlungen übernahm Jack mit Freude. Dass diese nun ausschließlich in der Gesellschaft einheimischer Begleiter durchgeführt wurden, sah er als Chance, schneller ins Herz der Kultur hineinzufinden. Einer dieser Begleiter war Sam Allonak, ein Jäger und Fallensteller aus Coppermine. Unter dem Einfluss der ersten Generation Missionare hatte auch Sam, wie viele der in und um Coppermine lebenden Eskimos, einen christlichen Rufnamen erhalten und konnte etwas Englisch.

Ziel der bevorstehenden Reise mit Sam war nun Victoria Island, einer der nördlichsten Teile der Northwest Territories. Namen auf der Karte wie »Homan«, »Naluayuk«, »Kuuk« und »Sachs« sollten bald Gesichter bekommen.

»Keine Rücksicht, Sam. Bitte nur Inuinaktun mit mir reden. Den Rest mit Händen und Füßen, Englisch nur in dringenden Notfällen«, betonte Jack immer wieder.

Von Sam hatte Jack gelernt, wie man einen Schlitten für eine sechswöchige Reise ins Inland packt. In dieser ungewöhnlichen Pfarrgemeinde, die sich über etwa 7 700 Quadratkilometer erstreckte, musste man mit minimaler Ausrüstung in der Lage sein, tagelang bei tiefsten Temperaturen im Freien zu überleben.

Kisten und Säcke wurden in einer fest vorgeschriebenen Reihenfolge auf den Schlitten geschnürt. Die kleinste Unachtsamkeit beim Packen konnte den Unterschied zwischen Leben und Tod bedeuten. Die Devise lautete: Nur das Allernötigste. Die Hunde mussten die Ladung Tausende von Kilometern schleppen, und auch sie hatten nur begrenzte Kraft. Jack staunte aber, wie wenig man brauchte, um selbst in feindlichsten Wetterverhältnissen zu überleben. Eine typische Ladung konnte auf bis zu 55 Kilo pro Hund kommen. Bei schlechtem Wetter oder rauem Terrain zogen die Männer mit den Hunden mit.

Nur bei günstigen Schnee-, Wetter- und Temperaturverhältnissen stopfte man ein paar Extras in die Säcke. Denn den meisten Platz brauchte das Hundefutter, das nur zu Hause gelassen wurde, wenn unterwegs ein Fleisch- oder Fischfang garantiert war. Die Erste-Hilfe-Ausrüstung, medizinische und zahnärztliche Vorräte brauchten eine eigene Kiste und mussten sowohl akribisch sauber gehalten, als auch vor dem Einfrieren geschützt werden.

Sam warf wie immer einen fragenden Blick auf die Gläser voller Betäubungsmittel, die Jack in einer kleinen Kiste heranschleppte.

»So viele, Mr Sperry?«

Dieser neue Missionar war doch anders als der alte, nahm Sam immer wieder mit Interesse zur Kenntnis.

»Sam, ich ziehe Zähne nur mit *sehr* viel Betäubung!«

Weder im Umgang mit Hunden noch in der Behandlung von Patienten wollte Jack die angriffslustige Art seines Vorgängers übernehmen.

Bald war der Schlitten vollgepackt. Primitive Gottesdienstutensilien wie ein Abendmahlskelch fanden immer irgendwo Platz. Kirche in einem Schneehaus hatte allerdings wenig mit sakralem Glanz zu tun.

»Haben wir an alles gedacht?«, fragte Jack, als er den Schlitten nochmals mit einem prüfenden Blick kontrollierte.

»Hilfe, das Allerwichtigste hätte ich fast vergessen. Sam, wie konntest du das übersehen?!«

Er rannte zurück ins Missionshaus und kehrte mit einer kleinen Kiste in der Hand zurück. Es war sein Schachspiel. Sam lachte laut.

Im gleichen wasserdichten Sack wie das Zelt waren auch Schlafsäcke, Gewehre, Kleidung zum Wechseln und ein Schneemesser verstaut. Als Letztes kamen der Kerosinbrenner und Dosen mit Brennstoff. Persönliche Hygiene wurde auf Sparflamme gehalten. Für eine Zahnbürste, Zahnpasta und ein Stück Seife gab es gerade noch Platz. Die Seife kam nur selten zum Einsatz.

»Man muss sich darauf einstellen, wochenlang keine Dusche zu sehen«, schrieb er einmal etwas zaghaft an seine Verlobte. *»Wir schwitzen hier in unseren Schichten von Karibu fröhlich vor uns hin, werden ständig freundlich von Hunden abgeleckt,*

die Robbenspeck und Blut von rohem Fleisch überall im Gesicht haben. Mit der Sauberkeit ist es nicht weit her. Aber keine Sorge, wenn wir alle zusammen duften, dann merkt es irgendwann keiner mehr. So wie bei gemeinsamem Knoblauchgenuss. Das Leben hier wäre übrigens nichts für Vegetarier.«

»Eines Tages im Sommer gingen all die Männer in verschiedene Richtungen, um nach Karibuspuren zu suchen.« Die gespannten Zuhörer, dicht gedrängt im Iglu, hingen an jedem Wort, das Jack sagte. Spannend und mit leuchtenden Augen erzählte er. Die Zuhörer blickten zu Sam Allonak hinüber und warteten auf die Übersetzung. Die zwei Männer waren in einer kleinen Iglusiedlung in Kuuk angekommen.

»Weil der Boden felsig war, nutzten sich die Hautsohlen ihrer Stiefel bald ab und die Frauen mussten jeden Abend neue Flicken daraufnähen. Während die meisten Männer gelegentliche Erfolge in ihrer Suche nach den Tieren meldeten, gab es einen Mann, der kein einziges Karibu zu Gesicht bekam, obwohl seine Stiefel jeden Abend völlig abgenutzt waren.«

Die vier Familien aus der Iglusiedlung, die sich im größten Schneehaus versammelt hatten, warfen einander wissende Blicke zu. Einige kicherten.

Egal woher sie kamen, »Storytellers« genossen bei den Eskimos hohes Ansehen. Mit einer Geschichte konnte man auch den schüchternsten Eskimo aus der Reserve locken. Als guter einheimischer Geschichtenerzähler konnte man durch eine mitreißende Erzählung sogar einen gescheiterten Jagdausflug wieder wettmachen.

»Bald hatte dieser Mann den Ruf, kein erfolgreicher Jäger zu sein, und natürlich wollte ihn keine Frau heiraten.« Lautes Gelächter.

»Kein Wunder, Minihitak! Wer heiratet schon einen Mann, der keine Karibus nach Hause bringt?«

»Aber Moment mal, Freunde.« Jack grinste. »Jetzt kommt der spannende Teil. Er hatte nämlich Glück. Endlich hat sich eine Frau erbarmt und zog zu ihm in sein Zelt. Er fand aber immer noch keine Karibus. Seine Stiefel waren trotzdem jeden Tag abgenutzt und mussten geflickt werden. Bald wurde seine Frau misstrauisch. Eines Tages folgte sie ihm heimlich, um zu schauen, was er tagsüber so trieb.«

Jacks Stimme wurde geheimnisvoll und leise. Der Dolmetscher spielte mit. Die Zuhörer blickten von Jack zu Sam, wieder zu Jack und folgten gebannt jedem Wort.

»Siehe da, weit weg vom Camp sah sie, wie ihr Mann in ein kleines Tal hinunterstieg, in dem ein spitzer Fels aus dem Boden ragte. Und …«, Jack redete mit gespielter Empörung immer lauter, »… ich trau mich kaum, es euch zu erzählen, liebe Freunde, so peinlich ist die Geschichte. Da lag ihr Mann auf seinem Rücken auf dem moosigen Boden und rieb seine Stiefel an dem kantigen Felsen rauf und runter, bis sie so aussahen, als ob sie von einer langen Suche nach Karibus abgetragen wären!«

Jack war inzwischen von der Geschichte selbst so mitgerissen, dass er anfing, laut zu lachen. Sam brach in einem Lachkrampf zusammen, das ganze Publikum wurde angesteckt und die ausgelassene Stimmung schien kein Ende zu finden.

»Und was hat die Frau dann getan?«, fragte ein Jugendlicher.

»Das weißt du genauso gut wie ich, das wisst ihr doch alle!«, rief Jack in die lachende Menge hinein.

»Sie verließ ihn und der faule Jäger war wieder alleine!«, riefen ein paar ältere Familienmitglieder.

»Und dabei hoffe ich jedes Mal, dass diese Geschichte einmal gut ausgeht«, sagte der Minihitak und rieb ein paar Lachtränen aus seinen Augen.

Zur Feier der Stunde wurde Tee herumgereicht. Erst dann packte Jack seine Bibel aus. Der Gottesdienst war schon in vollem Gange, ohne offiziellen Anfang.

»Wisst ihr, dass Gott auch ein Jäger ist, aber nicht ein Jäger, der hinausgeht, um zu töten, sondern ein Jäger, der hinausgeht, um zu heilen und wiederherzustellen? Hier steht es: ›Denn der Sohn des Menschen ist gekommen, zu suchen und zu retten, was verloren ist.‹ Gott ist immer auf der Suche. Nicht nach Ruhm und Reichtum, wie Menschen es tun. Auch nicht nach Nahrung für den Winter. Er ist auf der Suche nach verlorenen Söhnen und Töchtern, die er zurück nach Hause holen möchte.«

Sam übersetzte die Worte des Missionars mit emotionsgeladener Stimme und gestikulierte mit seinen Händen. Anstelle von Gelächter herrschte plötzlich eine aufmerksame Stille.

»Dazu erzählte Jesus einmal eine Geschichte. Ein Mann hatte zwei Söhne. Er hatte viele Felle verkauft, war ein geschickter Jäger und sehr erfolgreich. Der jüngere Sohn war aber faul geworden, wollte nicht mehr jagen gehen und wollte lieber in die Großstadt reisen.«

»Der böse, faule Schlawiner!«, unterbrach die Gastgeberin empört.

»Es wird noch schlimmer. Ich glaube, er reiste in den Süden, nach Edmonton. Er dachte, dort ist das Leben schöner und bequemer. War es aber nicht. Er wurde arm, hatte bald keine Freunde mehr und schlief draußen auf den eiskalten Straßen. Irgendwann, als er den Hunger nicht mehr aushielt, dachte er: ›Das Leben im Schneehaus war doch nicht so schlimm. Wir hatten wenigstens zu essen und wir hatten warme Karibufelle, in die wir uns nachts einwickeln konnten.‹ Er machte sich also auf den Weg nach Hause.«

Eine kurze Pause zum Nachdenken. Metallbecher und Löffel klirrten, während ein Topf mit frisch gekochtem Tee herumgereicht wurde.

»Was denkt ihr? Wird der Vater ihn zurücknehmen? *Soll* er ihn zurücknehmen?«

Ein Raunen ging durch die Reihen. Einige kannten die Geschichte und nickten. Ein junger Mann rief: »Nur wenn er sechs Karibus mitbringt, Minihitak!« Alle lachten.

»Genau! So würdest du, so würde ich denken!«, rief Jack zustimmend zurück. »Aber passt auf. So denkt dieser Vater nicht. Er vermisst seinen Sohn so sehr, dass es hier im Bauch wehtut.«

Selbst das Klirren der Löffel in den Tassen verstummte.

»Er sitzt am Eingang seines Iglus Nacht um Nacht und wartet, horcht nach dem Bellen eines Hundes, nach dem Rufen des Hundeführers, nach dem Zischen der Schlittenkufen auf dem Schnee. So wie ihr, wenn Besuch kommt und ihr es kaum erwarten könnt, bis das Gespann ankommt. Bei jeder Ankunft eines Schlittens rennt er aus seinem Iglu und fragt als Erstes: ›Ist mein Sohn bei euch? Habt ihr meinen Sohn gesehen?‹ Und er heult laut, wenn sein Sohn nicht dabei ist. Und genauso sucht unser Vater im Himmel nach uns.«

Pause.

»Oh Herr, lass es wenigstens ein paar Sekunden ruhig sein, damit die Botschaft in ihre Herzen fällt«, betete Jack still.

Ein alter Mann hustete. Sonst bewegte sich niemand. Jack gab Sam ein Zeichen und er stimmte ein Lied an.

»Bei diesem Vater musst du nichts mitbringen, um Liebe zu verdienen. Auch keine Tiere.« Er zwinkerte dem jungen Mann zu, der kurz zuvor verlangt hatte, dass der verlorene Sohn sechs Karibus mitbringt. »Du musst nur sagen: ›Ja, Herr, ich will nach Hause.‹ Er ist auf der Suche nach dir, immer auf der Suche nach den Kindern, die er verloren hatte. Er macht sich auf, verlässt seinen Iglu, stampft durch die Schneewehen, durch die Stürme, durch die eiskalte Nacht, nur weil er dich nach Hause bringen will.«

»*Diese lieben Menschen bringen mir bei, ohne es im Geringsten zu beabsichtigen, wie Christsein im Alltag gedacht ist*«, lasen seine Freunde in seinem nächsten Rundbrief. »*Weitab von Sakramenten, eleganten Gotteshäusern, liturgischen Ritualen und sonstigen Attrappen erlebt man Reich Gottes als Familienleben um das Lagerfeuer herum. Keine vorgetragene Frömmigkeit von der Kanzel und auf Kirchenbänken. Tee schlürfen und vereistes Fleisch miteinander lutschen. Ich habe das Gefühl, dort angekommen zu sein, wo Gott mich haben will, und fühle mich vollkommen zu Hause. Ohne jetzt in Gefühlsduselei abzurutschen: Das Beste und Nobelste, was die Menschheit erzeugen kann, gibt es ausgerechnet hier, wo die Welt am Wenigsten zu bieten hat. Eine Wärme mitten im eiskalten Abseits, die ich in der westlichen Welt nie erlebt habe. Der Mut, grenzwertigen Widrigkeiten, ja sogar dem Tod, permanent ins Gesicht zu schauen, ohne mit nur einem Wort zu klagen.«*

Ruhige Momente dauerten in Iglus nicht lange. Schon unterbrach ein kleiner Aufruhr die andächtige Stille. Der Hausherr, Bill Wikiak, diskutierte in lautem Geflüster mit seiner Frau, die May hieß.

»Der Minihitak kann in der Mitte schlafen. Da reicht der Platz für seine Beine«, sagte Bill.

»Nein, er ist viel zu lang«, wand seine Frau ein, »seine Beine stoßen an die Wand und er kann sie nicht richtig strecken.«

Normalerweise schlief ein Gast am Rand der Schlafplattform, aber kraft seiner langen Gestalt bekam Jack immer einen Ehrenplatz in der Mitte der Schlafreihe. Grund für den Aufruhr: May Wikiak wollte eine Schaufel holen und einen kleinen Anbau an der Außenwand des Iglus errichten, um Jacks Füße unterzubringen. Jack versicherte dem besorgten Ehepaar energisch, dass er auf ihrer Plattform auch ohne Anbau wunderbar schlafen würde.

Dies stimmte allerdings nicht ganz. Die Eskimos tranken eine Menge Tee. Und deshalb schlief Jack nicht wegen seiner langen Beine schlecht, sondern wegen des kleinen Metalltopfs, der nachts bei Bedarf – und der Bedarf war groß – durch die Reihe gereicht wurde und immer an ihm vorbeimusste. Der Topf wurde nach jedem Durchgang in eine kleine Senkung im Schneeboden neben der Plattform geleert. Diese Aufgabe erledigte in der Regel eine Oma, die am Rand schlief. So verschwand jede ungewollte Flüssigkeit unter dem Eis. Keine Pfützen, kein Dreck, nur ein etwas sonderbarer Grundmief, an den man sich allmählich gewöhnte. Niemand fand das Prozedere peinlich, keiner machte alberne Witze. Das Erledigen von Grundbedürfnissen geschah diskret, höflich und nüchtern und doch in aller Öffentlichkeit.

Jack lag halbwach in seinem Schlafsack. Sein Körper war todmüde, aber seine Seele verarbeitete immer noch Eindrücke und Gespräche des Tages. Eine totale Nachtstille gab es nie. Seine Augen folgten dem Schatten von May Wikiak, der sich an den in einem faden Gelb schimmernden Schneewänden des Iglus bewegte, jedes Mal, wenn sie nach dem »Kudlik«, der Specksteinlampe, schaute. Die niedrige Flamme musste die ganze Nacht lang am Brennen gehalten werden. Die Lampe wurde mit Robbenöl genährt und war das wichtigste Möbelstück im Iglu: die einzige Quelle von Wärme und Licht während langer Monate, in denen die Sonne ihr Gesicht nie zeigte. Eine einzige Kerze reichte, um ein großes Iglu den ganzen Winter durch bei einer Temperatur zu halten, in der man überleben konnte. Die Lampe stand nahe dem Eingang auf einem Brett aus einfachem Treibholz, das durch Holzstangen gestützt wurde. Töpfe hingen darüber an Haken von Stangen, denn auf dem Kudlik wurde auch gekocht.

Als Jack Stunden später aus einem trägen Halbschlaf erwachte, war die »First Lady« wieder in Bewegung. Sie hatte die Flamme höhergestellt und war dabei, den ersten Tee zu kochen.

»May kann nicht viel Schlaf bekommen haben«, dachte er, als er sich in seinem Schlafsack streckte, gähnte und sich fragte – nicht zum ersten Mal –, woher seine Eskimofreunde ihren Tagesrhythmus hernahmen, wenn es die meiste Zeit draußen dunkel war. Die Lampe war hell genug, um einen Blick auf seine Uhr zu ermöglichen. Es war tatsächlich schon sieben Uhr.

Architekten am Werk

»Mr Sperry, aufwachen, aufwachen!«

»Was ist, Sam? Ich bin schon wach!«, gähnte Jack.

»Die Wikiaks bauen ein neues Iglu! Sie wollen, dass du das miterlebst, bevor wir uns morgen wieder auf den Weg machen! Du musst dich sehr beeindruckt zeigen.«

Der Lärm von Männerstimmen und erregten Unterhaltungen zog Jack schnell aus seiner Müdigkeit und hinaus ins Freie, wo ein beinahe voller Mond in einem wolkenlosen Himmel die weiße Landschaft beleuchtete. Bill Wikiak und die anderen Männer waren schon bei der Arbeit.

»Der Minihitak hilft mit und zeigt uns, wie er bauen kann!«

Die Männer lachten wohlwollend. Bill schob Jack eine Schneeschaufel und ein Messer zu.

»Das gibt guten Stoff für den nächsten Brief an Betty«, dachte Jack und fing an, mit festen Hieben seines Schneemessers rechteckige Blöcke aus dem Berg hart gepackten Schnees auszuschneiden, an dem die anderen Männer schon arbeiteten. So viel wusste er schon: knapp ein Meter auf 60 Zentimeter, 30 Zentimeter dick. Vom Wind verwehter Schnee hatte die beste Bauqualität. Dieser war perfekt. Mit Genugtuung beobachtete er, wie das neugierige Kichern seiner Freunde nachließ und einem beeindruckten Staunen nachgab. Er grinste sie an und fing an, sie mit einer gespielten Besserwisserei herumzukommandieren.

»Hey, Bill, du hast keine Ahnung, wie man ein Iglu baut. Der Kreis ist noch viel zu breit. Auf halber Höhe muss er doch schon enger werden!« Er legte einen Block fachgerecht an seinen Platz in der Schneemauer.

»Das ist ein Iglu für einen Riesen wie dich, Minihitak!«, lachte Bill zurück. »Und wenn deine Kinder so groß werden wie du, dann muss er noch höher und breiter sein!«

»Und die Schlafplattform muss den ganzen Iglu ausfüllen, um all die langen Beine unterzubringen!«, ergänzte Klaktuuk, einer der jüngeren Männer. Ausgelassene Heiterkeit auf allen Seiten.

Das Gerücht, dass der Missionar bald heiraten würde, hatte offensichtlich die Runde gemacht. Ein Schneeball landete auf Klaktuuks Kopf. Er schoss gleich zurück.

»Klaktuuk! Konzentriere dich lieber auf deine Arbeit«, rief Jack, während er den Schnee von seiner Kapuze abklopfte. »Da gehört ein Fenster hin! Sonst schimpft deine Frau, wenn kein Licht reinkommt und sie deinen Parka nicht nähen kann.«

Während sie miteinander scherzten, setzten sie einen Schneeblock auf den anderen. Jeder Handgriff saß. Nach und nach entstand ein gewölbtes Häuschen in perfekter Symmetrie. Jacks große Gestalt erwies sich als unverhoffter Bonus. Seine langen Arme kamen dorthin, wo kein Eskimoarm hinlangen konnte. Trotzdem dauerte die ganze Aktion sechs ganze Stunden.

Die Blöcke bildeten eine Spirale, die sich nach oben und nach innen drehte. Am Schluss wurde sie mit einem großen, zentralen Block am Gipfel zugebaut. Ein kleines Loch blieb dabei offen. Hier würden muffige Luft und unerwünschte Düfte einen Ausweg finden und verhindern, dass das Haus um seine Bewohner herum zu einer großen Pfütze wurde.

»Ohne das Loch würde es innendrin noch komischer riechen«, sagte Sam.

In Abständen hatten die Männer Fenster aus klarem Eis in die Seitenwände gesetzt.

»May! Kinder! Wir sind so weit!«

Die Frauen und Kinder, die bisher lediglich die Aufgabe gehabt hatten, ihr Männervolk anzufeuern und mit heißem Tee zu versorgen, machten sich an die Arbeit, die Ritzen zwischen den Baublöcken mit weichem Schnee zuzustopfen und das Iglu windfest zu machen.

Sam stieg auf das Dach des Iglus, richtete sich auf und winkte stolz zu Jack herunter.

»Stabiler als jedes Holzhaus!«, rief er.

»Jetzt im Ernst, wo lernt ein weißer Mann, wie man ein Iglu baut?«, fragte Klaktuuk, als sich die Männer nach getaner Arbeit in den Schnee setzten und ihre Hände an heißen Teebechern wärmten.

»In der Schule«, antwortete Jack mit einem Augenzwinkern. »Einmal sagte ich etwas, das der Lehrer nicht hören wollte, und musste als Strafe ein Iglu zeichnen und davon erzählen. Nein, Quatsch, natürlich lernen wir in England nicht, wie man Schneehäuser baut. Wir haben nicht einmal genug Schnee! Ich habe es von meinen Freunden in Coppermine gelernt!«

»Liebe Betty,
jetzt sind wir offiziell für das Überleben in der Arktis qualifiziert. Für den Fall, dass unser kleines Missionshaus von einem Schneesturm weggefegt wird, habe ich in Kuuk meine Baukünste optimiert und wäre jetzt in der Lage, eigenhändig ein großes Familieniglu zu bauen, mit einem Durchmesser von ganzen 3,50 Metern. Meine Leistung war ein durchschlagender Erfolg. Die Hochzeitsglocken dürfen läuten! Mit der Aufbewahrung der Nahrungsvorräte würden wir es allerdings anders handhaben als die Eskimos. Als ich zum ersten Mal auf allen vieren durch den Eingangstunnel und den Karibufellvorhang in Aviaks Iglu hineinkroch, wollte ich mich aufrichten und den Schnee von meinem Parka abklopfen. Welcher Schreck, als ich plötzlich in das weit offene Maul eines Karibus starrte. Klar, der Tiefkühlvorrat. Wenn du Hunger hast, schneidest du dir eine gefrorene Scheibe von seinem Hintern ab und spülst den Leckerbissen mit Tee hinunter. In unserem Iglu würden wir die Vorräte eher unter der Schlafplattform aufbewahren. Die kann man nämlich aushöhlen, und da hat es reichlich Platz für einige tiefgefrorene Robben und Karibus. Auch für Ersatzstiefel, Nähzeug, Geräte und Töpfe. Kein Wunder, dass die Eskimos immer wieder neue Begriffe für Schnee bilden, je nach seiner Beschaffenheit.«

Schneereisen mit Hindernissen

»Es kann nicht sein, dass ihr *alle* Zahnweh habt«, mahnte Jack eine Gruppe von kleinen Kindern, die sich plötzlich mit offenem Mund vor ihm aufgereiht hatten und eifrig auf die Medikamentenkiste zeigten, die gerade aus dem Iglu getragen wurde.

»Sie haben zugeschaut, wie du May Wikiak den faulen Zahn gezogen hast und wollen auch!«, erklärte Sam. »Ja nicht nachgeben! Ihre Zähne sind kerngesund.«

»Dann gebe ich ihnen lieber etwas zu kauen.« Mit einer kleinen Packung Schiffszwieback in der Hand rannten die Kinder vergnügt weg, um ihren Schatz unter sich zu verteilen.

Gestärkt durch ein paar Stunden Schlaf, gefrorene Fischstücke und eine Menge Tee waren Jack und Sam dabei, sich für den nächsten Abschnitt der Reise startklar zu machen. Eine Phase der Winterreisen war an Hektik nicht zu überbieten, und zwar frühmorgens in der Stunde vor der Abfahrt. Im ganzen Schneedorf herrschte Hochbetrieb. Kinder sprangen um den Schlitten herum, Hunde zogen an ihren Ketten und bellten um die Wette, während Jack hier und da ein vertrautes Gespräch mit denen führte, die für irgendeine Not Rat suchten. Er hatte sich mindestens dreimal von jedem Familienmitglied verabschiedet, bevor die Fahrt endlich losging.

Sam war inzwischen schon dabei, mit konzentriertem Blick und mit ein paar gekonnten Handgriffen die Kufen der Schlitten zu beschmieren. Er ignorierte die fieberhafte Aufbruchsstimmung, die um ihn herum tobte, und nahm eine Schaufel lockere Erde, die er im Sommer gesammelt, in einem Beutel aufbewahrt und gefroren auf die Reise mitgenommen hatte. Jetzt schmolz er sie in einem Kochtopf und machte daraus einen festen Brei, den er auf die Holzkufen des Schlittens drückte. Der braune Schleim fror sofort wieder ein. Danach wurde er geschliffen und mit einer Schicht Wasser besprüht, das ebenso gleich zu Eis wurde. Nach einem letzten Feinschliff mit einem Stück Eisbärfell hatten die Kufen eine eisige Oberfläche, die problemlos über den Schnee glitt und eine gute Geschwindigkeit garantierte.

»Die Strecke nach Nuvuk könnte brüchig sein, Mr Sperry«, bemerkte Sam, während er Schlafsäcke und Nahrungskisten auf dem Schlitten festschnürte. »Packeis. Rau. Wahrscheinlich müssen wir ein paar Mal anhalten, um die Kufen nochmals zu behandeln.«

Nuvuk war die nördlichste bewohnte Ortschaft auf Jacks Winterstrecke, die letzte Station der Reise, bevor es wieder Richtung Heimat ging.

Die Eisschicht auf den Kufen war zerbrechlich, und bei zu vielen Bodenunebenheiten bröckelten Teile der Erdverpackung leicht ab. Jack war nach seinen ersten Fahrten auf die innovative Idee gekommen, geschädigte Erdanstriche mit Haferflockenbrei zu verbessern, und dies hatte sich als eine perfekte Lösung für unterwegs erwiesen.

»Hey, weg von den Schlafsäcken, Mustang! Du Schlitzohr, du!«

Sam spannte die ersten zwei Hunde an den Schlitten, während er gleichzeitig auf neun weitere ein Auge hielt, die vor Aufregung hin und her sprangen und sich dabei in ihren Ketten hoffnungslos verfingen. Vor dem Aufbruch waren die Huskys unruhig und aufgeregt. Einer nagte an einer Schlafsackrolle.

»Pass du bitte auf den Freund hier auf«, keuchte Sam zu einem der Kinder, als er Mustang von den Schlafsäcken wegzog und wildes Gejaule dafür erntete.

Mustang, stark und impulsiv und mit einem kräftigen Schuss Eigenwilligkeit, hatte von Snowball, der bald nach dem Vorfall im Eis in Ruhestand gegangen war, für die langen Reisen die Rolle des Leithunds übernommen. Wie seine Teamkollegen war Mustang ein Hund der Rasse »Canadian Eskimo Dog«. In Jacks Gespann gab es diese zähen, stämmigen Tiere in jeder Farbvariante: grau, rot, schwarz, weiß gefleckt oder – wie Mustang – weiß mit dunklem Kopf. In ihrem Doppelfell mit einem dicken Unterfell wirkten sie kuscheliger, als sie in Wirklichkeit waren. Schnell gereizt, unberechenbar und nicht immer die besten Teamspieler, waren sie außerdem fast zu jeder Zeit hungrig und verschlangen alles, was von einem Tier stammte. Nicht einmal die Parkas oder Zelte waren vor den Vielfraßen sicher.

»Hopp, ihr Kerle, es geht bald los! Aufs stille Örtchen und dann ans Geschirr!«

Und tatsächlich: Diskret und etwas abseits vom Lager ging fast jeder Hund auf Kommando in die Hocke und verrichtete sein Geschäft. Sie wussten, was erwartet wurde. Eine Schlittenfahrt in vollem Schwung wollte kein Fahrer unterbrechen, nur weil einer der Hunde ein dringendes Bedürfnis verspürte. Auch hatte kein Fahrer Lust, Slalom zu fahren, weil Hundedreck auf dem Schnee lag und das Eis auf den Kufen gefährden könnte.

Sam saß auf dem Schlitten. Mustang zog schon kräftig am Geschirr. Ein letzter Händedruck, ein Bellen, Winken und Rufen: »Das nächste Mal bringst du deine Frau mit, Minihitak!«

Die Hunde sprangen los und der Schlitten raste in das menschenleere Halbdunkel der Polarnacht hinaus.

Bald hörte man den Lärm und die Stimmen aus dem Dorf nicht mehr. Sam lenkte die Hunde auf schon befahrene Spuren und sofort glitten die Kufen in die Fahrrinnen vorausgegangener Schlittengespanne. Sams Sinn für Navigation versetzte Jack immer wieder ins Erstaunen. Spuren von Menschen und Tieren waren für ihn nicht bloß willkürliche Striche im Schnee, sondern stellten ganze Lebensgeschichten dar. An ihnen konnte er mit ziemlicher Sicherheit feststellen, welche Siedlung wohin und wann gezogen war, in welche Richtung die Karibuherden sich gerade bewegten und welche Jäger ihren Spuren folgten.

Leichte Wolken glitten über den Mond. Das fahle Meer schimmerte auf der linken Seite, das Land lag noch tief im Zwielicht. Nur die Sterne schienen lebendig und funkelten am Horizont wie kleine Diamanten auf pechschwarzem Stoff. Stunde um Stunde verstrich in tödlicher Stille. Nur das Hecheln der Hunde, das Zischen der Kufen, das Knirschen der Stiefel, während die Männer abwechselnd neben dem Schlitten liefen. Erst um die Mittagszeit rötete sich das Firmament, dort, wo Meer und Himmel sich berührten. Es war ein halbherziges Morgengrauen, das sich bald danach wieder in Dämmerung verwandeln würde.

»Wenn wir den richtigen Schnee finden, bleibt das Zelt zusammengerollt und wir bauen ein Schneehaus. Aus der Ferne sieht der Schnee gut aus.«

Zelte hatten die Reisenden immer dabei, vor allem in der Frühlingszeit, wenn der Schnee nicht mehr so frisch war. Aber als Isolierung gegen die Kälte war Schnee effektiver und ein provisorisches kleines Schneehaus zum Übernachten war schnell gebaut. Ein Iglu hielt die Wärme besser und sorgte dafür, dass die Nachttemperaturen um die Schlafsäcke herum nicht unter den Gefrierpunkt sanken. In einem Zelt dagegen sank die Innentemperatur schnell auf die Außentemperatur, sobald der Kerosinbrenner aus war. Sparsame Packvorschriften machten es unmöglich, genug Öl für eine Nachtheizung mitzunehmen. Man schlief voll bekleidet im Schlafsack und musste sich, bevor man Guten Morgen rufen konnte, erst aus einer Schicht Eis herausstrampeln, die sich durch die Feuchtigkeit des Atems nachts um den Rand des Schlafsacks herum gebildet hatte.

Sam stach mit einem Stock mehrere Proben aus den Schneeverwehungen, in deren Nähe die Männer angehalten hatten. Bald erklärte er einen der Hügel als perfekt und holte das Messer vom Schlitten. Zuerst zeichnete er einen weiten Kreis auf den Schnee, dann fing er an, Vierecke aus dem Hügel zu schneiden, während Jack die Hundeketten ausbreitete und die Hunde fütterte. Als er damit fertig war, standen schon die ersten Reihen Schneeblöcke, gegen die Jack zusätzlich lockeren Schnee aufhäufte. Bald schnitt Sam eine kleine Tür in die Wand und krabbelte hinein. Jack reichte ihm eine Kerze. Im Nu schoss ein wunderschönes, gewölbtes Bauwerk aus dem Boden, das sanft und golden gegen den schwarzen Nachthimmel schimmerte. Der Umriss jedes einzelnen Blocks zeichnete sich durch den Kerzenschein ab. Jack holte seine Kamera aus dem Rucksack, um diesen Moment festzuhalten. Für Schnappschüsse, die in der Heimat auf Interesse stoßen könnten, blieb meist nicht viel Zeit übrig.

Sam war schon dabei, die Risse des Häuschens von innen auszubessern. Jack beobachtete, wie sein Schatten flimmerte, hochschoss und wieder verschwand, während er eine Schlafplattform zurechtklopfte. Wie eine lustige Märchenfigur, dachte Jack.

Manchmal kam ihm sein ganzes Leben hier wie ein Märchen vor. Wie ein Traum, aus dem er plötzlich aufwachen und sich unter seiner gemütlichen Bettdecke in Leicester wiederfinden würde. Küchengeräusche, der Geruch von Rührei, Speck und Toast, der fröhliche Ruf seiner Mutter, die BBC-Morgennachrichten im Radio. Ein Stich Heimweh schoss durch sein Herz. Besonders beängstigend in dieser ungeheuerlichen Kälte war das Gefühl, dass es kein Entrinnen gab. Es war bitterkalt und blieb kalt, auch nachts. Keine warme Hütte, in die man abends einkehrte wie auf einer Alpenwanderung. Allein das Übernachten war eine Grenzerfahrung, die stoische Konzentration erforderte.

»Fertig!«, rief Sam.

Jack reichte ihm Schlafdecken ins Iglu, danach die Schlafsäcke und dann Ofenkiste, Essenskiste und Ölbehälter. Dann kroch er selbst hinein. Beide Männer zogen ihre Parkas aus und klopften den Schnee ab. Die dicken Mäntel dienten in der Nacht als zusätzliche Fußdecken. Die Vorbereitungen für das Abendessen konnten beginnen. Jack zündete die zwei Kerosinbrenner an; auf einen stellte er einen mit Schnee gefüllten Teekessel, auf den anderen eine Bratpfanne, in die er tiefgefrorene Fleischkugeln, Bohnen und Reis legte. Für die Umstände ein recht ordentliches Gulasch.

Danach ließen die Männer die Tagesgeschehnisse Revue passieren, erzählten sich gegenseitig Geschichten, beteten zusammen und dankten dem Herrn für seinen Schutz während des Tages. Jack trug die aktuellen Ereignisse in kurzen Stichpunkten in sein Tagebuch ein.

»Lust auf eine Runde Schach oder zu müde?«, fragte Jack.

»Nie zu müde, Mr Sperry!«

»Du hast mich beim letzten Mal geschlagen, Sam. Ich habe noch eine Rechnung mit dir offen!«

Jack holte die kleine Kiste aus seinem Schlafsack, in der sein Schachbrett seinen sicheren Reiseplatz hatte.

In stockfinsterer Nacht mitten im Nirgendwo, weitab vom Klang irgendeiner menschlichen Stimme und in Schlafsäcken fest eingepackt, lachten und scherzten zwei Männer, ein Fremder und ein Einheimischer, die sich an Orte trauten, die wenige Menschen besuchen würden, nicht mal im Traum daran dachten. Dies alles, um einem vereinsamten Volk zu erzählen, dass Gott es nicht vergessen hat. Ein steigender Wind heulte um das Schneehaus herum. Ab und zu bellten die Hunde.

»Look out, look out, Minihitak!« (»Pass auf, pass auf!«)

»Sam, wir sind nicht mit den Hunden unterwegs, wir spielen Schach. Du musst mich nicht vorher warnen, bevor du mich schachmatt setzt, sonst verlierst du!«

Müde vom langen Tag als Führer des Hundegespanns, an dem er auf unebenem Terrain seinem Reisebegleiter zeitweise ununterbrochen die Worte »Look out, look out!« zuschreien musste, vergaß Sam in seinem Eifer, dass die Regeln beim Schachspiel anders waren.

Die Schlafsäcke waren alles andere als gemütlich. Kein Wunder. Schließlich waren sie den ganzen Tag über Temperaturen von bis zu minus 50 Grad ausgesetzt. Jack hatte von den Hunden gelernt, wie man sich auf kleinstem Raum zu einer Kugel zusammenrollte, um die eigene Körperwärme zu speichern. Nach einiger Zeit war der Fleck, auf dem man lag, warm geworden. Dann streckte man nach und nach Beine und Arme aus. Auf diese Weise konnte man den Schlafsack mit der eigenen Körpertemperatur erwärmen, bevor er wiederum den Körper wärmte.

»Ist Mustang wieder ruhig, Sam? Er war heute ganz schön schnippisch.«

»Alle schlafen selig, Mr Sperry. Ich lösche die Flamme jetzt. In Ordnung?«

Unerwarteter Abschied

»Mr Sperry, Mr Sperry, komm schnell!«

Jack schlief immer noch tief und fest, als ihn Sams panikerfüllter Ruf aus seiner Traumwelt holte. An der Stimme erkannte er, dass es etwas Ernstes sein musste.

Er krabbelte schlaftrunken aus der Wärme seines Schlafsacks. Bis er seine Stiefel über seine Füße gezogen hatte, war er schon hellwach. Eine seltsame Stille herrschte. Kein Hund bellte draußen. Er stürzte durch die kleine Tür des provisorischen Schneehauses nach draußen, immer noch im Begriff, einen unwilligen Arm in den zweiten Ärmel seines Parkas zu stopfen.

Er zuckte zusammen. Eine makabre Szene entfaltete sich vor seinen Augen: Mustang lag hechelnd auf blutgetränktem Schnee. Abgelöste Fellklumpen lagen verstreut um ihn herum. Er drehte schwach den Kopf, als Jack sich ihm näherte. Grauen und Angst blickten aus seinen Augen heraus. Sam schüttelte den Kopf und rang mit den Tränen.

»Was ist passiert, Sam?«

Eine Antwort war nicht nötig. Zehn Hunde ließen ihre Köpfe hängen und schmatzten gelegentlich. Einer winselte. Jack hing sehr an seinen Hunden, aber in diesem Moment kostete es ihn seine gesamte Kraft, nicht mit einem Stock auf die zehn Übeltäter loszugehen.

»Ich könnte euch allen miteinander an die Gurgel gehen, ihr hässlichen, gemeinen Viecher!«, zischte er.

Er kniete sich neben Mustang auf den Schnee.

»Berühr ihn ja nicht, Mr Sperry! Wenn er Schmerzen hat, wird er vielleicht …!«

Es war zu spät. Jack hatte Mustangs Kopf sanft auf seinen Schoß gezogen und redete ihm in sanften Tönen zu. Mustang wehrte sich nicht.

»Komm, Freund. Versuch mal aufzustehen. Die anderen können ohne dich nicht so gut ziehen. Du bist nicht tot. Du bist ein zäher, großer Kerl und Wolfsblut fließt in deinen Adern. Vielleicht sind es nur oberflächliche Bissverletzungen. Sam, warum haben wir nichts mitbekommen?«

Jetzt war es Jack, der mit den Tränen rang.

»Der Wind war laut und wir waren müde, Mr Sperry.«

»Wir hätten sowieso nichts machen können«, fügte er deprimiert hinzu. »Wenn die Hunde einmal aufeinander losgehen, kämpfen sie bis zum bitteren Ende. Es muss irgendeinen Streit gegeben haben, und sie waren von der langen Reise gestresst. Vielleicht hat Mustang die anderen provoziert. Er war schon immer schnell beleidigt.«

»Es steckt doch ein starker Anteil Raubtier in ihren Genen, Sam.«

Mustang lag inzwischen still und sein Atem wurde flach. Seine Augen waren geschlossen. Ab und zu lief ein kurzes Schaudern durch seinen Körper.

»Er kann nicht mehr laufen, Mr Sperry. Wir müssen jetzt losziehen, sonst erreichen wir Nuvuk heute Abend nicht mehr, und das Hundefutter wird knapp. Willst du es machen oder soll ich?«

Jack nahm ohne ein Wort das Gewehr aus Sams Hand. Sam zog an der Kette, an der die anderen Hunde angebunden waren, und führte sie in sichere Entfernung auf die andere Seite des Iglus. Ein einziger Schuss knallte durch die eisige Luft.

»Heute war der schwierigste Tag dieser Reise«, lautete der knappe abendliche Eintrag in Jacks Tagebuch nach der Ankunft in Nuvuk. In dieser größeren Siedlung übernachteten die Missionare nach der Abendversammlung in einem leeren Iglu, der als Gästehaus diente. Dieses Mal freute sich Jack über die Ruhe und Privatsphäre, die es ihm ermöglichten, den Verlust seines Lieblingshundes zu verarbeiten. Auch die körperliche Anstrengung war nach dem Ausfall des kräftigen Zughundes um einiges gestiegen. In zackigem, eisigem Terrain mussten Jack und Sam sich selbst einspannen und den Schlitten führen.

»Deine Hunde sind deine Mitarbeiter, nicht deine Familienmitglieder«, hatte es in Jacks Handbuch zum Umgang mit Huskys geheißen. *»Es ist stets darauf zu achten, dass das Verhältnis nüchtern und distanziert bleibt, damit eine gewisse Professionalität garantiert ist, wie bei einem Vorgesetzten zu seinem Angestellten.«*

»Welch ein Blödsinn, so ist eben der Unterschied zwischen Lehrbuch und Realität«, murmelte Jack.

Im Kampf um das Überleben in der Arktis wurde die emotionale Bindung zwischen Hund und Besitzer tief und innig, so existenziell war die gegenseitige Abhängigkeit. Trotz seiner Erschöpfung wälzte sich Jack in seinem Schlafsack hin und her. Die Gedanken und Bilder an Mustangs regungslosen Körper auf dem einsamen See konnte er nicht verscheuchen. Wahrscheinlich war inzwischen nicht mehr viel von dem Kadaver übrig. Irgendein Wolf wird sich freudig auf den frischen Leckerbissen gestürzt haben, dachte er verbittert.

Den Bewohnern von Nuvuk fiel auf, dass Jack seine Geschichten und Predigten nicht mit dem gleichen Pfiff und Humor vortrug wie bei seinem letzten Besuch. Sie hatten von dem Missgeschick auf der Fahrt erfahren und trösteten die Missionare so gut sie konnten, wussten sie doch am besten, was es bedeutete, ein wertvolles Tier zu verlieren.

Am Abend vor der langen Heimfahrt berieten sich Jack und Sam mit den Ältesten des Igludorfs.

»Die Fahrt nach Coppermine ist zu lang mit nur zehn Hunden. Wenn ihr durch einen Sturm aufgehalten werdet, habt ihr keine Chance. Die Hunde werden zu schnell müde werden und ihr könnt unmöglich genug Futter mitnehmen. Nehmt doch einen unserer Hunde«, schlug der Gastgeber vor.

»Das ist freundlich von dir«, antwortete Sam. »Aber unsere Hunde sind nach dem Vorfall besonders gereizt. Ich habe Angst, dass sie einen fremden Hund erst recht angreifen.«

»Oder wir versuchen, Rob als Leithund einzusetzen«, sagte Jack nachdenklich. »Er kann kräftig ziehen und ist seit der Blamage letztes Jahr vernünftiger geworden. Ist es dir aufgefallen, Sam, dass er so etwas wie der Ruhepol war, seitdem wir hier sind? Die anderen mögen ihn.«

»Warum zögert ihr?«, fragte ein Eskimo, der mit Hunden offensichtlich besonders viel Erfahrung hatte. »Vielleicht wartet Rob auf seine Chance, sich zu bewähren! Und Hunde lernen aus ihren Fehlern, manchmal besser als Menschen.«

Die Ältesten hörten aufmerksam zu, als Jack von den drei Welpen erzählte, die er im vorigen Jahr selbst großgezogen hatte. Rob war der quirligste und anhänglichste des Dreierpacks gewesen und zeigte auch vielversprechende Führungsqualitäten, wenn er mit anderen Hunden zusammen war. Teamfähig, gehorsam, stark: ein Arbeitshund wie aus dem Bilderbuch. Bis zu dem Tag, an dem Jack ihn auf einer Reise zum ersten Mal als Leithund an der Spitze hatte arbeiten lassen wollen.

»Alles war bereit, die Hunde eingespannt und in den Startlöchern«, erzählte Jack. »Voller Stolz zog ich den Schlittenanker aus dem Schnee und brüllte ›Los!‹«

Jacks Zuhörer schmunzelten und ahnten die verhängnisvolle Wende der Geschichte.

»Rob machte den ersten Sprung, zehn Hunde sprangen ihm nach, der gesamte Schlitten setzte sich schwungvoll in Bewegung. Dann machte Rob den Fehler seines Lebens: Er schaute kurz zurück, sah mich da stehen und führte das ganze Gespann in einem breiten Kreis zu mir zurück. Er sprang um mich herum wie ein kleiner Welpe und hüpfte in stürmischer Zuneigung hoch, um mein Gesicht abzulecken, während in der Hundestaffel das heillose Chaos ausbrach.«

»Der arme Kerl wollte dir nur zeigen, wie toll er dich findet«, neckte Sam. »Ich habe dich oft gewarnt, Mr Sperry, dass deine Hunde dich nicht zu sehr liebgewinnen dürfen!«

Eine heitere Stimmung herrschte inzwischen in dem Iglu.

»Und wie ging die Geschichte aus?«, fragte einer der Ältesten.

»Na ja, mein Freund Sam hier krümmte sich so sehr vor Lachen, dass er mir nicht helfen konnte, die verworrenen Leinen wieder zu sortieren und die Hunde in ihre Ausgangsaufstellung zu bringen. Das war fürs Erste das Ende von Robs Karriere als Leithund.«

Bevor er sich schlafen legte, ging Jack noch einmal hinaus zu den Hunden, streichelte jedem über den Kopf, setzte sich zu Rob auf den Schnee, legte seinen Arm um den Hund und redete lange und ernsthaft auf ihn ein.

*

»*Rob wusste, was von ihm erwartet wurde, und lieferte mit Bravour*«, notierte Jack eines Abends in sein Tagebuch. »*Er scheint sich über seine neue Chance auf eine Karriere als Führungskraft zu freuen, braucht allerdings klare Vorgaben, sonst kommt er auf blöde Gedanken oder lässt sich ablenken. Sam ist fast heiser. Ich entlaste ihn hin und wieder, aber Rob hört besser auf ihn. Die Fahrt läuft monoton und es ist noch nichts aus dem Ruder gelaufen. Wir reden wenig, konzentrieren uns darauf, jeden Tag so viele Kilometer wie möglich hinter uns zu bringen und hoffen, dass das Wetter nicht umschlägt.*«

Nach wochenlangem Kräftemessen mit unerbittlichen Naturgewalten, nach schlaflosen Nächten in Eiseskälte und Gefahr, nach mehreren Durchgängen durch jede erdenkliche Achterbahn von Gefühlen stumpften die Emotionen der beiden Männer nach und nach ab.

Gegen Ende der sechswöchigen Reise wurde ihre Belastbarkeit auf Herz und Nieren geprüft. Sie vermieden Gespräche. Zu groß war das Risiko, dass einer eingeschnappt auf irgendeine Kleinigkeit reagierte, zu verzweifelt die Sehnsucht nach der warmen Vertrautheit zu Hause. Nur ein Gedanke füllte beide Köpfe: »Bald haben wir es geschafft!«

Jack träumte von Post von Betty, die auf ihn zu Hause wartete, Sam vom Wiedersehen mit Frau und Kindern.

»Iglugaluit! Iglugaluit!«, brüllte Sam den Hunden zu. Jack wachte ruckartig aus dem erschöpften Halbschlaf auf, der seit der Abfahrt von Nuvuk sein Dauerzustand war.

Rob machte einen Sprung und lief mit frischem Tempo voraus, die anderen neun Hunde folgten.

»Kommen die Hunde nie auf den Gedanken, dass du sie komplett reinlegst?«, lachte Jack.

»Na ja, Rob will zeigen, was er kann«, antwortete Sam. »Solange ich mir selbst einrede, dass wir bald auf eine Iglusiedlung stoßen, nehmen sie es mir ab!«

»Iglugaluit« hieß »Viele, viele Iglus voraus«. Falls die Hunde müde davon wurden, nichtexistente Iglus zu suchen, wechselte Sam zu »Tuktugaluit! Tuktugaluit!«, was »Viele Karibus voraus!« bedeutete. Es gab auch einfachere Anweisungen wie »Jiih« (nach rechts), »Hau« (nach links) und »Whoa« (anhalten). Falls man tatsächlich auf echte Iglus oder Karibus traf, brauchten die Hunde keinen Ansporn mehr, sie sprangen voller Begeisterung los. So auch an dem Tag, als sie nur noch zwei Tagesreisen von Coppermine entfernt waren. Sam rief »Tuktugaluit!«, und es tauchte tatsächlich eine Herde »Tuktugaluit« in der Nähe auf.

»*Wir schossen vier Karibus*«, schrieb Jack abends, »*ganz nebenher. Machte den Schlitten um einiges schwerer. Aber wir waren ja bald zu Hause, und damit haben wir Steaks für den Rest des Winters sicher. Und genug Haut für mindestens ein Zelt.*«

Es waren Blitzgedanken, bei Kerzenlicht im Schlafsack ins Notizbuch gekritzelt, später bei Tageslicht kaum lesbar. Die Hunde witterten schon, dass die Reise heimwärts führte. Sie waren aufgeregt und voller Energie, aber auch verspielter und aggressiver als bisher auf der langen Reise.

Rufe aus der Ferne hinter ihnen holten Jack und Sam wieder aus der schweigsamen Benommenheit heraus, die sie mitten in der Fahrt überkam, wenn beide auf dem Schlitten saßen und die Hunde auf glattem Terrain gut liefen.

»Whoa!«, rief Sam. Das gesamte Gespann schlitterte langsam zum Stillstand und die Männer blickten nach hinten. Im Mondlicht konnten sie einen von einer großen Hundestaffel geführten Schlitten ausmachen, der ebenso zum Bremsen angesetzt hatte. Die Sehkraft seiner Eskimofreunde, auch in der Dunkelheit, versetzte Jack immer wieder ins Staunen. Als Sam sagte, dass sich ein Schlitten näherte, konnte Jack diesen noch nicht sehen. Bis der Schlitten nahe genug war, dass Jack ihn sehen konnte, hatte Sam die Hunde schon gezählt. Bis Jack die kleinen Punkte ausmachte, die Hunde waren, wusste Sam schon, wer auf dem Schlitten saß.

Bei den Hunden brach ein wahres Getümmel aus, ein Jaulen, ein Bellen und Begrüßen. Eine Begegnung mitten in der endlosen Leere der Arktissteppe war wahrhaftig ein Ereignis.

»Alfred, du bist es! Und dein Bruder!«, rief Sam, nachdem er vom Schlitten heruntergesprungen war.

»Das gehört gefeiert! Zeit für ein Mug-up!«, sagte Jack, der schon dabei war, den Kerosinbrenner auszupacken und die Hunde zur Ruhe zu bringen. Alfred war neben Sam einer seiner treuesten Begleiter auf Inlandreisen geworden.

»Wir fahren schon seit Stunden in euren Schlittenspuren in der Hoffnung, euch einzuholen und etwas Gemeinschaft zu haben! Und du bist inzwischen ein Karibu-Experte, Mr Sperry, wie ich sehe!« Alfred war beeindruckt, als er den Berg von frisch gefrorenem Fleisch und Fell erblickte, der auf dem Schlitten hochragte.

Alfred, einer der geschicktesten Jäger der Gegend um Coppermine, war derjenige, der Jack beigebracht hatte, wie man ein Karibu häutet. Es war der Anfang einer tiefen und langjährigen Freundschaft gewesen. Auf der nächsten Reise sollte Alfred wieder Jacks Begleiter sein. Erfahrene Jäger waren als Begleiter die Überlebens-

und Erfolgsgarantie schlechthin. Wie Sam war auch Alfred ein Multitalent. Zäh, furchtlos und zuverlässig hatte er grausamsten Winterstürmen getrotzt. Und wenn es sein musste, harrte er tagelang ohne Schlaf und Nahrung aus.

»In welche Richtung ist die Herde denn gerannt?«, fragte Alfred, als sich die Männer nach dem Austausch von Neuigkeiten und Erlebnissen verabschiedeten.

Für Alfred war es Routine, zu jeder Zeit ein Auge für umherwandernde Tiere offen zu halten. Ein einziges erlegtes Tier bedeutete Nahrungsvorräte für einige Tage.

Aber selbst erprobte Jäger waren nicht vor Missgeschicken gefeit. Nachdem sich Alfred und sein Bruder von Sam und Jack verabschiedet hatten, folgten sie Karibuspuren, die bergauf führten. Auf der Kante eines Bergkamms sah Alfred die majestätische Gestalt eines Männchens, klar umrissen gegen den mondbeschienenen Himmel. Er zog an den Zügeln, um die Hunde ohne Rufe anzuhalten, klemmte den Schlittenanker im Schnee fest und zielte auf das Tier. Der Schuss verletzte, tötete es aber nicht. Es ergriff die Flucht und raste davon. Als die Hunde Blut rochen, sprangen sie auf, zerrten den Anker aus dem Schnee und rannten dem Tier hinterher. Alfred und sein Bruder hatten keine Chance, sie einzuholen. Hinter dem Bergkamm fiel der Hang in einer vertikalen Wand steil ab. Weder das Karibu noch die Hunde überlebten den Sturz.

Vier Tage später liefen zwei erschöpfte Männer erhobenen Hauptes, aber mit langsamen Schritten auf das Missionshaus zu. Sie waren ununterbrochen gelaufen. Der »Mug-up« mit Jack und Sam war ihre letzte Mahlzeit gewesen.

Schon als er die Tür öffnete, wusste Jack sofort, dass etwas nicht stimmte.

»Lasst uns dem Herrn danken, dass euch wenigstens nichts passiert ist und dass ihr heil angekommen seid«, sagte er tief bewegt, nachdem er den Männern etwas zu trinken und essen gegeben und ihre traurige Geschichte gehört hatte.

Von einem Tag auf den anderen war Alfred vollkommen mittellos geworden und auf die Hilfe seiner Freunde angewiesen. Diese Hilfe ließ allerdings nicht lange auf sich warten. Verschiedene Familien, auch Jack und die Websters, schenkten ihm Hunde aus ihren Gespannen. Natürlich waren diese nicht die besten Hunde, ein neues Gespann muss eingearbeitet werden. So dauerte es eine Weile, bis Alfred sich wieder auf den Weg in die Wildnis aufmachen konnte.

Betty macht ihre Hausaufgaben

Jack hatte seine ersten Feuerproben bestanden und machte aus seinen neuen Aufgaben einen Lebensstil. Im gleichen Zuge bemühte er sich, seine zukünftige Frau in ausführlichen Briefen auf eine Zukunft vorzubereiten, die in keinem einzigen Punkt dem Leben einer normalen Pfarrersfrau ähnelte. Es sollte eine Vorbereitung auf Raten sein.

Er beschönigte nichts, als er schilderte, wie ein Dorfpfarrer in diesem Teil der Welt lebte, wie er seine Zeit mit Hundefüttern, Eisschneiden, Fischfangen, Karibujagen und -häuten verbrachte und im Winter wochenlang mit Hund und Schlitten unterwegs war, von der Außenwelt komplett abgeschnitten. Nach und nach legte sich seine Angst, dass die Aussicht, diese raue Existenz mit ihm zu teilen, Betty überfordern würde.

»Ich glaube, sie hat tatsächlich vor nichts Angst«, murmelte er, als er ihre neugierigen Fragen las und sich schon auf eine ruhige Minute freute, um lange Antworten zu schreiben.

In dieser Hinsicht hatte Jack seine zukünftige Frau unterschätzt. Es sollte nicht lange dauern, bis Betty sich als mindestens genauso zäh und hartnäckig erwies wie er selbst. Auch bei ihr galt die Devise: War eine Sache beschlossen, dann wurde sie durchgeführt, ohne Rücksicht auf persönliche Empfindlichkeiten. Auch wenn ihr anfängliches Interesse am Eskimovolk ohne Zweifel mit ihrer Faszination für Jack Sperry verbunden war, gewann dieses Interesse in seiner Abwesenheit schnell an Eigendynamik. Sie hatte nicht vor, ein Sonderfall zu sein, der mit Samthandschuhen auf die bevorstehende Mühsal vorbereitet werden musste.

Das zielstrebige Mitdenken des Bischofs der Arktis, den sie nur durch Briefkontakt kannte, half Betty zusätzlich auf die Sprünge. Er würde der Heirat der beiden nichts in den Weg stellen, versicherte er dem Paar. Aber bevor er dieser Verbindung ein befreites und überzeugtes »Ja« geben könne, würde er es Betty ans Herz legen, eigenständig zu prüfen, ob sie in der Lage sei, dem Dauerstress eines Lebens in der Arktis standzuhalten.

So stand auch Betty auf dem Deck eines Schiffs, das von Liverpool ablegte, anderthalb Jahre nach Jacks Abreise vom europäischen Kontinent. Auch ihr Schiff segelte Richtung Kanada, aber nicht, damit ihr Verlobter sie endlich in seine Arme schließen konnte, sondern um sie in den kleinen arktischen Außenposten Aklavik im Mackenzie-Delta nahe der Grenze zu Alaska zu bringen. Wie viele andere Ortschaften in der Arktis war auch Aklavik ursprünglich ein Handelsposten der Hudson Bay Company gewesen. Das winzige Dorf zwängte sich zwischen einen tief gelegenen Flussarm, einer mit Sumpfland, hochwassergefährdeten Seen und Kanälen durchzogenen, wasserreichen Ebene und einer ungeheuren Menge Schlamm. Eine Idylle war es nicht. Und es stank überall nach Fisch. Einziges auffälliges Gebäude der Ortschaft: das Missionskrankenhaus. Hier sollte Betty ein Jahr lang als Krankenschwester arbeiten.

»Es war meine Idee, keiner hat mich gezwungen«, versicherte sie ihren bestürzten Eltern, nachdem die Familie MacLaren den kleinen Ort nur mit Schwierigkeit auf einer Landkarte von Kanada entdeckt hatte.

»Mutter, Vater, ich muss absolut sicherstellen, dass ich es im gefrorenen Norden auf eigenen Füßen und langfristig aushalte, bevor ich Jack mein endgültiges Jawort gebe. Diesen Test muss und will ich alleine bestehen. Ich will nicht als Jacks Anhängsel in die Arktis ziehen. Ich will es machen, weil Gott auch mich dazu berufen hat.«

Es war Frauenemanzipation vom Feinsten. Ihre Eltern konnten dem nichts entgegensetzen.

Missionskrankenhäuser waren in den Fünfzigerjahren primitive Einrichtungen, in denen Leben und Tod viel mehr vom Geschick des spärlichen medizinischen Personals abhingen als von technischen Geräten. Letztere waren schlichtweg nicht vorhanden. Trotzdem reisten

Einheimische, sowohl Indianer aus dem Süden wie Eskimos aus dem Norden, kilometerweit, um in Aklavik Hilfe zu suchen. Bettys Klientel bestand aus einer Dauerbelegschaft von etwa 100 stationären Patienten. Die meisten waren an Tuberkulose erkrankt. Es war ihr erster Kontakt mit dem Volk, mit dem sie an Jacks Seite den Rest ihres Lebens teilen wollte.

> »*So sehr, wie die Menschen mir leidtun, hat Krankheit auch etwas Verbindendes*«, schrieb sie an ihren Verlobten. »*Es fehlt nie an ernsthaftem Gesprächsstoff noch braucht es eine Aufwärmzeit, um eine Verbindung herzustellen. Ich hätte es nicht besser erwischen können. Diese lieben Menschen haben eine zwingende Not und ich besitze wunderbare Möglichkeiten, diese Not zu lindern.*«

Hier lernte Betty eine Fertigkeit, die ihr in ihrem späteren Leben in Coppermine zugutekommen würde: stundenlang alleine in der Dunkelheit zu sitzen und dafür zu sorgen, dass das Feuer nicht ausging. Beim Nachtdienst war sie auf sich allein gestellt und durfte nur in Notfällen nach zusätzlicher Hilfe rufen.

Sie konnte nur hoffen, dass die Patienten gut schlafen würden, denn den Holzofen ständig mit ein Meter langen Holzscheiten zu füttern, war keine Beschäftigungstherapie für Nachtschwestern, sondern überlebenswichtig.

> »*Als Hauptbeschäftigung die Aufgabe, dass das Feuer nicht ausgeht: Damit hast du schon den Kern dieser Kultur erkannt*«, schrieb Jack scherzhaft. »*Früher waren die Gesichter der Frauen deswegen oft so schmutzig. Sie beugten sich stundenlang über ihre Lampen, um ein Feuer zu erzeugen und danach am Leben zu halten. Bemerkenswert, wie sich bestimmte Rollen und Aufgabenverteilungen aus den Lebensumständen entwickeln. Ob ihre Vorfahren dieses Wissen schon im Gepäck hatten, als sie*

sich in die Gefahren des Nordens aufmachten? Wie viele Opfer muss es wohl gegeben haben, bis sich solche Routinen entwickelt haben?«

Die optimistischen Briefe aus Aklavik, die wachsende Gewissheit, dass die Ehe mit Betty MacLaren nicht nur großes Glück in sein persönliches Leben bringen, sondern auch eine unermessliche Bereicherung für seinen Dienst in der Mission sein würde: Diese Gedanken beflügelten Jack, während er sich nach und nach mühsam in jeden Bereich seines neuen Lebens hineinarbeitete. Jenseits jeder körperlichen Nähe, üppiger Hochzeitspläne oder Zukunftsträume für das Glück zu zweit war zwischen ihnen eine Verbundenheit gewachsen, die sich auf eine tiefe gemeinsame Leidenschaft für ein vergessenes Volk abseits der Zivilisation gründete. Die Hochzeit wurde für den Sommer 1952 geplant.

Danach sollte sich die Familie Webster zu ihrer neuen Heimat aufmachen und Jack und Betty würden alleinige Verantwortliche der St.-Andrew's-Mission, 16 Hunde inklusive, sein.

Aber es kam alles anders.

❄

»Ich habe erfahren, dass Sie demnächst heiraten«, sagte der Leiter des Hudson-Bay-Außenpostens Hunderte von Kilometern nördlich von Coppermine. Hier legten Jack und Sam einen Zwischenstopp mitten in einer Reise ein und entspannten sich bei einem Becher Tee im ungewöhnlichen Luxus einer Holzhütte. Es war Mitte März.

»Ich heirate im Sommer. Nach Ankunft des Schiffs.«

»Sind Sie sich da ganz sicher, Mr Sperry? Denn nach meiner Information kommt Ihre Braut schon viel früher, um genau zu sagen, demnächst, mit dem gleichen Flug wie der Bischof. Und Ihre Hochzeit soll gleich danach stattfinden. Torte und Kleid hat sie auch dabei.«

Sam verschluckte sich bei dem Versuch, nicht laut zu lachen.

»Wie bitte?«, brachte Jack gerade noch heraus. Er stellte seine Teetasse auf den Tisch und wurde bleich. Nicht etwa, weil die Aussicht auf familiäres Glück ihm nun doch kalte Füße bereitete, sondern weil ihn das alte Problem mit seinen falschen Zähnen gerade in diesen Wochen eingeholt hatte. Als er einige Tage zuvor Seemannszwieback gekaut hatte, waren die berüchtigten Vorderzähne kaputtgegangen. Ein Ersatz war nicht in Sicht.

»Ich kann doch nicht …«

»Was, überlegen Sie es sich etwa anders?«, grinste der Hudson-Bay-Beamte.

»Nein, niemals! Aber schauen Sie meine Zahnlücke an. So kann ich doch nicht heiraten!«

»Haben Sie immer so ein Talent für Blamagen, Mr Sperry?«

»Nicht immer, aber immer wenn es darauf ankommt. Was soll ich bloß machen?«

Der Beamte war nicht nur zu Scherzen aufgelegt, er zeigte echtes Mitgefühl und bot seine Hilfe an. »Wenn wir Glück haben, kommen Ihre Zähne wieder rechtzeitig zur Hochzeit in Coppermine an«, sagte er.

Die beschädigten Zähne wurden sorgfältig zusammengepackt und zur Reparatur nach Süden geschickt. Jack hoffte inbrünstig, dass er nicht mit einer riesigen Zahnlücke auf seinen Hochzeitsbildern verewigt werden würde.

»Hoffentlich erkennt sie mich wieder«, dachte Jack, während er auf dem Weg zurück nach Coppermine an der Reihe war, den Schlitten zu lenken und aus voller Kehle »Iglugaluit!« zu brüllen. Schon in der Nacht zuvor hatte er unruhig geschlafen. Innerlich hatte er schon verschiedene Drehbücher für die erste Begegnung geschrieben. Sollte er ihr gleich viel erzählen und sie in alles Wichtige einweisen? Oder sollte er ihr Zeit lassen, ihr lieber zuhören, sie nach ihrem Befinden fragen? Oder wäre das wiederum zu aufdringlich?

Mit Freude dachte er daran, dass bald eine Ehefrau auf ihn warten würde, wenn er von langen, strapaziösen Reisen im Schnee zurückkehrte. Ihm fiel ein, dass sich seine äußerliche Erscheinung durch die Dauerbeanspruchung durch Wind, Kälte, Sonne und dem Leben im Freien sicher geändert hatte.

»Auf vorteilhafte Weise, kann ich nur hoffen, zumindest nachdem ich mich rasiert habe«, dachte er, als er sich nach der Rückkehr kritisch im Spiegel musterte, »ausgenommen die Zähne natürlich.«

Am 17. April 1952 war es endlich soweit. Jacks Ohren lauschten schon auf das Brummen der herannahenden Maschine.

»Ist es wirklich zweieinhalb Jahre her?«, fragte er sich, während er ungeduldig von einem Fuß auf den anderen trat und seine Lippen aufeinanderpresste in dem Versuch, die unvollständige Zahnreihe zu verbergen.

»Oder sehe ich besser aus, wenn ich sie gleich mit offenem Mund anstrahle, auf das Risiko hin, dass sie einen Schreck bekommt?«

Er hatte so oft von diesem Augenblick geträumt. Der kleine Flieger, der in ihm eindrückliche Erinnerungen an seinen eigenen ersten Flug nach Coppermine weckte, setzte auf das Wasser auf und zischte ans Ufer. Dann sah er Bettys fröhliches Gesicht an der Tür.

Sie standen einander einen kurzen Augenblick voll Verlegenheit gegenüber. Jeder wartete darauf, dass der andere anfing zu reden. Betty bewunderte Jacks Sonnenbräune und stellte mit Erleichterung fest, dass die Strapazen der Arktis dem Zwinkern in seinen Augen, das sie so lieb gewonnen hatte, nicht geschadet hatten. Er versicherte ihr lachend, dass er in keine Schlägerei verwickelt worden war und dass die reparierten Zähne sich irgendwo in einem der Postsäcke befanden, die gerade aus dem Flieger ausgeladen wurden. Sie erzählte von der Hochzeitstorte und wie froh sie um den alten britischen Brauch war, Hochzeitstorten aus mit hartem Zuckerguss verkleidetem, haltbarem Rosinenteig zu backen und auf diese Weise ein stabiles Bauwerk aus ihnen zu machen. Mit einer Sahnetorte wäre die Reise in der Tat schwieriger gewesen.

Das Eis war gebrochen. Und Jack kam es so vor, als wären sie nie getrennt gewesen und würden sich schon ihr Leben lang kennen. Bald gab es eine Menge zu erzählen. Mit einer einzigen Reisetasche ausgestattet und zwei Kartons, in dem einen ein sorgfältig gefaltetes Hochzeitskleid und im anderen eine Hochzeitstorte, betrat Betty MacLaren ihre neue Welt.

Hochzeit ganz in Weiß

»Wo hat dein Vater so einen tollen Mann für dich gefunden?«, flüsterte eine neugierige Nachbarin in gebrochenem Englisch. Kaum hatte Betty ihre Tasche im bescheidenen Missionshaus ausgepackt, das noch mit den gepackten Umzugskisten der Familie Webster voll stand, machte sie ihre erste wichtige Entdeckung: Hier gab es keine Privatsphäre. Zu allen Tages- und manchmal auch Nachtzeiten gab es im Missionshaus ein reges Kommen und Gehen. Ihre Hochzeit würde das Ereignis des Jahres werden. Alle waren auf die neue weiße Frau gespannt und kamen, um sie zu besichtigen.

»Mein Vater?! Ich habe ihn selbst gefunden!«, flüsterte Betty zurück. »Eigentlich war es andersrum. Er hat mich gefunden.«

Die Nachbarin sah empört aus.

»Aber woher konntest du wissen, dass er Eisbären und Karibus jagen, Fallen legen, Fische fangen, Robben häuten, Schneehäuser bauen kann?«

Betty musste kurz nachdenken.

»Er hat mir geschrieben, dass er es kann, und ich glaubte ihm«, antwortete sie zuversichtlich, aber leicht verwirrt.

Die Nachbarin schaute sie mitleidsvoll an. »Eine unsichere Sache, die ihr da vorhabt. Bei uns entscheiden die Eltern, wen und wann wir heiraten.«

Plötzlich war Betty alles klar. Ihre Augen leuchteten auf.

»Erzähl mir, wie du deinen Mann gefunden hast!«

Die Nachbarin zog ihren Hocker ein Stück näher an sie heran und schaute Betty intensiv an.

»Wir kennen uns alle, unsere Eltern beobachten genau, wer in der Nachbarschaft seine Söhne oder Töchter am besten erzieht. Es werden schon ganz früh Verhandlungen geführt.«

»Und seit wann wusstest du, wen du heiratest?«, fragte Betty, von ihrem ersten Kulturschock gleichzeitig fasziniert und entzückt.

»Schon immer«, antwortete ihre neue Freundin, »unsere Väter jagten zusammen. Die eine Familie bekam einen kleinen Jungen, meine Eltern bekamen zur gleichen Zeit mich, und das Abkommen wurde gemacht.«

»Und wenn du ihn nicht geliebt hättest?«, fragte Betty, deren Augen immer größer wurden.

»Geliebt?« Die Frau lachte. »So lange er Robbenspeck und -fleisch für mich und meine Kinder nach Hause bringt, liebe ich ihn!«

Es gab im Eskimoland tatsächlich nur ein Kriterium für jede Entscheidung: überleben oder nicht überleben.

Außer den wenigen Ehepaaren in der Siedlung, die aus dem Süden gekommen waren, waren Jack und Betty das einzige Paar, das nicht schon als Kinder füreinander bestimmt wurde.

Betty hatte es inzwischen begriffen: »Gut erzogen« für einen Jungen bedeutete hier »gut jagen können«, für ein Mädchen »Karibuhaut behandeln und nähen können«.

Betty war eine Sensation in diesem Dorf, dessen Alltag ansonsten nur aus Arbeit, dem Tausch von Tierfellen und einem harten Kampf gegen permanent bedrohendes Unwetter bestand. Und das mitgebrachte Hochzeitskleid war eine Sehenswürdigkeit ohnegleichen.

»Warum lachen sie über das Kleid? Und über die Torte?«, fragte sie Jack.

»Sie finden es lustig, dass Weiß für uns eine festliche Farbe ist«, lachte Jack, »wo doch alles um uns herum so unendlich weiß ist, dass es einen schier verrückt macht! Sei froh, dass sie deine Haare nicht anfassen. Ich wurde heute schon gefragt, mit welchem starken Zaubermittel die Europäer aus glatten schwarzen Haaren blonde Locken machen. Sie konnten mir nur schwer glauben, dass deine Haare tatsächlich von selbst aus deinem Kopf herausgewachsen sind!«

Die Hochzeit sollte am 24. April 1952 abends stattfinden. Abends, weil es an diesem Tag Arbeit geben würde. Es lag nämlich nicht nur an der Hochzeit, dass der Bischof mit von der Partie war. Er hatte auch geplant, im Auftrag der weltweiten anglikanischen Kirche einen

Film über die Arbeit der Diözese am Polarkreis zu drehen. Die neue Technik der bewegten Bilder, die auch normalen Bürgern inzwischen zur Verfügung stand, war in den Fünfzigerjahren im Begriff, die Medienlandschaft zu verwandeln. Der verheißungsvolle Titel des Films lautete: »Die innere Kraft«, und ein voll ausgestattetes Kamerateam war mit dem Bischof eingeflogen worden, um aussagekräftige Momente im Leben des John Sperry zu dokumentieren. Jacks Aufgabe kurz vor seiner Hochzeit: die Gefahren und Bedrohungen der Arbeit unter den Eskimos für weltweite Sponsoren vor laufender Kamera überzeugend in Szene zu setzen.

»Aber es ist jetzt Frühling, die ungünstigste Jahreszeit für eine Reise«, hatte er protestiert, als er von diesem Vorhaben erfuhr.

»Macht nichts, dann müssen Sie einfach ein bisschen schauspielern«, antwortete der Bischof. »Das Drehbuch schreibt eine Szene vor, in der Sie mit einem einheimischen Begleiter auf dem Schlitten unterwegs sind, und einen Gottesdienst in einem Iglu mit ein paar verkleideten oder echten Ureinwohnern abhalten. Danach machen wir ein Interview und drehen Bilder aus der Umgebung und von der Landschaft. Dann dürfen Sie heiraten.«

Eis und Schnee gab es trotz des Frühlingseinbruchs noch zur Genüge. Jack und Sam packten sich schwitzend in ihre dicksten Karibuparkas, die normalerweise nur im Winter herausgeholt wurden, spannten die Hundestaffel an, beluden einen Schlitten und machten eine überzeugende Fahrt über den Fluss und zurück, gefolgt von drei Kameramännern auf einem zweiten Schlitten.

»Mr Sperry, ich dachte, ich kenne euch Weiße und eure Gewohnheiten. Aber heute finde ich euch wirklich seltsam.«

Jack lachte, als Sam verwirrt auf die Filmapparate starrte.

»Sam, du kennst doch meine Fotokamera. Das, was die Kamera sieht, erscheint später auf Papier.«

Wie genau das ging, begriff Sam noch nicht. Aber das Grundprinzip des Fotografierens kannte er.

»Nun, was diese Männer machen, ist etwas Ähnliches, nur die

Bilder bewegen sich auf dem Papier.« Sam sah nicht allzu erleuchtet aus, und bald gab Jack seine Erklärungen auf.

Erst Jahre später, als Coppermine sein erstes kleines Kino einweihte, begriff Sam, was hier wirklich vor sich gegangen war.

Inzwischen war mit etwas Mühe ein Schneehaus aus viel zu matschigem Schnee errichtet worden, hier sollte nachmittags ein Gottesdienst inszeniert werden.

»Film ab!«, kam der Ruf von außen. Jack saß auf der Schlafplattform im Kreis einer gutmütigen Eskimofamilie aus dem Dorf, die eingewilligt hatte, beim Film mitzumachen. Alle hatten brav ihre Gesangbücher aufgeschlagen und setzten ihre frömmsten Mienen auf. Jack saß direkt an der Außenwand. Kaum hatte er mit dem ersten Satz der inszenierten Predigt angesetzt, schrie die brav vor sich hin betende Eskimofamilie erschrocken auf. Gesangbücher flogen durch die Luft, alle stürzten sich auf Jack und zerrten ihn von der Wand weg. »Pass auf, Mr Sperry!« Jack blickte sich verwundert um und sah die gefährliche Spitze eines Schneemessers gerade dort aus der Wand ragen, wo eben noch sein Ohr gewesen war.

»*Ein Mordversuch oder etwas ähnlich Dramatisches hätte seiner Exzellenz wahrhaftig guten Stoff für den Film geliefert*«, schrieb er an Roy. »*Aber leider war es nur ein unbeholfener Kameramann, der für mehr Licht im Innern des Iglus sorgen wollte. Er hatte zugeschaut, wie die Iglubauer diese Schneemesser souverän bedienten und dachte, er könne es auch probieren und noch ein kleines Fenster einbauen. Er wusste nicht, dass mein Kopf gerade auf der anderen Seite war.*«

Dankbar, dass er das traute Leben zu zweit mit intaktem Kopf und nagelneuen Zähnen antreten konnte, feierte Jack am Abend mit seiner Braut und seinen neuen Freunden das Fest seines Lebens. Ganz Coppermine und viele Besucher aus den näher liegenden Außensiedlungen hatten sich fein herausgeputzt. Die Mitarbeiter der Hudson

Bay Company stellten als Überraschung eine Radioverbindung nach Süden her, durch die die klassische Hochzeitsfanfare »Here comes the bride« gerade noch als Musik erkennbar in wackeligen, bleiernen Tönen, exakt zum richtigen Zeitpunkt durch die voll besetzte Kirche hallte, als Jack seine Braut stolz zum Altar führte. Das Ehegelübde wurde auf Englisch ausgeführt, »damit meine Frau ja begreift, was sie mir versprochen hat und vor allem, was ich ihr versprochen habe«, kommentierte Jack später. Die Hymnen wurden in der Inuinaktun-Sprache gesungen. Das opulente Festmahl bestand aus Reis, runden Kuchen und Rosinen, mit endlosen Litern Tee.

> *»Es war eine Atmosphäre der ausgelassenen Freude«*, schrieb Jack weiter, *»einen besseren Anfang für Betty hätte ich mir nicht vorstellen können. Meine Freunde hier haben sie sofort in ihr Herz geschlossen. Ich bin überaus glücklich.«*

Nach zwei Jahren Vorbereitungszeit und mit einer Ehefrau an seiner Seite war Jack nun in der Lage, die volle Verantwortung für die Coppermine-Pfarrgemeinde und ihre zahlreichen Außenposten zu übernehmen. Die Familie Webster feierte die Hochzeit mit und flog danach mit dem Bischof gen Süden, um sich auf die neue Station ihres Lebens vorzubereiten, im Wissen, dass ihr Vermächtnis in Coppermine in guten Händen lag. Jack und Betty konnten das kleine Missionshaus als neu gegründete Kleinfamilie beziehen und ihr Eigenheim nennen.

❄

Wehleidige Kulturschocks und Tränenausbrüche gehörten nicht zu Bettys Repertoire von Verhaltensweisen. Gefühle der Aufregung behielt sie für sich, gab diese zumindest nicht preis. Mit ruhiger Entschlossenheit fing sie an, ihre Aufgabe als »First Lady on the Base« zu gestalten, damit ihr Mann für seine Reisen in die Wildnis den

Rücken frei hatte. Die begeisterte Köchin fing mit Eifer und nicht immer ganz ohne einen leichten Ekel im Magen an, neue Kochkünste zu lernen. Manche Teile der Tieranatomie, die in Europa der Katze in die Schale gelegt wurden, galten im Eskimoland als Delikatessen. Karibuhirn als Mousse, Suppe aus mit der Hand pürierter Robbenleber, Ragout aus Karibuzungen, Robbenherzauflauf. Eine besondere Vorliebe für Karibuleber ließ bei Betty nicht lange auf sich warten. Nach jeder erfolgreichen Jagd wussten ihre Coppermine-Freunde bald, womit sie der Frau des Minihitaks eine Freude machen konnten. Die Tierleber wurde sofort ins Missionshaus geliefert.

Einfacher für Betty als die Gewöhnung an das Arktismenü war das Kennenlernen der Menschen. Dies war keine Kultur, in die man sich mit Samthandschuhen und zwischenkultureller Geschicklichkeit hineinfühlen musste. Jack hatte ihr den Weg vorbereitet. Eine aufgesetzte, herablassende Sympathie hätten die zähen Bürger der Eisfelder schnell durchschaut und ohne viel Aufhebens von sich gewiesen.

Stattdessen hatte Jack mit ihnen Tee getrunken und gebetet, Beute mit ihnen zerlegt, Probleme und Lasten ernst genommen, Freuden und Tränen mit ihnen geteilt. Diese Menschen, die unter den einfachsten Lebensbedingungen eine tiefe Fähigkeit für Empathie und Freundschaft entwickelt hatten, waren mehr als bereit, die Frau, die er liebte, auch in ihr Herz zu schließen.

Routineaufgaben einer gewöhnlichen Pfarrersfrau ließen nicht lange auf sich warten. Auch in Coppermine sehnten Kranke immer einen Besuch herbei. Kinder stürzten sich auf jeden, der ihnen Zuwendung und Zeit schenkte.

Es war ein Senkrechtstart in ein arbeitsreiches Eheleben. Schon kurz nach ihrer Hochzeit übernahm Betty offiziell die Rolle der Dorfkrankenschwester. Die kleine medizinische Ambulanz, die die Regierung in Coppermine stationiert hatte, war nicht immer besetzt und die kanadischen Schwestern, die ab und zu dort Pflichteinsätze ableisteten, waren für Bettys Unterstützung und Erfahrung dankbar.

»Wie haben wir das bloß gemacht, bevor du hier warst?«, wunderte sich Jack schon eine Woche nach der Hochzeit.

»Keine dummen Fragen, Jack, ich habe Martha gesagt, sie soll hierherkommen, wir entbinden neben dem Ofen. Die Krankenstation ist geschlossen und sie ist ganz allein.«

Martha war die Frau von Peter, einem von Jacks Mitarbeitern. Auch christliche Eskimos rissen sich nicht gerade darum, ihren Frauen bei der Geburt eines Kindes beizustehen. Meistens gingen sie »zufällig« auf die Jagd und kamen gerne erst dann zurück, wenn buchstäblich alles, Baby inklusive, in trockenen Tüchern war. Peter war in diesem Fall zwar nicht auf die Jagd, aber zum Holzholen gegangen, irgendwohin weit weg. Betty unterließ es, ihm negative Absichten zu unterstellen.

Jack schluckte und kämpfte gegen die steigende Panik.

»Kaum ist Regel drei endgültig außer Kraft gesetzt«, murmelte er, »da tritt Regel vier in Erscheinung: Wenn eine Nachbarsfrau ihren Geburtstermin hat, lad sie zu dir ins Wohnzimmer ein. Alle Mann an Deck.« Und etwas lauter: »Was soll ich machen, Liebling?«

»Wasser aufsetzen, bitte viel davon. Handtücher am Ofen wärmen. Mit ihnen nimmst du das Kind in Empfang, wenn es da ist.« Jacks Kinnlade fiel herunter.

»Sei nicht zimperlich, Jack. Du hast schon schlimmere Gefahren durchgestanden. Übrigens liegt das Kind in Steißlage. Eine Risikogeburt. Aber zu zweit kriegen wir das hin. Hände waschen bitte. Und desinfizieren. Das Desinfektionsmittel steht auf dem Fenstersims.«

Betty war bereits dabei, die stöhnende, aber dankbare Martha für das große Ereignis zu richten und tastete ihren dicken Bauch mit einem konzentrierten Runzeln auf der Stirn ab.

»Steißlage heißt, der Po kommt zuerst. Es muss schnell gehen, damit das Kind rechtzeitig Sauerstoff bekommt. Ganz ruhig, Martha, du musst jetzt alles machen, was ich dir sage, in Ordnung?«

»Ist es ihr nicht peinlich, dass ein Mann dabei ist?«, fragte Jack vorsichtig, während er den ersten Topf Wasser auf den Ofen stellte.

»Ich glaube, ihr ist im Moment ziemlich alles egal. Luft holen, Martha, es geht wieder los. Ruhig bleiben und rhythmisch atmen, bis der Schmerz nachlässt.«

Qualvolle Stunden gingen vorüber.

»Schlimmer als die Strapazen aller Winterreisen zusammengenommen«, dachte Jack, als er sich den Schweiß von der Stirn wischte und dem Drang widerstand, den Raum fluchtartig zu verlassen.

»Das sind endlich die Presswehen!«

Die Dringlichkeit in Bettys Stimme und die erschrockenen Schreie der gebärenden Frau holten Jack aus seinen Gedanken zurück.

»Stell dich einfach neben mich mit dem Tuch, Jack. Ja nicht fallen lassen. Achtung, hier kommt der Po. Martha, pressen, noch mehr, nicht jammern, es ist bald vorbei, nur noch ein oder zwei Wehen, bald haben wir es geschafft.«

So kam Jack in den unerwarteten Genuss, zum ersten Mal in seinem Leben ein Baby zu entbinden. Mitten in seinen Flitterwochen.

»Ähnlich glitschig, als wenn man einen großen Fisch aus dem Wasser holt«, dachte er, als er das schreiende Häufchen, das am anderen Ende des erscheinenden Körpers einen stattlichen Kopf voller Haare hatte, sorgfältig ins Leben zog und so schnell wie möglich Betty überreichte.

Das Kind war gesund, die Mutter überglücklich. Jack schaute die Frau, die er eine Woche zuvor geheiratet hatte, mit kopfschüttelnder Bewunderung an.

Die Nachricht, dass die Frau des Missionars als Geburtshelferin Wunder wirken konnte, verbreitete sich wie ein Lauffeuer, und bald hatte Betty ihren Ruf als Schutzpatronin aller schwangeren und gebärenden Mütter weg. Schon einfache Prinzipien der Hygiene und der Sauberkeit, die vor der Ankunft der Missionare fremd gewesen waren, führten zu Jacks und Bettys Zeit zu einer Verringerung der Sterblichkeitsrate. Kritisch wurde es, wenn Komplikationen auftraten. So auch, als Betty nicht lange nach ihrer Heirat gebeten wurde, eine schwangere Frau auf einem Notflug nach Yellowknife zu begleiten. Es war mitten im Winter. Irgendein Bauchgefühl bewegte Betty, in letzter Minute vor dem Abflug schnell ins Haus zurückzurennen und eine Schere, ein Knäuel Schnur, ein paar Zeitungen und Taschentücher zu holen. Und tatsächlich: Mitten im klaren Nachthimmel über dem Great Bear Lake kam ein kleines Mädchen auf die Welt.

Als sie sich Yellowknife näherten, gähnte der Fluglotse im schläfrigen Flughafen, trank einen Schluck Kaffee und nahm die Radionachricht des ankommenden Kleinfliegers entgegen. Er schüttelte den Kopf, rieb sich die Augen, leerte den Kaffeebecher in einem Zug und fragte: »Wie bitte? Sagen Sie es nochmals bitte … die Passagierliste ist mitten im Flug um eine Person länger geworden?«

Das Mädchen wurde später »Angel« genannt, da sie hoch oben in den Lüften »mit Flügeln« auf die Welt gekommen war.

Ankunft am Rand der Welt

»Sie soll ganz weiße Haare haben, die sich biegen, stimmt das?«

»Du meinst, sie hat blonde Locken?«

»Warum hast du sie nicht mitgebracht, Minihitak?«

»Ich hätte sie gerne mitgebracht, aber, wisst ihr, unsere Freunde in Coppermine brauchen sie dort, und außerdem wäre die lange Reise im Schnee für sie sehr anstrengend. Aber ihr kommt ja zu Weihnachten nach Coppermine. Ihr besucht uns im Missionshaus, oder?«

Jack war mit Alfred nach einer der kürzeren Fahrten in Kikektanayuk angekommen, einer Siedlung nördlich von Coppermine, die sich vom Fisch- und Robbenfang aus der Dolphin and Union Straits ernährte.

Eigentlich war der Gottesdienst schon in vollem Gange. Aber die Neugierde auf die frisch getraute Ehefrau des Minihitaks wollte nicht abreißen. Die Fragen prasselten nur so: Ob sie so groß sei wie er, ob sie einen Parka nähen könne und vor allem die alles entscheidende Frage, wer sie denn für ihn gefunden hätte. Jack seufzte und verabschiedete sich innerlich von seinen Plänen für Bibelarbeiten mit einleitenden Kleingeschichten, die er gründlich vorbereitet hatte, und von seiner Idee eines Abendmahls, die ihm auf der Fahrt hierher eingefallen war.

»Wir lernten uns auf der Bibelschule kennen. Nein, nicht als Kinder. Bei uns in England läuft es anders. Felle nähen kann sie nicht, aber stricken kann sie. Stricken? Stricken ist, wenn du Wolle nimmst und mit zwei Nadeln so lange ineinanderknotest, bis ein Stück Stoff entsteht … Warum meine Frau hier leben möchte?«

Endlich eine Frage, die irgendwo hinführt, dachte Jack.

Durch das dunstige, gelbe Licht konnte er die Gesichtszüge seiner Zuhörer nicht ausmachen. Der Rauch einer Pfeife verlieh dem Nebel um den Kudlik herum einen grauen Anstrich und einen beißenden Geruch. Die Luft war verbraucht. Jack schossen immer wieder Tränen in die Augen. Er putzte seine Nase, wischte sich die Stirn ab und fing an zu reden. Endlich war es still im kleinen Schneeraum. Konzentrierte Blicke, verwitterte, runzelige Gesichter. Es ist schwer zu sagen, wie alt diese Leute sind, dachte Jack plötzlich. Jünger als sie aussehen, vermutlich.

Das einzige Geräusch war das Schlürfen von warmem Tee. Das einzige Licht ein fader Wintermond, der durch zwei Eisfenster hereinstrahlte, und eine einzige Kerze, die auch als Leselampe für den Prediger diente. Jack öffnete seine Bibel, brauchte sie aber kaum.

»Wir sind beide hier, weil wir Jesus dienen«, fing er an, »denn Christsein bedeutet, eine persönliche Entscheidung zu treffen, Jesus Christus zu folgen und ihm zu dienen.« Er wartete auf Alfreds Übersetzung. Es dauerte immer etwas, bis sie in einen Rhythmus kamen.

»Wie die Kanaga Faluk. Sie fordert auch, dass wir ihr dienen«, bemerkte ein Großvater, der seine Pfeife kurz aus dem Mund nahm und nach seinem Satz wieder hineinsteckte.

»Hilfe, das war doch nicht der beste Einstieg«, dachte Jack.

»Sei doch ruhig, der Minihitak predigt«, zischte ihm ein junger Mann zu, der wohl sein Sohn war.

»Wer ist denn Kanaga Faluk?«, fragte Jack.

»Wir hören nicht mehr auf sie«, wandte der junge Mann energisch ein, »der andere Minihitak erzählte uns, dass Gott gut ist. Kanaga Faluk wollte uns Böses antun!«

Bald war ein lautstarkes Streitgespräch in vollem Gange.

»Aber sie hat uns die Robben geklaut, weil *wir* böse waren«, betonte der alte Mann und fuchtelte mit seiner Pfeife in der Luft herum. Hoffentlich trifft er keinen, dachte Jack und wischte sich wieder seine Stirn ab.

»Sie hat die Robben alle unter ihrer Schlafplattform in ihrem Iglu unter dem Meer versteckt, um uns zu strafen. Jemand hatte ein Tabu gebrochen und sie wollte uns vernichten.«

»Das haben wir früher geglaubt«, sagte ein anderer Jugendlicher.

»Lasst doch den Minihitak erzählen, er weiß von diesen Dingen«, sagte die Hausherrin, nachdem sie die Zuhörer zur Ruhe gerufen hatte. Alle Augen richteten sich wieder auf Jack.

»Es gibt einen Unterschied zwischen Kanaga Faluk und dem Gott der Bibel«, erklärte Jack, »einen ganz wichtigen.« Er hatte zwar keine Ahnung, wer Kanaga Faluk war, vermutete aber, dass sie ein Meeresgeist war, dem Unfälle und Missgeschicke zugeschrieben wurden.

»Der christliche Gott ist nicht böse auf uns. Er legt auch keine Flüche auf uns, um uns zu strafen! Auch nicht, wenn wir etwas Falsches getan haben. Wenn er verordnet, dass wir dies machen oder jenes lassen sollen, dann hat es einen Sinn und dient dazu, dass es uns gut geht. Er nahm selbst die Strafe für unsere Fehltritte auf sich. Meine Freunde, es gibt keine Strafe mehr für die, die an ihn glauben!«

»Und wenn schlimme Dinge passieren? Keine Robben? Keine Karibus? Ein Jagdunfall? Ist das denn nicht Strafe?«, fragte der alte Mann skeptisch und blies eine Wolke von Rauch aus seinem Mund, als ob er dadurch seinen Punkt unterstreichen wollte.

»Diese Dinge passieren, weil die Welt nicht unter der Herrschaft Gottes ist. Aber Jesus kam, um uns Leben zu bringen, Leben im Überfluss. Er hilft uns, wenn die Dinge nicht so laufen, wie wir wollen. Er tröstet in Krankheit, gibt Kraft in Schwachheit, und sogar wenn wir sterben müssen, und das müssen wir alle irgendwann, ist er dabei und schenkt uns ewiges Leben, eine Hoffnung für die Ewigkeit.«

Jack redete weiter. Endlich herrschte eine dieser nachdenklichen Stimmungen, die er zu schätzen gelernt hatte, weil sie so selten waren. Er war in voller Fahrt, Alfred verlieh seinen Worten durch seine Übersetzung noch mehr Nachdruck.

Plötzlich ging ein Kichern durch die Reihen. »Hab ich was Lustiges gesagt? Oder hat Alfred etwas falsch übersetzt?«, dachte Jack besorgt, bis auch er kräftige Lutsch- und Sauggeräusche hörte, die von einem hinteren Teil des Iglus kamen. Die Gastgeber hatten einen Erker an ihr »Wohnzimmer« angebaut für eine Hündin und ihre neugeborenen Welpen. Diese waren durch die Hektik der Diskussion wach geworden und verlangten nach Milch. Die Welpen stritten mit einem lautstarken Gequietsche miteinander und schoben sich gegenseitig aus dem Weg. Die Versuche der Gastgeber, sowohl bei Hunden als auch bei Zuhörern wieder für Ruhe zu sorgen, steigerten nur den Lärmpegel. Jack dachte kurz an eine Szene vor langer Zeit, als der Herr der Welt als Kind in einem Stall geboren wurde, in der Gesellschaft der Tiere des Feldes und unter Menschen, die in ähnlich widrigen Umständen um ihre Existenz kämpften wie diese.

Die heilige Atmosphäre war weg. Jack schloss seine Bibel mit einem resignierten »O. k. Freunde, morgen machen wir weiter«, und bat lachend um einen Tee. Oder war die heilige Atmosphäre doch nicht weg?

❄

»Stauraum für die Vorräte des Minihitaks frei machen!«

»In welchem Iglu schlafen sie?«

Der Besuch der Missionare war der Höhepunkt des Jahres für die Bewohner von Tuktutuk. Diese kleine Siedlung war im Sommer durch das Wasser des Coronation Gulf von Coppermine getrennt. Im Winter war diese Bucht gefroren und verwandelte sich in eine Durchgangsstraße. Das Kinderlachen und das Bellen der Hunde, vermischt mit dem Schreien der Erwachsenen, hörten die Männer lange bevor sie die Schneehäuser sichteten, die wie sanft leuchtende, gelbe Halbkugeln am Horizont gegen den dunklen Himmel glühten.

»Als ob ein Fest im Gange wäre«, grinste Jack.

»Den Schlittenspuren nach war nur die berittene Polizei vor uns hier«, antwortete Alfred.

»Und was macht die Polizei in so einer Siedlung?«

»Hauptsächlich Tee trinken und plaudern. Und nebenbei behördliche Dinge regeln: Volkszählung, Jagdscheine aushändigen, Wildbestand überprüfen. Reine Formsachen. Als Polizeibeamte der kanadischen Regierung lebt es sich hier gut, Mr Sperry!«

»Ich habe wohl den falschen Beruf gewählt«, lachte Jack. »Aber fühlen sich die Igluleute nicht bevormundet?«

»Keineswegs«, erwiderte Alfred, »sie freuen sich sogar, wenn die Polizei kommt. Diese gibt sich allerdings auch große Mühe, ihnen zu helfen.«

Als die Besucher endlich ankamen, stolperten auch die trägsten Schlafmützen aus ihren Schneehäusern. Nach einem festen, herzlichen Handschlag zur Begrüßung waren alle vollauf beschäftigt. Ein Platz wurde für die Besuchshunde freigeschaufelt, viele helfende Hände trugen die Vorräte vom Schlitten in das Schneehaus des Gastgebers, wo Jack und Alfred ihre eiskalten Finger schon an einem heißen Becher Tee wärmten.

Ein junger Mann setzte sich zu Jacks Füßen und folgte mit seinen großen Augen jeder Bewegung des Minihitaks. Er sah aus, als ob er etwas sagen wollte, sich aber nicht traute.

»Wie heißt du, junger Mann?«

»Oyarak«, sagte er leise.

»Hast du eine Frage, Oyarak?« Jack beugte sich nach vorne.

»Ja, Minihitak. Warum machen Sie das? Warum kommen Sie zu uns? Wegen drei Schneehäusern? Mit Armut, Hunger, Kälte?«

Er zog ein zerknittertes Stück Papier aus der Tasche seines dicken Parkas, breitete es aus und zeigte mit einem Finger darauf. Jack nahm es neugierig in die Hand.

Es war die Seite eines Möbelkatalogs. Die Farben waren verblichen, die Umrisse jedoch klar genug, um es als Abbildung eines europäischen Wohnzimmers mit gehobener Ausstattung erkennen zu lassen. Klar, dachte Jack. Die Polizisten waren hier und haben Zeitschriften für die Jugendlichen dagelassen.

»Du denkst, dass ich früher in so einem Haus gelebt habe wie auf diesem Bild, oder?«

Der Junge nickte schüchtern.

»Erstens, unser Haus war zwar gemütlich, aber nicht ganz so schön wie dieses. Und auch wenn es so schön gewesen wäre, würde ich trotzdem hundertmal lieber hier mit dir und diesem leckeren Tee sitzen, als irgendwo anders in der Welt zu sein!«

Der Junge strahlte übers ganze Gesicht.

»Später, wenn alle versammelt sind«, fuhr Jack fort, »werde ich erzählen, warum ich gekommen bin. Und du bist derjenige, der mich auf die Idee gebracht hat!«

Bis zum Gottesdienst sollte es aber noch eine Weile dauern. Denn jeder Besuch folgte einem inoffiziellen, aber straff geregelten Ritual. Am Anfang mussten Jack und Alfred berichten, wie es den anderen Familien ging, die sie auf dieser Reise schon besucht hatten. Man kannte sich meistens oder wusste zumindest voneinander. Es wurde über Geburten, Dorfstreitereien und Todesfälle geplaudert, Essensvorräte wurden analysiert und die Pelzbestände erkundet. Die Dorfbewohner wollten jedes Detail der Reise wissen. Hochkonjunktur hatten vor allem lustige Anekdötchen. Jack wurde immer wieder aufgefordert, von der Hochzeit zu erzählen, unterbrochen von Rufen nach mehr Essen und Tee. Besonders lustig fanden sie den Vorfall bei der Filmaufnahme, als Jack durch die Igluwand hindurch fast ein Ohr abgeschnitten worden war. Seine Zuhörer konnten das nicht oft genug hören.

Jack musste allerdings aufpassen, was er sagte. Denn solche Berichterstattungen waren der Stoff, mit dem sich diese abgelegenen Schneebewohner monatelang gegenseitig unterhielten. Schnell konnte man aus Versehen Teil einer Legende werden. So erlebte Jack hautnah, wie Kultur und Folklore entstanden. Er empfand es als immenses Vorrecht.

Dem Geschichtenerzählen folgte das Unterhaltungsprogramm.

»Minihitak, wir haben Kunststücke vorbereitet! Willst du sie sehen?«

Ohne auf eine Antwort zu warten, holten die Kinder ein Seil und bohrten ein kleines Loch in die Hauswand, durch das das Seilende geschoben und mit einem Holzknebel draußen festgemacht wurde. Die gleiche Prozedur erfolgte auf der anderen Seite.

»Schön, wenn man sein Haus kurzerhand umbauen kann, nur um ein Spiel zu machen«, flüsterte Jack Alfred zu.

Jetzt mussten sich die Besucher zurücklehnen und sich als über alle Maßen beeindruckt zeigen, während die Jugendlichen und Kinder Saltos und Purzelbäume rund um das Seil vortrugen.

»Eine Geschichte, Minihitak, eine Geschichte!«

Jetzt war Jack an der Reihe.

»Wollt ihr die Geschichte von der Robbe hören?«

Ein Chor von »Ja, ja, ja!«, funkelnde Augen, gespannte Gesichter.

»Also, es gab diesen Mann, der Robben südlich der Ukalik-Insel jagte. Er fand ein Atemloch im Eis, hängte einen kleinen Stock ins Loch und wartete. Plötzlich bewegte sich der Stock und er wusste: Ein Tier kommt hoch, um Luft zu holen. Er schleuderte seine Harpune ins Loch und zog daran. Vergeblich. Denn es war eine schwere Bartrobbe. Er hielt mit aller Kraft fest, rief die anderen Männer zu Hilfe. Aber bis sie angerannt kamen, war es zu spät. Schwups! Auf einmal hatte die Robbe den Jäger durchs Loch ins eiskalte Wasser gezogen!«

Jack genoss die gespannten Blicke und offenen Münder und wartete, bis Alfred übersetzt hatte.

»Als die Robbe ihn unter dem Eis hinter sich herzog, entdeckte der Jäger eine Luftblase unter seiner Achselhöhle, mitten in seiner dicken Jacke. Mit dieser schaffte er es, seine Lunge mit Luft zu füllen. Zum Glück war der Robbe die Luft inzwischen wieder ausgegangen und sie suchte nach dem nächsten Eisloch. Ausgerechnet dort wartete ein weiterer Jäger. Schon wieder schoss eine Harpune nach unten und dieses Mal wurde das Tier getroffen. Andere Jäger kamen dazu und alle zogen die Robbe auf die Eisfläche. Sie fielen vor Schock fast um …«

»… als sie hinter der Robbe einen Mann herauszogen!«, rief ein Jugendlicher.

Jack staunte, mit wie wenig Aufwand bei diesen Menschen Feststimmung aufkam und dachte an den geballten Missmut, der das Leben auf vielen Kirchenbänken in Europa kennzeichnete.

Auf die Geschichte folgten wieder Spiele. Die Kinder machten Fadenspiele mit Figuren, die arktisches Flair hatten und »Ein Mann trägt ein Kajak« oder »Zwei Karibus« oder «Fallende Felsen« hießen. Die Erwachsenen spielten Poker, aber natürlich nicht um Geld, sie hatten ja keins. Jack lernte, wie man einen Fußball von Hand herstellt. Die Harnblase einer mittelgroßen Robbe wurde mit Karibufell gestopft, und siehe da, ein vorzüglicher Fußball entstand, der sogar auf dem Schnee wunderbar hüpfte.

Warme Herzen unter eisigem Himmel

»Seid ihr nun müde genug für eine Geschichte aus der Bibel?«, scherzte Jack. Nickende Köpfe. Es war ruhig im Schneehaus. »Oyarak fragte mich, warum ich hierher zu euch komme, wo wir doch in Europa gemütliche Häuser haben. Und warum sogar meine Frau jetzt nach Coppermine gekommen ist.«

»Nun, um es kurz und bündig zu sagen: *Nicht* hierherzukommen, das wäre für mich ein viel größeres Opfer gewesen.«

Jack erzählte aus seinem Leben. Von Bettys Begegnung mit Gott und dem Versprechen, das sie schon als junges Mädchen vor ihm ablegte.

»Mr Sperry, sag etwas für die Jugendlichen«, flüsterte ihm Alfred zu, »sie sind so aufmerksam.«

»Eigentlich fing die Geschichte viel früher an, als ich genauso jung war wie Oyarak und seine Freunde.« Jack richtete seine Augen auf die Reihe von Jungs, die direkt vor ihm saßen, und setzte seine Predigt fort, als ob er sie genau für diese Gelegenheit vorbereitet hätte.

»Eines Abends kam ein Prediger zu uns in die Gemeinde, ähnlich wie ich zu euch komme. Er sprach zu uns direkt aus den Evangelien. Wenn Jesus tatsächlich Gott ist und auf die Erde gekommen ist, dann sollten wir ihm vertrauen und seinen Anweisungen folgen. Denn Gott kann keinen größeren Beweis für seine Liebe geben, als dass er sein Leben hinlegt für Menschen, die verloren sind. Und der Gott der Bibel ist eben der einzige von allen vermeintlichen Göttern, der dazu bereit war.«

»Und warum musste er das machen?«, fragte einer von Oyaraks Freunden.

»Dazu komme ich gleich. Durch unsere bösen Taten – Neid, Egoismus, Zorn, Hass, Gewalt – stehen wir in seiner Schuld. Wie wenn man zehn Karibumännchen aus einer Nachbarsiedlung gestohlen hätte. Die Nachbarn wären erbost.«

Das verstanden seine Zuhörer gut und nickten nachdenklich.

»Und dann kommt Gott und sagt: ›Das könnt ihr nie wiedergutmachen. Aber ich, ich kann es. Die Strafe entfällt.‹ Als Dank dafür dürfen wir ihm nachfolgen, mit ihm leben. Wir Jugendliche waren betroffen, als wir das erfuhren. Einem Herrn zu dienen, für den jeder einzelne Mensch von unendlich großer Bedeutung ist, ist doch viel besser, als nur sich selbst zu dienen. Oder gar anderen Göttern, die grausam und willkürlich handeln. Jesus ging nicht nur zu den Massen, er war nicht auf der Suche nach Ruhm. Er nahm sich für jeden Zeit, der ihn suchte. Oft waren es gerade diejenigen, die abseits, irgendwo am Rand lebten. Keiner war ihm zu klein, zu unwichtig. Und uns, seinen Freunden, befahl er, bis an die Enden der Erde zu gehen und von seiner Liebe und Vergebung zu erzählen. Uns genauso auf die Suche nach seinen verlorenen Kindern zu machen, wie er es getan hat.«

Wieder einer dieser stillen Momente, in denen Jack spürte, dass seine Worte angekommen waren. Er öffnete seine Bibel und schlug das Johannesevangelium auf.

»Viele Menschen waren damals schon von der Behauptung, Jesus sei der Sohn Gottes, völlig schockiert. Jesus sagte es selbst so: ›Ich bin der Weg, die Wahrheit …‹«

Plötzlich platschte ein großer Tropfen Wasser mitten auf die Seite, aus der Jack zitierte. Und dann noch ein Tropfen und noch einer. Im überfüllten Iglu brach Aufruhr aus.

»Schnell, die Schaufel!«

»Wer hat das Schneemesser gesehen?«

»Es muss bei dem Schneehaufen am Eingang sein!«

»Oh, Entschuldigung, ich sitze drauf, hier ist es!«

»Schneller, der Minihitak darf ja nicht nass werden!«

Bei so vielen Körpern auf so wenig Raum hatte der Schnee oben am Dach des Iglus angefangen zu schmelzen. Aber auch für so einen Notfall war vorgesorgt. Von irgendwoher erschien eine Schaufel voll frischen Schnees. Der Gastgeber streckte sich nach oben und drückte den Schnee ohne viel Aufwand in das Loch. Nach einigem Hin und Her war das Problem behoben. Jack lächelte resigniert, schloss seine Bibel und sagte: »Lasst uns beten. Morgen machen wir weiter.«

Vor der Abfahrt der Besucher herrschte eine fröhliche Aufbruchstimmung in Tuktutuk. Das laute Geklapper von Hundegeschirr und -ketten, das Gewirr wedelnder Schwänze, herumrennende Kinder und Erwachsene, die Kisten und Säcke zum Schlitten trugen, sorgte für ein heilloses, geschäftiges Durcheinander. Plötzlich wurde alles von einem lauten Schrei übertönt. Die Silhouetten von zwei Männern, die etwas Schweres hinter sich herschleppten, erschienen in der Ferne.

»Sie haben eine Robbe, sie haben eine Robbe!«

Das Häuten und die Zerlegung einer Robbe hatte Jack schon öfters erlebt und ein paar Mal selbst durchgeführt. Trotzdem musste er schlucken, als unter dem Jubel des ganzen Dorfs ein scharfes Messer durch den Bauch des Tiers gezogen wurde und der Schnee nach und nach wie ein blutiges Schlachtfeld aussah. Alle staunten darüber, wie dick die Fettschicht der erlegten Robbe war. Fett bedeutete Wärme.

»Für sie bedeutet das volle Mägen für mindestens die nächste Woche«, dachte er.

Bei der Verteilung der Beute gab es eine klare Hierarchie. Die Jäger durften sich zuerst bedienen. Einer von ihnen kam strahlend auf Jack zu, mit einer blutigen Masse in der Hand, die er ihm stolz darreichte.

»Upatitkatik«, sagte er.

»Danke vielmals. Du hast mir eine große Ehre erwiesen«, erwiderte Jack.

»Upatitkatik« bedeutete »Teilhaber der Flossen«. An einem Teil dieser begehrten Kostbarkeit knabbern zu dürfen, galt als höchste Anerkennung.

Inzwischen standen die Kinder Schlange, jedes mit einem Keramikschälchen in der Hand, in das die Jäger stolz eine großzügige Portion Fett für die Lampen legten. Das Teilen von Beute war völlig selbstverständlich. Auch wenn sie mager war, bekam jede Familie einen Anteil daran.

Der Fellhandel mit der Hudson Bay Company hatte die Strapazen des Lebens in den Siedlungen seit einigen Jahren zwar gemildert. Metalltöpfe, Messer, Stahlnadeln, Streichhölzer, Tee, Schnüre für Dochte und vor allem Gewehre und Patronen erleichterten alltägliche Verrichtungen, die früher mühsam gewesen waren. Trotzdem lebte der alte Geist der gegenseitigen Abhängigkeit und des Miteinanderteilens unvermindert weiter.

»Bei so einer Feierlaune können wir nicht einfach losfahren«, sagte Alfred, »bleiben wir lieber noch ein bisschen.«

Rufe von »Natschektuluta!» (»Kommt und esst Robbe«) und »Teatugitti!« (»Kommt und trinkt Tee!«) ertönten bald aus zwei Schneehäusern. Jack und Alfred teilten sich auf, um den Robbenfang mit ihren Freunden zu feiern. Innerlich freute sich Jack schon darauf, neben dem Ofen im Komfort seines Missionshauses zu sitzen und seiner frisch vermählten Ehefrau »Teatugitti!« zuzurufen.

Tränen und Zweifel

Es ist die grausame Ironie des Lebens, dass ausgerechnet die Frau, die zahlreichen werdenden Müttern in ihrer Not beigestanden hatte und einigen von ihnen wie auch ihren Babys sogar das Leben rettete, um Haaresbreite die Geburt ihres eigenen Kindes nicht überlebt hätte. Schon ein Jahr nach der Hochzeit saß Betty in einem kleinen Flugzeug auf dem Weg ins Krankenhaus nach Edmonton. Ihr Blutdruck war gefährlich in die Höhe geschossen und sie sollte den Rest ihrer Schwangerschaft unter medizinischer Überwachung verbringen.

»Das kann nicht, darf nicht wahr sein«, schrie eine Stimme in Jacks Seele, als er wenige Tage später in den gleichen Flieger nach Edmonton stieg. Die Funknachricht, dass seine Frau in Lebensgefahr schwebte und er sich so schnell wie möglich an ihre Seite begeben sollte, war auf quälende Weise knapp und nichtssagend. Nach drei Jahren, in denen er in einem gewaltigen Kraftakt und zum Staunen all seiner Freunde die Anpassung an eine gefährliche Umgebung und eine fremde Kultur perfekt gemeistert hatte, landete ein erster Frontalangriff ausgerechnet dort, wo er am meisten wehtat: im engsten Kreis seiner Familie.

Würde Betty leben? Was war schiefgelaufen? Wie ging es dem Kind? Nie kam ihm eine Reise so lang vor, nie erschien ihm die gähnende, weiße Ungeheuerlichkeit unter ihm so trostlos. Die schneebedeckten Flächen, die ansonsten ein Gefühl tiefer Ehrfurcht in ihm erweckten, schienen in diesem Moment die gnadenlose Härte der schlimmen Vorahnungen widerzuspiegeln, die seine Seele überschwemmten. Sollte sein Glück, das gerade begonnen hatte, nach nur einem Jahr zu Ende sein? Würde er seine Aufgabe nun als Vater eines mutterlosen Kindes weiterführen müssen?

Er rannte die Treppe zur Geburtsstation hoch und stürzte in den Raum, in dem Betty lag, kreidebleich, mit einem ausdruckslosen Blick vor sich hinstarrend. Ein winziges Bündelchen, in ein Tuch eingewickelt, lag still in ihrem Arm. Jack kniete sich hin und nahm beide in seinen Arm.

»Unsere Tochter«, flüsterte seine Frau mit tränenerstickter Stimme, »sie hat zehn Stunden lang gekämpft, heute Morgen hat sie aufgegeben. Ich darf sie bis heute Abend bei mir behalten.« Jack legte seinen Kopf an Bettys Schulter. Worte zwischen den untröstlichen verwaisten Eltern waren überflüssig.

Worte gab es später zuhauf, energische Worte vom verantwortlichen Chefarzt.

»Ihr zwei seid vollends von Sinnen, wenn ihr auch nur einen Gedanken daran verliert, wieder in dieses Niemandsland zurückzugehen«, fauchte er mit einem geringschätzigen Wackeln seines Kopfes.

»Praeklampsie ist ein schwangerschaftsbedingter Zustand, lebensgefährlich noch dazu, der auch in weiteren Schwangerschaften auftreten kann, und beim nächsten Mal kann es für Sie zu spät sein. Auch jetzt haben Sie Glück, bei diesem Blutdruck und bei diesen Leberwerten noch am Leben zu sein.« Er klopfte mit Nachdruck auf den Patientenbericht in seiner Hand. Über Schwangerschaftserkrankungen und deren Gefahren brauchte der Chefarzt Betty nicht aufzuklären.

»Mrs Sperry, es wäre in Ihrem prekären Zustand fahrlässig, ein Leben abseits medizinischer Versorgung zu verbringen, Schwangerschaften hin oder her. Sie haben eine gefährliche Anfälligkeit für hohen Blutdruck. Für Sie ist es mit der Arktis vorbei, wirklich. Suchen Sie sich hier im Süden eine nette Pfarrgemeinde in der Nähe eines guten Krankenhauses. Das ist alles, was ich Ihnen sagen kann.«

Eine schweres, dumpfes Schweigen füllte den Raum. Jack fiel auf, wie unangenehm stark der sterile Geruch des Desinfektionsmittels war. Er verscheuchte flüchtige Visionen von warmherzigen, lachenden Eskimos, von endlosen Teerunden auf Kaributeppichen in Schneehäusern, vom klaren Sternenhimmel in eisiger, schwarzer Nacht, von atemberaubenden Sonnenuntergängen. Zwischen diese Bilder schob sich unwillkürlich die gespenstige Figur eines kleinen Mädchens mit blonden Locken, das wie Betty aussah. Sie suchte nach etwas in einem verlassenen Igludorf. Wieder nach der Puppe? Ein eisiger Winterwind wehte. Sie hatte keinen Parka an, ihre blonden Haare wehten wild um ihr verweintes Gesicht.

»Jetzt ist erst mal Betty dran«, dachte er, während er seine wirren Gedanken sammelte und sich räusperte.

»Danke für Ihre Hilfe, Sir. Ich glaube, wir brauchen etwas Zeit für uns.«

Für den Chefarzt war es ein Routinegespräch. Für seine Patientin und ihren Mann das erschreckende Ende eines langjährigen Traums, der so verheißungsvoll begonnen hatte.

»Irgendwelche Fragen?«, sagte der Arzt in einem etwas sanfteren Ton, nachdem er gemerkt hatte, welche Auswirkung sein Urteil auf seine Patientin und ihren Ehemann hatte.

Welche Worte Jack und Betty miteinander tauschten in den langen, intimen Gesprächen, die folgten, blieb ihr Geheimnis. Als Jack seine Frau zwei Tage später liebevoll über die Hand streichelte, sie küsste und aus dem Raum ging, um einen langen Spaziergang zu machen, wusste sie aber, dass er bereit war, alles aufzugeben, auch das Leben unter den Eskimos, das ihm so kostbar geworden war, um ihr Wohlbefinden zu sichern.

»Meine erste Verpflichtung vor Gott gilt dir, Betty. Und solltest du aufgrund deiner Gesundheit die geringsten Bedenken haben, zurück nach Coppermine zu gehen, dann suchen wir uns eine Pfarrgemeinde hier im Süden und nehmen diesen Schritt als Führung Gottes an. Du entscheidest, du allein.« Und dann verließ er sie für zwei Stunden, um ihr Zeit zum Beten zu geben und auf ihre Entscheidung zu warten.

Als er zurückkam, saß Betty auf der Bettkante. Sie hatte eine Strickjacke über ihr Nachthemd gezogen und ihre Reisetasche aus dem Schrank geholt. Mit wenigen Spuren von durchstandenen Weinkrämpfen im Gesicht war sie im Begriff, etwas auf einen Notizblock zu schreiben. Ihre Bibel lag aufgeschlagen neben ihr auf dem Bett.

Jack warf ihr einen fragenden Blick zu, setzte sich schweigend neben sie und nahm ihre Hand in seine.

»Wir gehen zurück«, sagte sie mit einer leisen und festen Stimme.

»Bist du dir ganz sicher? Hat Gott zu dir gesprochen?«, fragte Jack.

»Eben nicht«, antwortete sie. »Zumindest jetzt gerade nicht. Im Moment weiß ich nicht einmal, ob er noch da ist. Zu viel Schmerz. Aber gesprochen hat er. Damals, als er mir sagte: ›Wenn ich sage: Gehe, dann sollst du gehen, ohne zu zögern.‹ Und dann wieder vor drei Jahren, als wir uns kennenlernten. Ich sollte dir folgen, dich unterstützen, an deiner Seite den Eskimos dienen. Und dass er seine Meinung geändert hat, davon weiß ich nichts. Es gibt Arbeit zu tun, wir gehen zurück. Rufst du bitte den Herrn Chefarzt?«

Sie duldete keinen Widerspruch.

❄

»Liebe Eltern,
letzte Woche verabschiedeten wir uns von eurem ersten Enkelkind. Der Geburtstag der kleinen Jacqueline war der 26. März. Zehn Stunden lang durften wir sie im Arm halten. Ihre Lungen waren zu schwach und gaben auf, und die Ärzte konnten nichts für sie tun. Ich wünschte, sie hätte die Möglichkeit gehabt, ihre wunderbaren Großeltern kennenzulernen.«

Die einfühlsamen Worte, die Jack an seine Eltern und Schwiegereltern schrieb, konnten unmöglich dem Schmerz Ausdruck verleihen, mit dem Jack und Betty die Arbeit wieder aufnahmen, die sie in Coppermine so jäh hatten abbrechen müssen.

Betty packte die bescheidenen Anfänge einer Babyausstattung wieder weg, die sie mit so viel Vorfreude gesammelt hatte. Oft lief sie orientierungslos von einem Zimmer ins andere und wieder zurück auf der instinktiven Suche nach dem Kind, das sie inzwischen an ihrer Brust, in ihren Armen getragen hätte. Ihr inneres Ohr lauschte umsonst nach dem Schrei eines erwachenden Babys. Das Gefühl der Leere im kleinen Missionshaus war unerträglich. Das einsetzende Frühlingswetter, auf das Betty sich so sehr gefreut hatte, machte die dumpfe Regungslosigkeit in ihrem Herzen nur noch deutlicher.

»Dabei hat sich äußerlich gesehen nichts geändert, denn ich kannte diese kleine Person gar nicht«, schrieb sie in ihr Tagebuch, *»und doch war sie ein Teil von mir. Sie kann nie ersetzt werden, auch durch weitere Kinder nicht. Es gehört wohl zum Vermächtnis dieser verlorenen Welt, dass wir mit unwiederbringlichen Verlusten leben lernen müssen. Vielleicht würden wir uns sonst auf dieser Erde zu wohlfühlen und hätten kein Bedürfnis, uns nach Gott auszustrecken.«*

Gesten des Mitgefühls ließen nicht lange auf sich warten. Manchmal klopfte eine Nachbarin an die Tür, trat schweigend in die kleine Wohnung und setzte sich. Saß einfach und trauerte mit. Dann ging sie wieder. Es waren mehr Besucher als vor dem Verlust des Babys. Eines hatten die Eskimos in ihrer gefrorenen Welt gelernt: Ausharren. Leid tragen. Das Leid anderer mittragen. Warten. Auf die Beute, auf das Getrampel der Karibus, auf die Sonne, auf die Erleichterung. Aus gegenseitiger Achtung war mitten im Leid auf einmal Liebe geworden.

»Hallo, Martha, komm rein. Und wie geht es deinem kleinen Mädchen? Lass mich sie anschauen!« Betty unterdrückte einen Anflug von innerem Schmerz, als sie das Kind in ihre Arme schloss.

»Es riecht so gut bei Ihnen, Mrs Sperry. Was machen Sie da?«

»Ich backe einen Kuchen. Hier funktioniert der ›Victoria Sponge‹ fast so gut wie in England, auch ohne frische Eier. Soll ich es dir zeigen?«

Am nächsten Tag standen zwei weitere Frauen an der Tür und wollten lernen, wie man einen »Victoria Sponge« macht. Noch mehr Frauen kamen dazu, neue Rezepte kamen dazu. Eine Frau zeigte Interesse an Bettys Strickzeug. Im Nähen und in der Arbeit mit Pelzen waren diese Frauen nicht zu übertreffen, aber stricken konnten sie nicht.

Das war der bescheidene Anfang von Bettys »Mütterverein«.

Es waren bald zu jeder Zeit irgendwelche Frauen im Missionshaus. Ihre Kinder brachten sie mit. Bald war das Haus jeden Tag voll mit dem Geplapper und Getrappel von kleinen Eskimos. Der Anfang einer Kinderarbeit.

Es waren zaghafte, oft quälende Schritte zurück in die Normalität. Jacks erster längerer Reise zu den Siedlungen blickte Betty mit Grauen entgegen, verriet ihre Gefühle jedoch nicht.

»Ich muss neue Pläne schmieden, wie ich durch jeden Tag hindurchkomme«, dachte sie.

Die Mütter und Kinder brachten sie tagsüber schon jetzt auf andere Gedanken. Die Abende würden wohl das Hauptproblem sein.

Nachdem Jack seine Frau lange gedrückt und sich mit schwerem Herzen von ihr verabschiedet hatte, der Schlitten am Horizont verschwunden war und die Befehlsrufe an die Hunde nur noch entfernt zu vernehmen waren, setzte Betty sich hin und fing an zu schreiben. Zuerst die Namen der sieben Eskimofamilien, die in Coppermine sesshaft waren. Auf ein anderes Blatt schrieb sie zwölf weitere Namen auf. Das waren die Menschen, die aus dem Süden hierher gezogen waren. Regierungsbeamte, Polizisten, die Familie Munro. Die dritte Liste war viel länger. Das waren die Familien aus entfernteren Siedlungen, die in regelmäßigen Abständen nach Coppermine kamen. Unter jeder Liste notierte Betty Ideen, wie sie das Leben dieser Menschen – und sei es nur für einen Kurzaufenthalt in Coppermine – aufheitern konnte. Coppermine war nicht nur Anziehungspunkt für Jäger und Fallensteller aus allen Richtungen, die ihre Felle brachten. Auch Verwandte auf der Durchreise übernachteten immer wieder in der Siedlung. Sie war quasi ein Mittelpunkt für jeden, der sich in einem 5 000-Kilometer-Radius bewegte. Zu besonderen Festzeiten wie Weihnachten und Ostern schlugen Menschen von überall her ihre Zelte oder Iglus in Coppermine auf, um zusammen mit anderen zu feiern. Es waren zu fast jeder Zeit genug Menschen versammelt, um eine Frauen- und eine Kinderarbeit aufzubauen und Gottesdienste zu halten. Ein paar junge Leute aus der Gegend waren in Aklavik auf einer Missionsschule der anglikanischen Kirche gewesen, konnten also beide Sprachen und boten Betty ihre Dienste als Dolmetscher an. Andere Mitarbeiter in der kleinen Kirche hatten Jack versichert, dass sie in seiner Abwesenheit auf seine Frau bestens aufpassen würden.

Betty lud weitere Frauen zu ihren Back- und Stricknachmittagen ein. Der Kinderschar, die sich regelmäßig in ihrem Haus aufhielt, erzählte sie Bibelgeschichten. Sie machte mit den kleinen Besuchern Spiele, malte mit ihnen Bilder. Sie leitete mit der Hilfe eines Dolmetschers ihren ersten Gottesdienst. Die aufmerksamen Gesichter, die dankbaren Worte nach ihrer kurzen Andacht machten ihr Mut.

Nur ganz selten, wenn ein mitfühlendes Herz sie zum Reden brachte, schüttete Betty ihren Schmerz über das verlorene Kind aus. Viele Jahre später, in einem ihrer letzten Gespräche, bevor sie mit 78 Jahren plötzlich an Herzversagen starb, erzählte sie mit feuchten Augen von ihrer Jacqueline. Sie hat sich nie ganz von ihrem Tod erholt.

Auch Jack fand nach und nach seine eigene Art, mit der Trauer fertig zu werden. Eines Tages lief er mit anderen Coppermine-Freunden gemäß der Sitte hinaus, um ein anrückendes Schlittengespann zu begrüßen und bei der Versorgung der Hunde und der müden Reisenden zu helfen. Die Freude im Begrüßungskomitee verklang schnell, als eine junge Frau mit schwerem Schritt vom Schlitten herabstieg und auf Jack zustolperte. Fest an ihren Körper gedrückt hielt sie ein Bündel. Als sie den Missionar sah, übergab sie es ihm und flüsterte: »Bitte beerdigen.« Sie hatte ihr Kind unterwegs unter primitivsten Bedingungen zur Welt gebracht und es war kurz darauf gestorben. Sie war zu schwach und müde, um zu weinen.

»Als ich in die trüben Augen dieses Elternpaares blickte, vereinte uns ein unsichtbares Band«, schrieb Jack in sein Tagebuch. *»Auf einmal begriff ich, dass unsere Erfahrung der Trauer uns nicht nur in eine tiefere Abhängigkeit von Gott geführt hatte, sondern uns auch ein größeres Verständnis für das Leiden unserer Leute gab. Unser Schmerz verband sich mit ihrem Schmerz. Das ist zwar keine Antwort auf die Frage ›Warum?‹, wirft aber einen kleinen Hoffnungsschimmer auf das ›Wozu‹.«*

Es dauerte nicht lang, bis Betty um Zeit ringen musste, um zur Ruhe zu kommen. Sie richtete sich einen alten Sessel neben dem Ofen ein. Dieser sollte ihre Gebetsstätte werden, direkt an der einzigen Quelle des Lichts und der Wärme, die ihr während der monatelangen Dunkelheit und Kälte gegönnt war. Dieser Ort der Ruhe wurde für sie zu einem Symbol für Gottes Nähe. Hier kam ihr auch erstmals die Idee, den kleinen englischsprachigen Sonntagabend-Gottesdienst, den die Hudson-Bay-Mitarbeiter und die Regierungsbeamten besuchten, mit neuem Leben zu füllen. Sie fing an, Tee und Kaffee mit Kuchen und Brot vorzubereiten. In einem Ort, in dem es weder Fernsehen noch irgendwelche Vereine, Bingosäle oder Kneipen gab, war der Sonntagabend-Gottesdienst bald die große gesellschaftliche Attraktion der Woche.

»Sogar der katholische Priester ist dabei«, schrieb Jack seinem bischöflichen Vorgesetzten mit einem Funkeln im Auge, *»aber machen Sie sich keine Sorgen, er kommt erst nach dem Abendmahl, zum Kaffee.«*

Eine gewisse Schadenfreude konnte er sich nicht verkneifen, kannte er sich doch ausführlich mit dem traditionsreichen und oft abgrundtiefen Hass zwischen der anglikanischen und der katholischen Kirche aus, der in der Geschichte Großbritanniens blutige Spuren hinterlassen hatte. In seiner Heimat herrschte nach wie vor eisige Funkstille zwischen den beiden Großkirchen. Ein gemeinsames Abendmahl wäre auf beiden Seiten ein Skandal gewesen.

Im weit entlegenen Coppermine waren nun der junge Missionar und seine Frau, kaum Ende 20 und ohne eigene Kinder, schon Ersatzeltern für ein ganzes Dorf. Auch wenn ihr kleines Haus im Winter in Schnee eingepackt war, waren ihre Türen Tag und Nacht offen. Wenn irgendjemand ein Problem hatte, eine familiäre Krise durchlitt, waren Jack und Betty die erste Adresse. Eine Lösung fand sich nicht immer. Aber ein offenes Ohr, ein mitfühlendes Herz und eine heiße Tasse Tee. Meistens war das genug.

Prominentenbesuch mitten in Nirgendwo

»Wie damals beim Besuch des Bischofs«, sagte der Abgesandte der Hudson Bay Company. »Wir wollen Seiner Königlichen Hoheit zeigen, wie das Leben der Einheimischen in Wirklichkeit aussieht. Wir brauchen dazu ein paar der älteren Eskimos und wollen ein Zelt aufstellen. Können Sie dafür sorgen, dass die Innenausstattung so authentisch wie möglich zusammengestellt wird, Mr Sperry?«

Der Ton war distanziert und schroff. Coppermine musste innerhalb kürzester Zeit auf Hochglanz gebracht werden. Jack stöhnte.

Es wurde oft gemunkelt, dass sich Ihre Majestät, die Königin von England, und ihr Prinzgemahl in den britischen Kolonien oder ehemaligen Kolonien auf einen herzlicheren Empfang einstellen konnten als bei den repräsentativen Pflichten in der Heimat. Besonders gerne kamen sie nach Kanada. Prinz Philip sollte während einer Tour durch das Land einen dreistündigen Zwischenstopp in Coppermine einlegen. Die Siedlung war in Aufruhr. Es gab keine höhere Anerkennung für eine Ortschaft als ein königlicher Besuch – auch in der fernen Arktis.

»*Wer hätte jemals gedacht, dass irgendeine Königliche Hoheit ihren Weg hierher an den Rand der Zivilisation findet?*«, schrieb Jack an seinen Bruder. »*Kein Ereignis hat mehr Potenzial, die geballten Absurditäten der britischen Natur herauszulocken, als Kontakt zu den Royals. Feines Porzellan wurde extra aus Edmonton zur Feier des dreistündigen prinzlichen Abstechers importiert, und sogar Alkohol ist ausnahmsweise gestattet. Normalerweise ist er wegen der Anfälligkeit der Einheimischen für Saufrunden strikt verboten. Aber der Prinz darf ja nicht auf die Idee kommen, dass er hier weitab der Zivilisation ist, und soll im gewohnten Stil seinen Aperitif vor dem Essen zu sich nehmen dürfen. Erinnerst du dich an Mr Grattidge und unseren*

Geschichtsunterricht? Wie stolz er auf die britische Königsdynastie war? Wäre der jetzt stolz auf mich!

Von 11.43 Uhr bis 12.02 Uhr besucht Seine Königliche Hoheit mein Zelt. Dort wird er das Leben der einheimischen Bewohner hautnah erleben. Wir hier betrachten das Ganze als ein lustiges Spiel. Jim Kilukuk, der Nette, hat sich zur Verfügung gestellt und spielt den Schamanen einer ›typischen‹ einheimischen Siedlung.«

Jim war früher wirklich Schamane gewesen, dann Christ geworden und jetzt einer von Jacks besten Freunden. Jack instruierte ihn gründlich, wie er sich in königlicher Präsenz zu verhalten hatte.

»Ich war wirklich überzeugt, ich hätte an alles gedacht«, schrieb er an seinen Bruder Roy.

Als Prinz Philip das Innenzelt betrat, setzte sich Jim als würdevoller alter Eskimo perfekt in Pose. Er warf einen verspielten Blick in Jacks Richtung. So weit so gut. Jack klärte den interessierten Prinzen über verschiedene Pelzarten auf und darüber, wie eine Kudlik-Lampe funktionierte, ein Dolmetscher übersetzte ein paar hoheitliche Fragen in die Inuit-Sprache, und alles lief haargenau nach Plan.

»Bis ich merkte, dass Jim fröhlich und demonstrativ an einer Zigarette zog!«, schrieb Jack weiter. *»So viel zu unserer authentischen Inszenierung des alltäglichen Lebens der Eskimos. Ich gestikulierte so heftig, dass meine Gebärden, befürchte ich, noch auffälliger waren als die Zigarette selbst. Es sollte noch schlimmer kommen. Die Zigarette ging aus irgendeinem Grund aus und Jim holte ein hochmodernes Feuerzeug aus seiner Tasche. Damit war der Schreck perfekt. Gott sei Dank hat Prinz Philipp einen guten Sinn für Humor. Er machte irgendeine Bemerkung wie: ›Ach so, Feuerzeug und Zigaretten gab es damals*

auch schon‹, und schien sich köstlich zu amüsieren. Alles in allem war es ein gelungener Tag, auch wenn ich gemischte Gefühle dabei habe, dass ausgerechnet Coppermine immer als Aushängeschild für das Leben der einheimischen Bevölkerung herhalten muss.«

Als Andenken an den Besuch durften Jack und Betty einen Satz des eleganten Royal-Albert-Porzellans für sich behalten, das die Hudson Bay Company extra für die royalen Häppchen und königlichen Tassen Tee eingeflogen hatte.

Das Getrappel kleiner Füße

Kein Mensch wünscht sich Leid. Und es wird von keinem Diener Gottes erwartet, dass er den Schmerz mit der Erhabenheit eines Asketen willkommen heißt und als Mittel der Heiligung begrüßt. Um solche tiefschürfende Überlegungen kreisten Bettys Gedanken, als sie hin und wieder in einem ruhigen Moment neben dem Ofen in ihrem kleinen Wohnzimmer saß. Immer wieder dankte sie Gott dafür, dass sie mittlerweile im Gewimmel ihres Alltags in Coppermine wenig Zeit hatte, um das kleine Mädchen zu vermissen, das, hätte es nur gelebt, inzwischen zu ihren Füßen krabbeln würde, erste Worte sprechen würde (»In welcher Sprache wohl?«, fragte sich Betty), bald alt genug sein würde, Schlitten zu fahren. Der weiterhin unerfüllte Kinderwunsch plagte sie tief im Herzen. Immer wieder legte sie ihr Leben bewusst zurück in die Hände Gottes, dessen Ruf sie gefolgt war. Sie lernte auf die gleiche Weise wie die Menschen um sie herum, dass die Dunkelheit der Ort ist, an dem man Jesus am innigsten begegnet und lernt, ihm zu vertrauen. Dass die Einsamkeit, die wie eine Eisenklinge tief in die Seele schneidet, gleichzeitig die Tür in die Nähe Gottes ist. Mit einer gähnenden Leere und mit bohrender Ungewissheit im Herzen zu sagen, auch durch Tränen hindurch: »Dein Wille geschehe.« Das ist Glaube in seiner reinsten Form.

Kurz darauf wurde Betty wieder schwanger. Leichtsinnige Abenteurer, die für eigene Ambitionen alles andere aufs Spiel setzten, waren Jack und Betty nicht, und sie hatten sich die mahnenden Abschiedsworte des Chefarztes in Edmonton zu Herzen genommen. Mit dem Einverständnis der Missionsgesellschaft durfte das Ehepaar seinen ersten Heimaturlaub so legen, dass die zweite Hälfte der Schwangerschaft wie auch die Geburt unter bester medizinischer Versorgung in der Heimatstadt Leicester stattfinden konnte.

Jack und Betty konnten ihr Glück kaum fassen, als sie am 8. April 1956 ihre Tochter Angela in den Armen hielten.

»Beschenkt, über alle Maßen beschenkt«, schrieb Jack in sein Tagebuch, *»nicht nur wir, sondern auch Mutter und Vater, auch Onkel Roy, die wider Erwarten die Geburt eines Enkelkinds und einer Nichte und die ersten aufregenden Wochen miterleben dürfen. Mitten in allen Herausforderungen werden wir mit einem Stück Großfamilie und Heimat gesegnet, und wir genießen jede Minute davon.«*

Die kleine Prinzessin mit ihren hellblauen Augen und beinahe weißblonden Locken versetzte die Eskimos in ganz Coppermine in ungläubiges Staunen, als die Familie zurückkehrte. Europäer in Kleinformat hatten sie bis dahin selten zu Gesicht bekommen.

»Sind eure Babys immer so blass und winzig?«, fragte eine ältere Mama aus Bettys Frauenkreis, als sie das Kind zum ersten Mal in den Arm nehmen durfte und ihre zarten Locken voller Ehrfurcht streichelte. Betty lachte.

»Nein, sie kommt nach mir. Wart mal ab, vielleicht schenkt uns der Herr beim zweiten Mal ein ganz dunkles, haariges und pummeliges Baby, wie eure es sind!«

Ab diesem Zeitpunkt waren Jacks Briefe, sonst nüchterne Zusammenfassungen aller bestandenen Gefahren und durchlebten Abenteuer draußen auf Reisen, mit Nachrichten über Angelas Entwicklungen gewürzt:

»Inzwischen kann sie laufen, allerdings muss sie sich noch festhalten ... Sie hat zwei Zähne, strategisch so platziert, einer oben und einer unten, dass sie mit nur diesen zwei Zähnen klappern kann. Das macht sie mit großem musikalischem und rhythmischem Geschick ... Angela wird immer robuster und wir danken dem Herrn für ihre Gesundheit und die Freude, die sie uns bringt. Die Eskimos kommen nach wie vor immer wieder vorbei, nur um ihre blonden Haare und blauen Augen zu bewundern.«

Bald bastelte Jack einen kleinen Schlitten für seine Tochter, auf die Größe ihrer Tragetasche maßgeschneidert.

»*Sie gewöhnt sich schon an Temperaturen zwischen minus 20 und minus 30 Grad*«, erzählte Betty ihrer Mutter. »*Und wenn alles windstill ist, ist es angenehm draußen, weil die Kälte so trocken ist. Als ich neulich zuschaute, wie die Eskimokinder auf dem frisch gefrorenen Fluss spielten, war ich überzeugt, dass Angela hier eine sehr glückliche Kindheit verbringen wird.*«

Drei Jahre später, im Sommer 1959, gesellte sich ein kleiner Bruder, John, dazu. Er war die perfekte Ergänzung zu seiner zierlichen Schwester und der lebende Beweis für die örtliche Bevölkerung, dass die Europäer auch in der Lage waren, dunkle Babys zu zeugen. Pausbäckig, mollig, ein Schopf schwarzer Haare, seine Grübchen und sein verspieltes Gekicher verrieten eine frühzeitige Tendenz, in den neckischen Fußstapfen seines Vaters und Großvaters zu laufen.

In der Gegenwart der Kinder unternahm Betty eine zweite Entdeckungsreise in die geheimnisvolle Welt der ewigen Arktis-Schneedünen hinein. Sie erforschten gemeinsam alles, als ob sie noch nie in dieser kargen Eiswüste gewesen wären. An eiskalten Winterabenden mummelten sie sich zu dritt in warme Karibupelze und erzählten und lauschten Geschichten neben dem Ofen. Dad blieb unumstritten der beste Geschichtenerzähler der Welt, aber Mom war auch kein schlechter Ersatz, wenn Dad unterwegs war.

Tagsüber bestaunten sie gemeinsam die Muster einer Schneeflocke, streichelten mit Vorsicht und mit großen Augen die glitzernden Kränze und Girlanden aus klarem Zucker, die die Eisveranda vor dem Haus schmückten, zierlich wie feine Spitzen. Sie lachten zusammen, als sie ihre seltsam verstellten Gesichter in den leuchtenden Eissäulen widergespiegelt sahen, die draußen an der Haustür vom Dach hingen und fast bis zum Boden reichten. An Gesellschaft fehlte es den Kindern nicht. Das Haus war schon lange vor ihrer Geburt ein Tummelplatz für alle möglichen kleinen und großen Karibustiefel, von denen nicht immer vorm Eintreten in die Wohnstube jeder Brocken Schnee weggestampft wurde. Betty hatte sich längst an den permanenten Matsch im Eingangsbereich gewöhnt.

Angela und John wuchsen wie kleine Eskimos auf. Der kindliche Alltag spielte sich größtenteils draußen ab. Im Winter gruben sie eine Schneehöhle und bauten ihr eigenes Spieliglu. Auf einem kindgerechten Schlitten von drei der familieneigenen Hunde gezogen, übten sie den Ernst des Lebens und rasten durch den Schnee. Angelas beste Freundin Helen konnte schon mit sieben Jahren ein Hundegespann anführen. Im Sommer streiften sie durch die Landschaft und entdeckten Vögel, Beeren und Sträucher. Ihre Spielsachen waren Stöcke und Zweige, ihre Spielplätze Felsen und Flussufer. Sie richteten Zelte auf und ärgerten sich über die allgegenwärtigen Mücken. Angela trug ihre Puppen auf ihrem Rücken, wie die Eskimo-Mamas es machten.

Nichts löste bei den Kindern größere Freude aus als der Wechsel der Jahreszeiten. Im Sommer, in dem die Nacht zum Tag wurde, spielten die Kinder, bis sie vor Müdigkeit fast umfielen. Bettzeiten gab es nicht. Im Winter staunten sie über das Knirschen ihrer Stiefel auf frischem Schnee in einer sonst lautlosen Welt, wenn sie um 9.00 Uhr morgens beim Licht des Mondes wie durch eine Zauberlandschaft in die kleine Grundschule gingen und um 14.00 Uhr nachmittags beim Licht des Mondes wieder nach Hause kamen. Sie schauten gebannt zu, wie sich der Fluss in eine harte Platte verwandelte und riesige Wasserflächen von jetzt auf nachher zu Festland wurden.

Das war die Zeit, in der weiße Frauen, die diese extremen Wetterverhältnisse nicht gewöhnt waren, in eine Dauerdepression fielen. Als Betty immer wieder gefragt wurde: »Wie bleibst du bloß so fröhlich, wenn wir monatelang tristen Alltagstrott wie in einem dunklen Gefängnis absitzen müssen?«, war ihre Antwort immer dieselbe: »Ich habe zwei süße Kinder als Gesellschaft an einsamen Tagen, ich bin hier im Auftrag meines geliebten Herrn, der sein Leben für mich gab und dem ich mich für mein ganzes Leben verpflichtet habe. Wie kann man da traurig sein?«

❄

»Mom, der Eiszapfen sieht aus wie Dad, der Eiszapfen sieht aus wie Dad!«

Betty lachte laut.

»Johnny, spiel dein Eiszapfenspiel draußen, und bitte, nicht den ganzen Schnee hier reinschleppen. Tür schnell wieder zu. Du bist jetzt zum dritten Mal hereingestürmt und jedes Mal gibt es einen scharfen Windstoß und neuen Schneematsch.«

»Es ist kein Spiel, Mom, es ist echt! Schau mal!«

Der kleine John hüpfte vor dem Küchenfenster rauf und runter, aus dem man einen weiten Blick auf den nahe gelegenen Fluss hatte.

»John, das ist kein Eiszapfen, das *ist* Dad. Schnell, Wasser in den Topf, Tür aufmachen, Dad reinholen.«

Sekunden davor war Jack dabei gewesen, Eisblöcke aus dem gefrorenen Fluss zu sägen, eine Routinearbeit, die den Winteranfang markierte. Dieses Eis ergab nämlich frisches Trinkwasser für einen langen Winter, in dem die gesamte Landschaft, einschließlich des fließenden Wassers, monatelang zu einem Eispanzer gefroren war.

Ab und zu, so auch an diesem Tag, entstanden in dieser betonartigen Masse Risse, die sich, von oben unsichtbar und von Schnee bedeckt, als heimtückische Fallen entpuppen konnten. Plötzlich zerteilte ein krachender Lärm die frostige Luft. Die Schwachstelle gab unter Jacks Gewicht nach und riss ihn in die tiefe, kräftig wirbelnde eisige Brühe, die unter der Eisdecke floss.

Die eisige Kälte nahm Jack den Atem, versetzte ihn in einen Schock und sein Körper war durch die intensive Kälte nach einer Sekunde schon dabei, zu erstarren.

»Nur ruhig bleiben, ja nicht den Kopf verlieren!«

Für solch einen Augenblick hatte er nie geprobt. Wie übt man

Situationen, in denen jede Faser des Körpers auf Panik umstellt und eine einzige falsche Bewegung den sofortigen Tod bedeuten kann? Jede Zelle seines Wesens schrie danach, zu kämpfen, zu strampeln, so schnell wie möglich rauszukommen.

»Aber genau das darfst du nicht tun«, befahl er seinem Körper. »Tu das, und du stirbst.«

Der Schmerz der Kälte schnitt ihn wie ein Messer. Nach Hilfe zu schreien war überflüssig. Kein anderer Mensch befand sich in Sichtweite. In Sekundenschnelle versuchte er, irgendwelche Gedanken in seinem Kopf zu ordnen. Zu rudern oder strampeln war keine Option, denn der Rand des Eislochs war zu glatt. Er presste seine nassen Handschuhe auf das Eis und hielt sie dort, bis sie eingefroren waren, während er seine Beine fest gegen den reißenden Strom stemmte, der drohte, seinen Körper unter dem Eis wegzureißen. Nach wenigen Sekunden hatte er genug Halt, um sich selbst aus dem Wasser zu hieven. Gerade noch rechtzeitig.

Bis er die paar Meter zurück zum Missionshaus gestolpert war, waren seine Kleider steif wie Karton und mit Eiszapfen geschmückt. Seine Zähne klapperten so heftig, dass er Betty gar nicht erzählen konnte, was geschehen war.

Seine Frau war kurz sprachlos, als die vereiste Erscheinung in die Küche wankte. Jack taute jedoch in der Wärme auf, zog trockene Kleidung an, erzählte kurz von seinem Abenteuer und stapfte zurück zum Fluss, während seine Frau ihn mit einem ängstlichen Blick aus dem Küchenfenster verfolgte. »Operation Eis« war längst nicht zu Ende. Es mussten noch viele Blöcke geschnitten werden.

Jede Familie in der Siedlung brauchte etwa 200 Eisblöcke, um genügend Trinkwasser für den Winter zu haben. Ein Block enthielt Wasser für einen Tag und passte genau in ein 170-Liter-Fass in der Küche, wo er zu Koch- und Trinkwasser schmolz.

Die Blöcke konnten geschnitten werden, wenn die Oberfläche des Flusses etwa 30 Zentimeter tief gefroren war. Es gab zu diesem Zweck eigenes Werkzeug. Zuerst wurde mit einem Eismeißel ein Loch in die

Oberfläche gebohrt, danach wurde das Eis mit einer langen Eissäge aufgeschnitten. Die abgemessenen Vierecke befreite man schließlich mit einer Eisgabel und zog sie mit Eiszangen heraus. Jeder Block wog etwa 16 Kilo.

Das viereckige Loch, das man nach dem Ausschneiden der Blöcke hinterließ, wurde mit einem Seil abgesichert und mit einer Laterne beleuchtet, um zu verhindern, dass andere Eisarbeiter ein unverhofftes Eisbad nahmen. Sobald die neue Öffnung wieder etwa acht Zentimeter tief gefroren war, ging der Prozess von vorne los. Aus dieser dünneren Eisschicht schnitt Jack Stücke, die so groß waren wie die Platten eines Gehwegs. Dieses Eis war leichter, klarer und einfacher zu bewegen. Auch diese Blöcke wurden zum Missionshaus geschleppt; mit ihnen baute Jack Windfänge aus Eis für das Haus und die Kirche. Solche »Ice Porches« boten Schutz vor den beißenden Dauerstürmen und bewahrten den Eingang des Hauses vor Schneedünen. Da Holz Mangelware war, hatten viele Häuser keinen richtigen Eingangsbereich. Eis war das einzige Baumaterial in dieser öden Umgebung, das es mehr als genug gab. Gleichzeitig dienten die Windfänge als Vorratsräume für Essen und Winterausrüstungen. Wer brauchte in diesem unmenschlich kalten Klima schon eine Gefriertruhe oder gar einen Kühlschrank? Man lernte schnell, sich die feindlichen Wetterbedingungen zunutze zu machen. Außerdem entdeckten Angela und John schnell genug, welche tolle Außenspiele man auch im tiefsten Winter im Schutz des Windfangs machen konnte. In seinen Kindern, sobald sie laufen konnten, fand Jack zwei emsige Helfer, wenn es darum ging, die Eisbacksteine aufeinanderzustapeln und mit Wasser aus dem Fass als Mörtel zu verbinden.

»Bill, bei uns gibt es dieses Jahr einen Luxus-Anbau! Mit einem Erker! Wie sieht es bei dir aus?« Das gefährliche Bad im Eis war schnell vergessen. Auch Bill Munro war dabei, seinen Eis-Windfang zu bauen. Er hatte von dem Aufruhr um Jacks ungeplanten Sturz ins Wasser gehört und war gekommen, um zu schauen, ob er helfen konnte.

»Wow, so eine schicke Wand. Wir sind auf Funktionalität angelegt, Jack. Regale von unten bis oben. Nutzen geht vor Ästhetik. Aber gerade jetzt bin ich froh, dass du noch am Leben bist. Hast Glück gehabt, wie ich höre. Pass bloß auf.«

»Gut für den Kreislauf, so ein kleiner Tauchgang ins Eis«, war Jacks trockener Kommentar.

Auf die Regale im Anbau wurden Fettportionen, üppige Vorräte an Karibufleisch und Unmengen von Fisch geschichtet. Von Anfang an ernährte sich die Familie ausschließlich von einheimischen Nahrungsmitteln. Mit einer Ausnahme: Betty legte frisch gebackene Brote ins Eisregal, wenn sie noch ofenwarm waren. Diese froren sofort ein. Auf diese Weise wurde die Feuchtigkeit besser gehalten, als wenn sie langsam abgekühlt wären. Wenn sie wieder in die Küche gebracht und aufgetaut wurden, schmeckten sie so lecker, als wenn man sie frisch aus dem Backofen geholt hätte.

Das Missionshaus stammte aus den Dreißigerjahren und war einfach gebaut. Wände und Fenster waren nur einschichtig. Das Haus winterfest zu machen, kostete infolgedessen eine Menge Arbeit und war das erste Großprojekt, das der Wintereinbruch mit sich brachte.

Wiederum galt die Devise: Den Feind zum Freund machen. Während der Winter fortschritt und immer mehr Schnee fiel, isolierten die ausländischen Siedler ihre Häuser zusätzlich mit Schneewällen an den Außenwänden und verwandelten sie in Schneehäuser. Festgepackter frischer Schnee schützte besser als alles andere vor dem Wind.

Bis Fensterhöhe wurde das Missionshaus in die weißen Massen eingepackt. So konnte die Familie auch den schwersten Winterstürmen wie auch peitschendem Eisregen bei höchsten Windstärken standhalten und kam gleichzeitig mit weniger Heizkohle aus.

Die Eskimos schmunzelten, während sie zuschauten, wie die Missionare und Händler ihre Häuser mühsam mit Schnee zuschaufelten. »Wozu braucht man überhaupt Holz?«, fragten sie. »Man kann das Haus doch *ganz* aus Schnee bauen!«

Die Heizung eines Holzhauses ermöglichte zwar eine höhere Innentemperatur als in einem Iglu, hatte dafür andere Nachteile. Die Wände waren gut isoliert, die Böden aber nicht. Während der Kopf sich in gemütlichen Sommertemperaturen bewegte, befanden sich die Füße nahe dem Gefrierpunkt. Nicht gerade die ideale Umgebung für krabbelnde Kinder. Schon wieder kam das multifunktionelle Karibu zu Hilfe. Auch im Haus trug man dicke, selbst genähte Pantoffeln aus Karibuhaut, die Kinder ebenso.

Der Winter war wieder im Anmarsch. Das Land lebte auf und wimmelte von Aktivität. Die vielen Flüsse und Seen der Insellandschaft wurden wieder begehbar. Jacks erste Reiserouten zu den Außensiedlungen wurden schon sorgfältig auf Landkarten markiert, Reisebegleiter angefragt, Vorratslisten geschrieben, Schlittenkufen instand gesetzt, Essensportionen für Missionare und Futter für die Hunde von Betty abgewogen und in Beutel verpackt. Aber davor noch gab es das Ereignis des Jahres, das mit dem freudigen Aufwand eines Staatsbanketts vorbereitet wurde.

Eine »Zeit der Glückseligkeit«

»Kuvia... Wie hieß es noch, Ikey?«

»Kuviahugvik. Versuch es ganz langsam, Angela. Kuvia...«

»Kuvia...«

»...hugvik.«

»...hugvik«, wiederholte Angela mit konzentriertem Gesichtsausdruck.

»Prima. Und jetzt das ganze Wort, Kuviahugvik.«

»Kuviahugvik! Jetzt kann ich es, Ikey. Und es heißt Weihnachten!«

»Hmmmm, nicht ganz, aber fast.«

»Was heißt es sonst, Ikey?«

Der Eskimo-Opa nahm das blonde kleine Mädchen auf seinen Schoß.

»Bist du wieder neugierig, Kleines? Warst doch die ganze Zeit bei deinem Dad in den letzten Tagen! Hat er noch nicht alle Fragen beantwortet?«

»Doch, hat er. Aber ich habe immer neue Fragen, Ikey, und jetzt musst du antworten, weil Dad zu tun hat. Erzählst du mir eine Geschichte?«

»Alles, was ich dir erzähle, sind Geschichten, Angela, wahre Geschichten. Nehmen wir Kuviahugvik zum Beispiel. Lange, bevor die Missionare kamen und wir von Jesus hörten, hieß das Wort ›Eine Zeit der Glückseligkeit‹. Im Frühling, als die Tage milder wurden, kamen die Menschen von überallher zusammen und tanzten um ihre Trommel herum, um das Ende des Winters zu feiern. Als die Missionare kamen, haben sie uns vom Kommen von Jesus erzählt, und so haben wir unser Kuviahugvik vorgezogen und feiern es mitten im Winter.«

Ikey redete Englisch mit der kleinen Angela. Betty bestand darauf, weil ihre Kinder automatisch genug Inuinaktun von ihren Spielkameraden lernten. Nachdem manch ein Missionarssprössling infolge einer Kindheit im tiefsten Busch in seinem Heimatland kommunikationsunfähig war, empfahlen die Missionsgesellschaften, die Muttersprache familienintern aufrechtzuerhalten.

Ikey fuhr mit seinen Erläuterungen fort: »Von den Missionaren erfuhren wir außerdem, *warum* dies eine ›Zeit der Glückseligkeit‹ ist, auch wenn alles um uns herum dunkel und eiskalt ist.«

»Es ist eine glückliche Zeit, weil Jesus Geburtstag hat!«, wusste die kleine Angela zu ergänzen.

»Richtig, Angela! Anstatt um Trommeln herumzutanzen, danken wir nun Jesus dafür, dass er auf die Erde kam. Er ist so anders als die bösen Geister, die unsere Vorfahren gefürchtet haben.«

»Und deshalb kommen die Leute von überallher, um den Geburtstag von Jesus zu feiern?«

»Ja, aber nicht nur deshalb. Bevor wir Gewehre hatten, war zum Beispiel der Dezember die Zeit, in der wir Robben gejagt haben. Das gab uns noch einen Grund zu feiern.«

»Mit Speer und Harpune! Johnny spielt Jagen mit seiner kleinen Harpune!«

»Es war viel anstrengender als Johnnys Spiele«, lachte Ikey. »Die Robben spielen und schwimmen fröhlich unter dem gefrorenen Eis, aber da sie keine Fische sind …« Er schaute Angela mit fragendem Blick an.

»Brauchen sie Luft und müssen hochkommen!«, ergänzte das kleine Mädchen stolz.

»Und dafür machen sie kleine Löcher ins Eis. Die Hunde riechen Robben aus großen Entfernungen und führen die Jäger zu den Löchern, wo sie manchmal stundenlang warten, bis eine Robbe ihre Nase durch das Loch steckt, und dann …«

»Oh, lieber nicht, Ikey.«

»Na ja, lassen wir den gruseligen Teil. Auf jeden Fall waren alle dankbar, dass es Fleisch für den Esstisch, Futter für die Hunde und Fett für die Kudliks gab.«

Auch noch lange nachdem die Jagd mit Speer und Harpune der Vergangenheit angehörte und die lebensnotwendigen Robben einfacher und humaner mit einem Schuss getötet wurden, gab es in Coppermine Gründe, diese Jahreszeit zu einem Höhepunkt werden zu lassen. Dezember war nämlich die Zeit, in der die Pelze der Polarfüchse verkauft wurden. Sie erreichten Anfang November ihre optimale Dichte und Qualität, Fallen wurden aufgestellt, danach wurden die Tiere getötet und die Felle bearbeitet. Polarfuchspelz war bei den großen Modehäusern im Westen ein gesuchtes Produkt, weil er gefärbt und in verschiedenen Farbtönen angeboten werden konnte. Es war ein glücklicher Zufall, dass die Jäger immer um Weihnachten herum ihre ersten Ladungen nach Coppermine brachten. Auch Karibuhäute wurden auf schwer beladenen Schlitten in die Handelsstation geschleppt.

So verdreifachte sich die Bevölkerung Coppermines bis Mitte Dezember, und das Dorf verwandelte sich für eine kurze Zeit in eine von Leben wimmelnde Metropole. Eintreffende Familien sprangen aufeinander zu und gaben sich freudig die Hand. Babys steckten ihre Köpfe aus den Kapuzen ihrer Mütter und verlangten nach einem Kuss. Rufe nach heißem Tee hallten rund um die Uhr durch das Dorf. Eine Siedlung provisorischer Iglus schoss auf dem tiefgefrorenen Meereseis empor. Gastfreundschaft in der Arktis war eine aufwändige Angelegenheit. Wenn man Freunde zu sich einladen wollte, durfte man nicht vergessen, dass an jeder Familie eine ganze Staffel Hunde hing. So waren zu Weihnachten Hunderte von Hunden am Ufer entlang und auf dem gefrorenen Meer festgebunden, jedes ankommende Gespann begrüßten Coppermines Hunde mit einem ungeheuren Gejaule kollektiver Begeisterung. Selbst in der Nacht gab es keine Ruhe. Denn auch für die Tiere waren Festzeit und Gemeinschaft angesagt.

Für Jack boten diese Umstände die Gelegenheit, die kirchliche Weihnachtsfeier zum größten gesellschaftlichen Ereignis des Jahres zu machen. Die Vorbereitungen begannen schon im September, wenn das Schiff, das nur einmal pro Jahr in diese Gegend kam, in der Nähe von Coppermine andockte und alles lieferte, was die kleine Siedlung für das kommende Jahr brauchen würde. Viele Frauen aus Gemeinden im Süden verbrachten das ganze Jahr über Stunden damit, große Kisten voller Kleidung und Spielsachen für ihre ärmeren Glaubensgeschwister im Norden zu packen.

»Auf los, helft ihr sortieren?«, rief Betty. »Johnny ist schon fest dabei! Zieh dich warm an, Angela, es ist kalt im Lagerhaus!«

Angela sprang von Ikeys Knien herunter, zog schnell ihre Stiefel über die Füße, warf ihren Parka um die Schultern, schnürte die Kapuze um ihren Kopf und unter ihrem Kinn fest und raste zum Lagerhaus. Dort stand ihre Mutter mit einer langen Liste in der Hand, mitten in einem Chaos von halb ausgepackten Kisten.

Höhepunkt dieser Aktion für Angela und John war das Auspacken der Spielsachen. Schöne Sachen in der Hand zu halten, die man nicht nach Hause mitnehmen durfte, verlangte den Kindern einiges an Tapferkeit ab, die ab und zu nicht ausreichte. Einmal musste John zusehen, wie seine Eltern Spielzeug-Lastwagen und Holzpuzzles für Eskimo-Jungs einpackten, jedes Päckchen durchdacht und passend zusammengestellt. Als die Geschenke im Anschluss an den Gottesdienst verteilt wurden und Johnny nur ein kleines Auto auspacken konnte, wurde es ihm zu viel.

»Das ist aber nicht fair, Dad! Schau mal, was meine Freunde haben!«, flüsterte er Jack zu.

»Aber was bekommen deine Freunde den Rest des Jahres von ihren Eltern?«, flüsterte Jack zurück.

»Nicht viel«, grummelte John.

»Du willst sagen, gar nichts«, verbesserte sein Vater. Damit war die Sache erledigt.

Jack sorgte dafür, dass niemand vergessen wurde. Er wusste ungefähr, welche Familien aus den umliegenden Inlandsiedlungen zu erwarten waren. So nahm sich die Missionarsfamilie zusammen mit Helfern eine ganze Woche lang Zeit, um ein geeignetes Geschenk für jeden Besucher einzupacken: Decken und Kleidung für Erwachsene, Spielzeugautos, Puppen, Spiele und Stofftiere für die Kinder. Besonders begehrt waren abgelegte Fellmäntel aus dem Süden, manche aus Pelzen, die im Norden unbekannt waren, wie zum Beispiel Nerz- oder Waschbärfell.

»Morgen kommt der Baum, dann können wir durchstarten!«, strahlte Jack, als er eine letzte Kiste voller Geschenke in die Kirche trug.

»Wer holt ihn? Diesmal jemand, der zuverlässig ist?«, fragte Betty mit einem Augenzwinkern.

Die Erfahrung eines früheren Händlers, der einen Eskimofreund geschickt hatte, um von der Baumgrenze einen Baum für das Weihnachtsfest zu holen, war in Coppermine eine der meisterzählten Anekdoten zur Weihnachtszeit. Der Händler hatte vergessen zu erklären, wofür er den Baum brauchte. Sein Freund sägte ein stattliches Exemplar ab und zog es voller Stolz zum Schlitten. Nur war der Baum so stattlich, dass er nicht auf den Schlitten passte, also sägte der Eskimo die Äste ab und knotete den Stamm sorgfältig auf dem Schlitten fest, die abgesägten Äste obendrauf. Das Erstaunen über die entsetzten Gesichter der Weißen war groß unter den Einheimischen. Seitdem war der seltsame Brauch der Europäer, einen Baum abzusägen und zu schmücken, eine Quelle endloser Witze. Allein aus diesem Grund kam es nicht infrage, auf diese Sitte zu verzichten.

❄

Wenn die Menschenmassen an der Station zusammenströmten, musste Jack Zeit für eine Aktivität frei halten, die nichts mit Weihnachten zu tun hatte. Die kleine Küche im Missionshaus wurde im schwachen Licht einer einzigen Glühbirne kurzerhand in eine Zahnarztpraxis umfunktioniert und alle, die Zahnprobleme hatten, stellten sich in eine ordentliche Schlange. Jacks improvisierte Zahnmedizin genoss inzwischen weit und breit einen ausgezeichneten Ruf. In seinem ersten Heimaturlaub in Leicester hatte er einige Tage lang einen Zahnarzt in seiner Praxis beobachtet und einige dessen alter Werkzeuge mitgenommen.

»Vielleicht hat es doch etwas gebracht, dass ich mit meinen eigenen Zähnen so viel Ärger habe«, schmunzelte er oft, »so kann ich mit den Leuten richtig mitfühlen!«

Er erwies seinen Gemeindemitgliedern dadurch einen großen Liebesdienst, erforderte doch eine »echte« Zahnbehandlung eine lange Reise nach Süden, die sich keiner leisten konnte. Jack löste die meisten Probleme dadurch, dass er den problematischen Zahn einfach zog. Auch keine leichte Aufgabe, da sich diese Zähne meistens im hinteren Bereich des Kiefers befanden, und die Eskimos besonders kräftige Kieferknochen hatten, weil sie täglich zähes Fleisch kauten. Manch eine verzweifelte Schwester in der Krankenstation sandte einen Zahnpatienten direkt zum Minihitak in die Küche, weil das Zähneziehen nicht nur medizinischen, sondern auch rein körperlichen Einsatz erforderte.

»Nachdem du alle geschädigte Zähne entfernt hast, werden die Leute vermutlich noch mehr Hunger haben«, scherzte Betty. »200 Leute erwarten wir zum Mittagessen. Ich lass euch mit den Geschenken allein und schaue nach dem Gebäck.«

Seit Tagen schon stand sie in der Küche, ihre Arme bis zu den Ellbogen im Mehl, und backte endlose Reihen von Scones, kleine englische Kuchen, die in der Heimat mit Butter und Erdbeermarmelade gegessen wurden. Das gigantische Essen folgte immer dem gleichen Prozedere: Ein riesiger »Hundetopf«, der größte Topf im Dorf, wurde geholt. Dieses Gefäß verwendete man sonst für eine Mahlzeit aus Konserven, die die Hunde als Sonderdelikatesse gelegentlich bekamen. Der Topf wurde gründlich gereinigt und danach mit einer riesigen Menge gekochtem Reis gefüllt. Rosinen wurden daruntergemischt. Zum Nachtisch gab es die Scones und Obst aus der Konserve, meistens Backpflaumen. Riesige Fässer voller Tee wurden gekocht, um das Ganze herunterzuspülen.

»Wo ist das Fleisch?«, hatte Alfred bestürzt gefragt, als er in Jacks und Bettys erste Weihnachtsvorbereitungen eingespannt wurde. Jack schaute ihn verwundert an.

»Es gibt doch Reis mit Rosinen. Die Leute werden sich vermutlich freuen, wenn sie zur Abwechslung was ganz anderes zu essen bekommen, etwas Festliches«, sagte Jack ahnungslos.

Alfred lachte laut.

»Das darfst du ihnen nicht antun, Mr Sperry! Sie werden nach ihrem Fleisch verlangen, Reis und Rosinen hin oder her!«

So kam zu allem anderen noch die Aufgabe, gefrorenen Fisch und vereistes Karibufleisch in Steaks zu schneiden, damit alle sich wohlfühlten.

Bei diesem Empfang und in dieser Feststimmung war es nicht verwunderlich, dass sich die Menschen sehr gerne in der kleinen Kirche versammelten, um die uralte Geschichte von der Geburt von Jesus zu hören, über die Verkündigung der Engel zu staunen und dem Herrn Jesus, der vor so vielen Jahrhunderten auf diese Erde kam, Loblieder zu singen.

Die Heiligabendmesse war der Höhepunkt der Festtage. Nicht dabei zu sein, wäre undenkbar gewesen. Dieses Jahr war der Heiligabend eine glasklare, eiskalte und von Sternen beleuchtete Nacht. Die Menschen strömten in andächtiger Stille in die kleine Kirche, die bald gerammelt voll war, und warteten in gespannter Vorfreude auf die Weihnachtsbotschaft.

»Dies ist kein religiöses Ritual, das wir abziehen, um Gunst bei den Geistern zu finden«, erzählte Jack von der Kanzel mit leuchtenden Augen. »Wir feiern die Tatsache, dass Gott, unser Schöpfer, direkt in unseren Alltag kam, dorthin, wo wir uns freuen, leiden oder ungerecht behandelt werden. Er kam nicht, um von angsterfüllten Menschen milde gestimmt zu werden, sondern um Licht in unsere Dunkelheit zu bringen, um uns zu zeigen, dass er uns nicht vergessen hat. Das ist Weihnachten!«

Er warf einen strengen Blick zu John, der seine Mutter zum dritten Mal fragte, dieses Mal nicht mehr flüsternd: »Wann ist Dad endlich fertig?«

»Unsere Freude ist die Freude des Evangeliums, nicht weil eine neue Handelssaison anfängt oder weil Jagdeuphorie herrscht! Und weil mein Sohn jetzt genug hat, aber auch, weil wir noch singen und beten wollen, bleibt mir nur übrig, euch frohe Weihnachten zu wünschen und viel Spaß beim Feiern!«

In keine Umgebung der Welt passte das Lied »Stille Nacht« mehr als in diese. Danach sang die Gemeinde »Herbei, oh ihr Gläubigen«, alles auf Englisch. Die uralten Texte aus einer anderen Welt und einer anderen Zeit bewegten die Herzen auch in Coppermine, auch bei Menschen, die die Worte gar nicht verstehen konnten.

»Vielleicht kommt irgendwann der Tag, an dem wir die Lieder in ihrer Sprache singen«, dachte Jack, während die frisch ausgepackten »neuen« Jacken und Schmuckstücke aus dem Süden im Krippenspiel stolz zur Schau gestellt wurden: Engel in neuen Parkas, die Drei Könige in bunten Indianerdecken, die Heilige Familie in Tierfelle eingepackt.

Für einen kurzen Moment war dieser Ort nicht mehr Coppermine am nördlichsten Rand der bekannten Welt, es war Bethlehem in Judäa. Das größte Ereignis der Weltgeschichte vereinte Herzen über Jahrhunderte, über riesige Landflächen und unüberbrückbare kulturelle Trennungen hinweg.

Nach Momenten der ehrfurchtsvollen Stille brach das Chaos in der Kirche aus. Jeder wollte jedem anderen auf Englisch »Frohe Weihnachten« wünschen, ein »Merry Christmas«, das eher wie »Melly Kolaisimas« klang. Nach dem Gottesdienst, den Begrüßungen und dem Festessen gab es Spiele und Schlittenwettrennen. Mit einem Hundegespann raste jede Familie über das schneebedeckte Eis zu einer nahe gelegenen Insel, die im Sommer unerreichbar gewesen wäre, und wieder zurück ins Dorf, von einem begeisterten Publikum angefeuert. Die Hudson Bay Company stellte Preise für die Gewinner zur Verfügung, danach gab es »Square Dancing« im kleinen Schulgebäude.

Später behielten die Sperrys diese Feste als die besten in Erinnerung, die sie jemals erlebt hatten. Jack schrieb dies unter anderem dem Alkoholverbot zu, das damals in den nördlichen Gebieten herrschte. Was heute als unverschämte Bevormundung gelten würde, war nicht nur die Garantie für eine Kriminalitätsrate, die auf Null blieb, sondern auch für die Fähigkeit, ohne Zwischenfälle ausgelassen zu feiern.

> »*Ich blickte um mich und sah die gezeichneten, runzeligen Gesichter der alten Leute, die in einer Welt voller Angst und Ungewissheit aufgewachsen waren. In dieser fröhlichen Runde strahlten sie geradezu vor Freude und Hoffnung*«, erinnerte sich Jack in seinem Weihnachtsbrief an Freunde. »*Es schien mir, als ob die überwältigende Liebe, die beim ersten Weihnachten auf die Erde kam, mir in der vollen Kirche aus jedem Gesicht entgegenstrahlte. Ich sprach ein tiefes, stilles Dankgebet und dachte daran, dass sich keiner dieser Einheimischen beklagen würde, dass das Evangelium von Jesus Christus in diesem Teil der gefrorenen Welt verkündet wurde. Ohne eine einzige Spur von Reue fühlte ich mich gleichzeitig stolz und auch unverdient geehrt, die Weihnachtsbotschaft gerade hier verkünden zu dürfen.*«

Viele Jahre später, als die Kinder erwachsen waren, die zu dieser Zeit noch Hirten und Engel beim Heiligabendgottesdienst spielten, hatte Jack einen Teil seines Traums erfüllt. Lange, nachdem er und Betty weitergezogen waren, sang die Versammlung in der inzwischen nicht mehr so kleinen Coppermine-Kirche aus voller Kehle:

»Unuak naguyak
Talvani nunami
Uilagahuk nutaganikpaktuk
Angutinuak ataniuyuk
Negiyutikagvingmi-ituk
Anilihaktuk Jesus.«

(Stille Nacht, Heilige Nacht,
Alles schläft, einsam wacht
Nur das traute, hochheilige Paar,
Holder Knabe in lockigem Haar.
Schlaf in himmlischer Ruh,
Schlaf in himmlischer Ruh.)

Jäger braucht man

»In himmlischer Ruhe« schlafen zu dürfen gehörte bei den Copper-Inuit nicht zu den üblichen Wünschen für Neugeborene. Dass vor allem den älteren Frauen bei diesem Satz Tränen in den Augen standen, lag nicht etwa daran, dass Eskimofrauen besonders emotional veranlagt waren. Die größte Leistung eines Mädchens in den alten Zeiten war, die ersten Wochen nach seiner Geburt zu überleben. Nicht nur aufgrund der primitiven Bedingungen, unter denen Frauen ihre Kinder auf die Welt bringen mussten. Sippen, deren Fortbestand vom Geschick ihrer Jäger abhängig war, brauchten vor allem eins: männlichen Nachwuchs. Gab es zu viele Mädchen, wurden neugeborene weibliche Babys ohne viel Aufhebens ihrem Schicksal überlassen. Sie zu töten, war kein Problem bei diesen Außentemperaturen, man setzte sie einfach aus. Eine unfassbare Widersprüchlichkeit in einer Kultur, die sonst so kinderlieb war. Das Stillen eines vermeintlich unnützen Kindes hemmte nämlich die Gebärfähigkeit der Mutter und zögerte die Ankunft eines begehrten Jungen noch weiter hinaus. Als Jack in der Arktis ankam, war dieser Brauch allerdings schon Vergangenheit. Die kanadische Regierung hatte die Inuit als Bürger Kanadas mit allen Rechten und Pflichten anerkannt, und zu diesen Rechten gehörte Kindergeld. Auch ein Iglu voll Mädchen brachte nun handfesten Gewinn.

Etwas anderes erlebte Jack sehr wohl mit: Als unproduktiv geltendes Leben hatte in dieser rauen Kultur keinen Platz. Dies bekamen alte Menschen besonders stark zu spüren. Man half ihnen mit geradezu nüchternem Kalkül, ihrer Existenz ein Ende zu bereiten. Ein sich tausendfach wiederholender, grausamer Vorgang, der aus der Not geboren wurde. Sobald eine Familie weiter hinter Karibuherden herziehen musste, wurden Alte und Gebrechliche in ein kleines Iglu gelegt und zum Sterben zurückgelassen. Lebendig begraben. Manchmal nahm ein alter Mensch die Angelegenheit selbst in die Hand, wanderte in die Schneeverwehungen hinaus und kam nicht wieder. Niemand wehrte sich oder klagte. Es war der freiwillige Suizid des Einzelnen zugunsten der Gemeinschaft. Menschenleben als Wegwerfware, nicht weil es einer dekadenten Sucht nach Wohlstand und Bequemlichkeit im Weg stand, sondern weil ein Wandervolk es sich schlichtweg nicht leisten konnte, Beine mitzunehmen, die nicht selbst laufen konnten.

Ein Mann war verzichtbar, sobald er nicht mehr jagen konnte, es sei denn, er konnte Geschichten erzählen und hatte Unterhaltungswert. Eine Frau war unbrauchbar, sobald ihre Augen zu schwach waren, um die Kleider und Stiefel der Familie durch tägliches Flicken wasserdicht zu halten. Auch sie konnte sich durch ihr Geschick als »Storyteller« retten. Oder aber ein älterer Mensch war im Besitz übernatürlicher Kräfte, stellte seine Fähigkeit als Schamane unter Beweis und nahm es mit bösen Geistern auf. Dann hatte auch er eine Chance, länger zu leben. Die meisten Menschen waren jedoch mit 50 Jahren schon überflüssig. In der Arktis reduzierte sich das Leben auf pure Funktionalität.

Einmal erfuhr Jack von einer alten Frau, die ihrer Siedlung keinen Nutzen mehr brachte und gemäß der Tradition in einem Iglu zurückgelassen wurde, während der Rest der Familie Richtung Cambridge Bay zog. Ein tieffliegendes Flugzeug sichtete das verlassene Schneedorf, landete in der Nähe und fand die einsame Oma vor, die mit Gelassenheit auf ihren Tod wartete. Sie wurde daraufhin nach Cambridge Bay mitgenommen. Ein Lacher war immer garantiert, wenn Jack seinen Eskimofreunden erzählte, wie die alte Dame die erschöpften Hundegespanne ihrer Familie fröhlich begrüßte, als diese einige Zeit später selbst in Cambridge Bay eintrafen.

Auch krankes, schwaches, behindertes Leben hatte in der Gemeinschaft der Eskimos keinen Platz.

»Wie verkraftete eine Frau es nur, ihr neugeborenes Kind einfach wegzuwerfen, ich meine, in ihrer Seele?«, fragte Jack einmal seinen

Freund Alfred, als sie über die alten Zeiten sprachen. Ein Schmerz durchdrang kurz sein Herz, als plötzlich die Erinnerung an seine Frau im Krankenbett mit einem winzigen, leblosen Bündel im Arm wach wurde.

Die besten Gespräche ergaben sich nach langen Reisetagen, in einem Zelt oder einem provisorischen Iglu irgendwo unter dem Sternenhimmel. So war es auch jetzt. Jacks Fassungslosigkeit hatte Alfred schon öfters zur Kenntnis genommen. Er dachte einen Moment nach.

»Indem sie keine Seele haben durfte. Auch ein Mann durfte keine Seele haben«, antwortete er trocken. »Es gab keine Diskussionen«, fügte er nach einer kurzen Pause hinzu, »die Mutter wurde nicht nach ihrer Meinung gefragt. Ihre einzige Aufgabe war, so schnell wie möglich wieder schwanger zu werden. Und dieses Mal, bitteschön, mit einem Sohn. Ich meine, man hatte schon einen Weg, das zu rechtfertigen.«

»Wenn ein Kind erst dann als Mensch gilt, wenn ihm ein Name gegeben wird, dann ist das Aussetzen eines namenlosen Babys kein Kindesmord. Es ist noch kein Mensch. Erst mit dem Namen bekommt es eine Persönlichkeit. Deshalb war die Namensgebung ein großes Ereignis. Jedes Kind bekam den Namen des zuletzt verstorbenen Verwandten, unabhängig vom Geschlecht des Kindes, und der Geist dieses Verwandten ging in das Kind über, eine Art getarnte Reinkarnation. Ab diesem Zeitpunkt wurde das Kind mit Würde behandelt, man hatte es ja schließlich auch mit dem toten Verwandten zu tun …«

»Eines verstehe ich aber nicht …«, Jack hatte seine Sprache wiedergefunden. »Wenn die Mädchen immer ausgesetzt wurden …«

»Wer blieb für eine spätere Heirat?«, unterbrach Alfred. »Nichts leichter als das«, beantwortete er seine eigene Frage, »die Frauen wurden geteilt. Eine Frau auf zwei Männer zum Beispiel. Und wehe dem Jäger, der seine Macht dadurch zeigen wollte, dass er sich zwei Frauen nahm. Die anderen Männer gingen auf ihn los, aber wie.«

Manch eine Gewalttat war dem Mangel an Frauen zuzuschreiben, und »Polyandrie« (das Gegenteil von »Polygamie«; eine Frau hat mehr als einen Ehemann) kam nicht selten vor.

»Ich kannte einen Mann namens Ulukhak«, erzählte Alfred, »der schon zwei Frauen hatte und sich eine dritte klaute. Einziges Problem: Diese hatte schon einen Mann. Der beraubte Ehemann legte sich auf die Lauer und schoss Ulukhak in die Hüfte. Dann ging er auf den verwundeten Mann zu, der am Boden lag. Ulukhak bat seinen Rivalen darum, seinem Leben an Ort und Stelle ein Ende zu machen, was dieser mit Freude tat. So schnell war die Sache erledigt. Die gestohlene Frau kehrte zu ihrem Ehemann zurück und das Leben ging weiter, als ob nichts gewesen wäre.«

Extreme Lebensumstände erforderten extreme Gesetze. In einer gnadenlosen Umwelt, die menschliche Fehler nicht duldete und jeden Fehltritt grausam rächte, war der Tod allgegenwärtig. Jack staunte immer wieder mit schwerem Herzen, mit welcher schamlosen Leichtfertigkeit Gewalttaten früherer Zeiten als Gesprächsthema bei einer gemütlichen Teerunde aufgegriffen wurden. Etwa so:

»Mein Großvater legte zwei Männer aus einer anderen Siedlung auf einmal um, die zu viele Karibus gejagt hatten und uns nichts übrig ließen. Sie waren sofort tot.«

»Nur zwei?! Mein Onkel wollte einmal alle Männer töten, die zu einer Siedlung gehörten, in der sein Hund gestohlen wurde.«

»Und hat er es geschafft?«

»Nein, sie flüchteten alle in ihre Iglus. Er war ja ganz allein. Aber den Mann, der den Hund gestohlen hatte, den hat er gekriegt. Er hat ihn am Bein schwer verletzt. Du hättest das Blut sehen sollen, das da herausgespritzt ist!«

Schadenfreudiges Lachen.

»Warum hat er ihn nicht gleich niedergestreckt?«

Es war Jacks Reisebegleiter Alec Algiaq, der dieses Gespräch mutig unterbrach.

»Wisst ihr was, Leute«, setzte er spontan an, mit einem feurigen Leuchten in den Augen. Er saß im Schneidersitz auf der Schneeplattform eines Iglus und gestikulierte energisch mit seinen Händen, während er vehement redete. »Mein Vater hat auch einen Mann umgebracht. Aber er litt danach sehr darunter und sagte mir als Junge immer wieder: ›Bitte, bitte, töte niemals einen anderen Menschen, es ist böse, mein Sohn, sehr böse. Es plagt dich dein Leben lang.‹«

»Warum sagte er so was? Wie löst man sonst einen heftigen Streit?«, fragte der Gastgeber aggressiv.

Alec warf Jack einen vielsagenden Blick zu, der das Signal sofort aufnahm, seine Bibel auspackte und das Matthäusevangelium bei Kapitel fünf aufschlug.

»Damit sind wir gleich beim Thema unserer Andacht«, sagte Jack mit emotionaler Stimme. »Wisst ihr, neulich war ich in Eskimo Point, wo die Menschen gar nichts von Jesus wissen. Eine Frau hatte den Mörder ihres Mannes umgebracht und dann aus lauter Verzweiflung ihre zwei Kinder lebendig begraben. Gott sei Dank, die Sache flog so rechtzeitig auf, dass wenigstens eins der Kinder noch zu retten war. Gewalt, Mord, Taten der Verzweiflung: Gerade diese Themen beschäftigten auch die Menschen, die mit Jesus unterwegs waren. Und Jesus sagte etwas Skandalöses dazu. An verschiedenen Stellen: ›Vergebt euren Feinden, tut denen Gutes, die euch hassen, vergeltet Böses mit Gutem, nicht mit Bösem, denn Rache ist mein, spricht der Herr.‹ Ihr fragt euch bestimmt: Heißt das, mein Nachbar darf mit meinen Hunden, meinen Geräten, meinen Kindern und meiner Frau tun, was er will, und ich darf nichts dagegen unternehmen?« Einige Köpfe nickten, einige fragende Blicke warteten auf die Antwort.

»Natürlich nicht! Aber es geht um eine Herzenshaltung, die entsteht, wenn Gottes Liebe in unsere Herzen kommt …«

Jack erzählte mit aktuellen Beispielen direkt aus dem Leben seiner Zuhörer über die verändernde Kraft der Liebe Gottes, über die praktischen Auswirkungen, die diese Kraft im Alltag besitzt. Seine Worte trafen ins Schwarze.

»Es mag sein, dass uns ein Menschenleben im Blick auf das große Ganze wertlos vorkommt. Vor allem wenn dieser Mensch schwach ist oder böse oder faul. Aber spätestens dann, liebe Freunde, wenn es um unser eigenes Leben geht, dann gelten mit einem Mal ganz andere Gesetze, oder? Vielleicht bist *du* eines Tages schwach oder tust etwas Böses, ohne an die Folgen zu denken. Willst du dafür umgebracht werden?« Eine aufmerksame Stille herrschte im Iglu. Die Gastgeberin schnitt den Docht des Kudlik und das Licht ließ etwas nach.

»Das alles wusste Jesus. Und deshalb lehrte er seine Freunde: ›So wie du behandelt werden willst, so behandele du andere.‹ Einfach, oder? Aber hart. Und stellt euch vor, wenn *alle* so leben würden in einer Familie, in einer Siedlung! Wäre es nicht so etwas wie der Himmel auf Erden?« Ein Raunen ging durch den Raum. Noch konnten sie es sich nicht vorstellen.

»Alec, sie brauchen ihre eigenen Bibeln«, seufzte Jack nicht zum ersten Mal, als die zwei Männer wieder unterwegs waren. »Und Männer aus ihrer Mitte, die lesen und unterrichten können, ihnen in den Wegen des Herrn Jesus ein tägliches Vorbild sein können.«

»So oft, wie du über die Übersetzung der Bibel redest, klingt es, als ob du es in Angriff nehmen solltest, Mr Sperry.«

»Mr Sperry« lief gerade neben dem Schlitten. Er erhöhte seine Schrittgeschwindigkeit und blieb in seinen Gedanken versunken.

Sommerbrise in der Tundra

An einem Tag im Juli war es so weit. Ein Knall spaltete die stille Luft. Es war ein ohrenbetäubendes Krachen, als ob ein riesiger Spiegel zerschmettert würde. Der Ozean hatte begonnen, seine glasharte Eisschicht mit einem mächtigen Befreiungsschlag abzuwerfen, um seine verborgenen Wassertiefen wieder atmen zu lassen. Eine Kettenreaktion folgte. Die Schöpfung seufzte, gähnte, streckte sich, wurde wach. Bald zogen sich Tausende von kleinen Rissen durch das Eis, seine Oberfläche knisterte, spaltete sich, fing an, sich zu bewegen. Man sah wieder, wo das Land aufhörte und das Wasser begann. Erste Sonnenstrahlen, satt, golden, warm, glitten über den immer noch weißen Boden. Dichter Nebel zog bei Tagesanbruch über die Landflächen und schimmerte in einem Gold, das ihn von unten, von innen, zu beleuchten schien. Es war nicht mehr das bedrohliche Winterspektakel mit seinen scharfen Konturen, atemberaubend, aber erschreckend; die Sonne brachte weichere Töne mit sich, es war eine anmutige, bewegende Schönheit.

Es war Sommer. Stumme, starre Eisgestalten lösten sich in schäumenden Bächen. Betonartige Eismassen verwandelten sich in rauschende Flüsse. Wo man auch hinschaute, murmelte, plätscherte, sprudelte es. Als ob jemand einen Lebenshauch in das endlose, starre Weiß hineingeblasen hätte und es auf einmal anfinge, zu lachen, zu singen, zu tanzen. Als ob die ganze Natur von einer eisernen Klammer befreit wurde und Luft holte. Um das bunte Schauspiel optimal zur Schau zu stellen, hörte die Sonne auf, unterzugehen, und schwebte für eine kurze Stunde um Mitternacht über dem Horizont, bevor sie wieder stieg. Sie wollte wohl keinen Augenblick verpassen. Die Mitternachtssonne warf ein schauriges Licht über eine Landschaft, die ihre Schneehülle wie ein ungewolltes Korsett abschüttelte. Eine Welt in Schwarz-Weiß verwandelte sich in ein leuchtendes Farbenspiel.

Ein frisch gebauter Iglu war gut isoliert und konnte mit einer einzelnen Kerze beleuchtet werden. Die Innentemperatur blieb bei null Grad oder leicht darunter.

Hier sieht man den Eingang eines typischen Iglus bei Nuvuk im Jahr 1953.

So konnte man auch in tiefster Winterkälte und -dunkelheit im Schneehaus fit bleiben und für einen sinnvollen Zeitvertreib sorgen.

Unterwegs mit dem Hundeschlitten.

Die Hunde ließen sich durch Schneestürme nicht aus der Ruhe bringen.

Hungersnot in Ennadai Lake. Diese Menschen haben gerade die Nachricht bekommen, dass sie am nächsten Tag in bessere Jagdreviere evakuiert werden.

Jacks Reisebegleiter Sam mit einer Schneebrille, die während langer Reisen als Schutz gegen Schneeblindheit dient. Die Brille ist aus Karibu-Geweih gemacht.

Blutige Überlebensarbeit: Jack häutet ein Karibu.

Jack holt Trinkwasser. Die Eisblöcke wurden in der Nähe des Missionshauses aufgeschichtet und je nach Bedarf in einem Fass aufgetaut.

Im Herbst wurde ein Eiswindfang an der Seite des Missionshauses gebaut, ein idealer »Eisschrank« für Lebensmittel und ein zusätzlicher Schutz vor der Kälte.

Gottesdienstbesucher im Jahr 1965 vor Coppermines neuem Kirchengebäude.

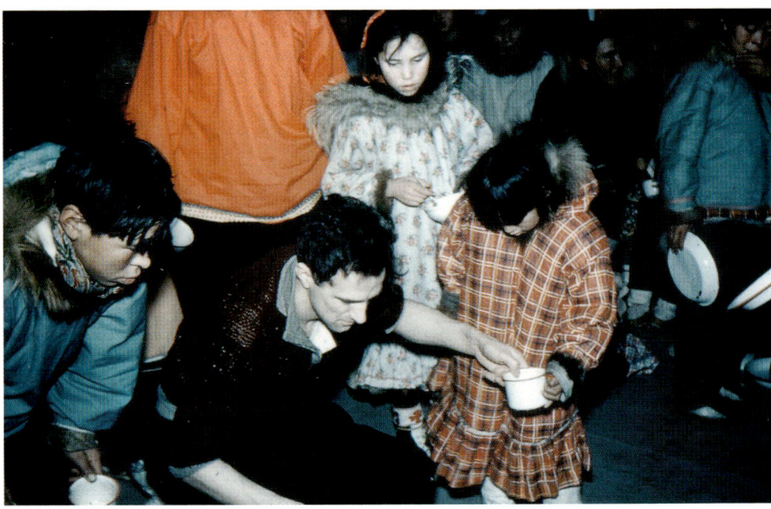

Jack verteilt Reis und Rosinen bei einer großen Coppermine-Weihnachtsfeier.

Jack begleitet die Queen und dolmetscht für sie bei ihrem Besuch in Yellowknife 1970.

Jack mit Angela und John bei der Verleihung des »Member of the Canada Award« für seine Dienste am Inuitvolk, Ende November 2002.

Letzter gemeinsamer Fotoauftritt eines außerordentlichen Paars etwa im Jahr 1999. Jack mit Bischofskragen. Nicht lange danach starb Betty plötzlich an Herzversagen.

Jack während eines Besuchs bei der Autorin und ihrer Familie in Reutlingen, Oktober 2002.

Jack im März 2011, vor dem Gemälde von John Allukpik, das heute in seinem Zimmer im Seniorenheim in Hay River hängt, in dem er seinen Lebensabend verbringt.

Gleichzeitig füllte ein Orchester von fröhlichen Geräuschen die Luft. In der Tier- und Vogelwelt hatte es sich herumgesprochen, dass die Welt wieder lebte und Besuch empfing. Schwäne glitten in eleganten Kurven auf dem Fluss, Enten schnatterten und tauchten in der Nähe der Sandbänke, Rotkehlchen bauten Nester in den Sträuchern, Spatzen hüpften auf den Dächern, Sumpfläufer suchten am Ufer nach Wasserkäfern und -schnecken. Das verlassene Land wimmelte wieder von Leben.

Die Augen gewöhnten sich schnell und gerne an das Grünbraun der befreiten Erde. Bärentrauben strahlten mit ihrem Scharlachglanz aus den Sträuchern, Moosbeeren guckten verstohlen aus dem saftigen Boden, pralle Blaubeeren versteckten sich im Tundragras. Allein der Blick auf neue Farben, die mit Weiß nichts zu tun hatten, genügte, um ein tiefes Gefühl des Glücks und der Erleichterung in den Seelen der wintermüden Arktisbewohner auszulösen. Man verlor wieder sein Zeitgefühl. Es gab kein abendliches »Ins Bett« mehr, weil es keinen Abend gab. Nur das blendend feurige Schauspiel der Mitternachtssonne, die sich nachts mit ihren schimmernden Rotfarben über den Himmel warf, trennte einen Tag vom nächsten. Sonnenuntergang war zugleich Sonnenaufgang. Die Leute blieben bis drei oder vier Uhr nachts hellwach und schliefen dann bis drei oder vier am nächsten Nachmittag.

Die eintönige Diät der Arktisbewohner bekam Abwechslung. Moorschneehühner pickten im Gestrüpp der dunkelgrünen Grasflächen in träger Lässigkeit nach Beeren. Sie waren leichte Beute für jeden Jäger und ergaben einen leckeren Fleischauflauf. Eier der brütenden Vögel boten eine Zusatzkost für den ansonsten mager gedeckten Frühstückstisch.

Genug zu tun gab es allemal. Nur in dieser Zeit des Jahres war es möglich, die Siedlungsbauten instand zu setzen, zu pflegen und Reparaturarbeiten durchzuführen. Man wartete sehnlichst auf die jährliche Ankunft des Handelsschiffes – »Shiptime« genannt. Sperrige Vorräte wie Baumaterialien, die nicht mit dem Flugzeug transportiert werden konnten, wurden mit dem Schiff geliefert, das, sobald die letzten Eisschollen im Spätsommer verschwunden waren, der Coppermine-Siedlung einen willkommenen Gruß aus der zivilisierten Welt mitbrachte.

Alles, was neue Farbe brauchte, wurde gestrichen. Nur, auch hier hatte die Arktis, sogar im Sommer, ihre Tücken. Wer mit heller Farbe streichen wollte, musste vorher dafür sorgen, dass keine Mückenschwärme auf der Lauer lagen. Sonst war die frisch gestrichene Fläche mit kleinen schwarzen Punkten verziert. Am besten strich man, wenn ein kalter Nordwind vom Meer her wehte, denn er wehte die lästigen Insekten mit in die Ferne.

❄

Die Sommermonate brachten der Familie Sperry vor allem eine große Freude: die Anwesenheit von Jack. Einige Wochen lang blieb ihnen erspart, dass er nur da war, während er sich von einer langen Reise erholte und auf die nächste Reise vorbereitete.

Betty war nach den langen, dunklen Wintermonaten mehr als froh, Angela und John mit Jack zusammen in die Landschaft ziehen zu lassen, um etwas anderes als die Farbe Weiß in all ihren Schattierungen zu Gesicht zu bekommen. Manchmal ging sie mit. Es gab eine Menge zu erleben. Zwei Zelte, ein Kajak, Rucksäcke voller Imbisse und Getränke und eine weite, unbevölkerte Landschaft so weit der Blick reichte: Das Abenteuer konnte beginnen.

»Irgendwo hier in der Gegend, vielleicht sogar exakt auf diesem Weg, ist Samuel Hearne auch gelaufen«, unterrichtete Jack seine Kinder bei einem dieser Ausflüge. »Aber nicht zum Zelten, wie wir das tun.«

Die Dreiertruppe war mit Rucksäcken beladen und lief am hohen Ufer des Coppermine-Flusses entlang. Beeren funkelten im Moos wie kleine Smaragde, eine leichte, warme Brise wehte vom Arktismeer her. Die Möwen riefen einander laut zu, während sie auf der

Suche nach Fischen über das Wasser schossen. Das Tundragras war hier und da ein Teppich aus farbigen Blüten. Hahnenfußgewächse, Alpen-Säuerling, Hornkräuter, Läusekraut, Schaumkräuter, Heidekraut, Arktischer Mohn.

»Angela, jetzt nicht! Wir pflücken auf dem Rückweg einen Strauß für Mom! Komm, sonst brauchen wir eine Ewigkeit!«

Die Geschichtsstunde wurde fortgesetzt. Jack erzählte seinen Kindern, wie Samuel Hearne von der Hudson Bay Company 1770 auf der Suche nach Kupfer hierhergeschickt worden war. Es war sein dritter Versuch gewesen, diese Gegend zu erforschen und nebenher auch zu überprüfen, ob die Gerüchte stimmten, dass es hier ein Polarmeer gab. Er hatte eine Gruppe Chipewyan-Indianer als Führer dabei.

»Der Häuptling hieß … wer weiß es noch?«

»Matonabbee!«, antwortete Angela stolz. »Das waren die bösen Indianer, nicht wahr, Dad?«

»Ja, Angela. Aber leider erfuhr Samuel Hearne zu spät, was seine Indianer vorhatten. Er brauchte sie, weil sie sich in der Gegend gut auskannten. Er wusste nicht, wie sehr sie die Eskimos hassten.«

Der Weg führte immer weiter nach oben, bis das Rauschen eines Wasserfalls aus der Ferne hörbar wurde.

»So, jetzt hört ihr die ›Bloody Falls‹. Weißt du, John, warum sie so heißen?«

»Weil die bösen Indianer die armen Eskimos dort getötet haben!«

»Korrekt. Am 17. Juli 1771 stießen Samuel Hearne und seine Indianer auf eine Gruppe Eskimos, die gerade Fische gefangen und sich in ihre Zelte zurückgezogen hatten, um zu schlafen. Es waren 20 Zelte. Zelte, weil es Sommer war. Zum Entsetzen Hearnes griffen die bewaffneten Indianer die Eskimos an Ort und Stelle an und brachten sie grausam um, ohne provoziert worden zu sein.«

»Warum hat er nichts dagegen gemacht?«, fragte Angela, die diese Geschichte nicht zum ersten Mal hörte, jedoch jedes Mal vom Bericht des blutigen Massakers betroffen war.

»Was denn?«, antwortete ihr Vater. »Hätte er sich den Indianern in den Weg gestellt, hätten sie auch ihn getötet. Wenn er abgehauen wäre, hätten entweder die Indianer oder die Eskimos ihn getötet. Das Ganze hat ihn aber tief erschüttert.«

»Hat er das Polarmeer wenigstens gefunden?«, fragte John. Blutrünstige Geschichten wühlten ihn nicht so auf wie seine Schwester.

»Bis er hier ankam, wusste er mit ziemlicher Sicherheit, dass es ein Polarmeer geben musste. Er hatte nämlich Überreste von Robbenhaut gefunden. Robben leben nur in Salzwasser. Als er weiter nach Süden kam, sah er das Meer mit seinen eigenen Augen.«

»Ich hoffe, dass er sich *nicht* freuen konnte«, sagte Angela, immer noch von dem Gedanken betrübt, dass unschuldige Eskimos hier ihr Leben gelassen hatten.

Der Anlass für Jacks Expedition mit seinen Kindern war die aufregende Nachricht, dass Archäologen neben der Stromschnelle ein altes Eskimodorf gefunden und Ausgrabungen begonnen hatten. Der Leiter der Archäologengruppe hatte Jack eingeladen, ein paar Tage lang mit seinen Kindern an den Ausgrabungen teilzunehmen.

»Es könnte sogar das Dorf sein, in dem die ermordeten Eskimos damals lebten«, erklärte Jack, als sie sich der Stelle näherten.

Auf sie wartete ein Stück Zeitgeschichte. Die Archäologen suchten nach Pfeilspitzen, Geräten aus Knochen und Stein, nach Überresten von Eskimo-Wohnstätten. Sie zeigten den Kindern, woran man Funde erkennen konnte, die Geheimnisse des Altertums preisgaben und später die Regale von Museen schmücken würden. Graben musste man nicht, da die Sandbänke und Flutbewegungen immer wieder das freilegten, was unter der Oberfläche verborgen war.

»Euer Suchrevier ist dort drüben«, sagte der Leiter der Expedition.

»Wow, Dad, er behandelt uns wie richtige Archäologen!«, sagte Johnny.

»Das sind wir jetzt auch«, antwortete Jack, »aber bitte zeigt mir alles, was ihr findet, ich sage euch, was wichtig sein könnte und was ihr wieder wegwerfen könnt.«

Ganz konfliktfrei war das archäologische Vater-Kind-Unternehmen nicht. Jeden Gegenstand, der nach etwas anderem als ein Stein aussah, brachten die Kinder eilends zu ihrem allwissenden Vater, dessen geübtes Auge entschied, ob es sich um einen seriösen Fund handelte oder nicht.

»Angela, ich bin sicher, das ist ein Stück von einem Pfeil und kein Stein. Ich werfe es bestimmt nicht weg, egal, was Dad sagt«, grummelte John, nachdem Jack den begeisterten Aufschrei seines Sohnes mit einem verachtenden Blick zum Schweigen gebracht hatte.

»Dann nimm es mit«, erwiderte Angela, »wir behalten es zum Spielen.«

»Gute Idee«, beschloss John.

Abends lagen drei müde Polarforscher auf dem Rücken in ihren Schlafsäcken. Alle drei verschränkten ihre Arme hinter dem Kopf und bestaunten durch den offenen Zelteingang hindurch den klaren Himmel der immer kürzer werdenden Sommernacht.

»Manchmal glaube ich, die Sterne leben wirklich«, murmelte Angela mit schläfriger Stimme, »Orion, Stier, Zwillinge … wie heißen die anderen noch mal?«

»Der Große und Kleine Hund, der Fuhrmann …«, ergänzte ihr Bruder, »und natürlich der Große Bär. ›Arktos‹ bedeutet Bär. Die Arktis ist das Land unter dem Sternenbild des Großen Bären.«

»Eine Geschichte, Dad, aber bitte keine gruselige.« Angela gähnte.

»Ich will eine gruselige, Dad!«, kam eine wachere Stimme von der anderen Seite.

»Dann nehmen wir eine halbgruselige, ohne Blut«, antwortete eine tiefe Stimme aus dem langen Schlafsack in der Mitte zwischen den zwei kleinen.

»Seid ihr bereit? Also, einmal im Sommer zelteten zwei Missionarsfamilien auf einer der Inseln. Bevor sie schlafen gingen, entdeckten sie in der Nähe die alten Überreste eines Eskimocamps. Pfeilköpfe, Harpunen, Gräber.«

»Genau wie wir heute!«, rief John aufgeregt.

»Ja, so ähnlich. Sie dachten sich nichts dabei und gingen schlafen. Die Landschaft um sie herum war mucksmäuschenstill. Plötzlich, mitten in der Nacht, fing einer ihrer Hunde an, wie wild zu bellen. Ein Missionar wachte auf. Er stellte fest, dass es draußen inzwischen alles andere als still war. Zu hören waren die Geräusche eines Eskimolagers in vollem Betrieb: Stimmen, das Lachen von Kindern, bellende Hunde, das Schleifen von Messern und Klappern von Töpfen, Trommeln, Tanzen. Er setzte sich in seinem Schlafsack auf und meinte, durch seine Zeltwand das Flimmern von Lichtern zu sehen. Plötzlich war alles wieder vorbei. Er dachte, er hätte geträumt, legte sich hin und schlief ein. Am nächsten Morgen entdeckte er, dass auch die andere Familie genau die gleichen Geräusche gehört hatte. Auch diese Familie dachte, sie hätte geträumt.«

»Das waren also Geister!«, Angelas Stimme war nicht mehr schläfrig. »Und wenn die Geister heute Nacht zu uns kommen …?«

»Sie tun uns nichts, keine Sorge, Angela! Jetzt kuscheln wir uns alle zusammen in unsere Schlafsäcke und schlafen ein, o. k.?«

Eine stundenlange Wanderung, ein aufregender Tag im Freien, die spannende Suche nach alten Relikten, Lagerfeuer mit geröstetem Lachs: Wegen eines möglichen Geisterbesuchs lohnte es sich nicht, wach zu bleiben. Während sie in ihrer Fantasie noch alte Eskimotöpfe klappern hörten, die Klänge von Trommeln und Lachen, schliefen die Kinder ein.

Stolz präsentierten die drei Sperrys am nächsten Tag ihre Funde in der Ausgrabungszentrale, die in einem Zelt eingerichtet war. Dort wurden die zahlreichen Stücke von Metall und Stein auf dem sandigen Boden ausgebreitet und nacheinander beschriftet.

Mit ein wenig Schadenfreude in den Augen beobachtete Johnny, wie die Fundstücke seines Vaters nacheinander in die Müllkiste am Zeltrand geworfen und nur zwei oder drei zur weiteren Untersuchung auf den Tisch gelegt wurden.

»So, Kinder, was habt ihr gefunden?«, fragte der Chefarchäologe.

Trotzig leerte Johnny den gesamten Inhalt zweier prall gefüllter Hosentaschen auf den Boden.

»Huch, was haben wir denn hier, kleiner Mann? Schau mal, dieser runde Stein wurde nicht vom Wasser abgeschliffen, sondern ist Teil eines uralten Steingefäßes, er könnte sogar Tausende von Jahren alt sein. Und hier haben wir tatsächlich eine Pfeilspitze.«

»Das ist der Stein, den ich dir zeigte und zu dem du sagtest, ich soll ihn wieder wegschmeißen, Dad«, flüsterte Johnny fröhlich und laut genug, dass alle im Zelt ihn hören konnten, »es gab auch andere … ich hab sie alle behalten!« Er hüpfte vor Aufregung auf und nieder. Die gesammelten Schätze aus seinen Hosentaschen ergaben Überreste eines Pfeils, den Rumpf einer aus Walknochen geschnitzten Figur und Behälter aus Speckstein.

»Sie können auf Ihren Sohn mächtig stolz sein, Mr Sperry«, war die Bilanz am Ende der Familienexpedition. »Er hat ein Auge für die antike Welt!«

John Sperry junior, ganz der schelmische Sohn seines Vaters, ließ auch Jahre später keine Gelegenheit aus, um seinen Vater mit seiner archäologischen Überlegenheit zu hänseln.

Es grüßt die Zivilisation

Das Naturschauspiel der Jahreszeiten wechselte im Eiltempo. Sobald sich das Birkenlaub von Grün in Orange verwandelte, wusste man, dass der Herbst im Anmarsch war.

Das ganze Grasland schimmerte in Bronze, während die Tage wieder kürzer wurden. Gräser streuten ihre Samen, trockneten aus und raschelten im Wind. Schon war es Zeit, sich für den Winter zu rüsten. Bis Mitte September sanken die Temperaturen bereits unter null, und der Coppermine-Fluss fing an, wieder seinen Eismantel anzuziehen.

Spätestens wenn die Gänse in V-Formationen über dem Ozean gen Süden abzogen, fühlte man sich einsam und zurückgelassen in einem Wechselbad der Emotionen. Bald danach aber, wie eine Art Entschädigung für den Abschied des Sommers, brach der Zauber der »Aurora Borealis«, der Polarlichter, am Nachthimmel über Coppermine aus, eine spektakuläre Erinnerung daran, dass gerade in diesen verlassenen Ländern »die Himmel die Herrlichkeit des Herrn verkünden«. Fesselnd und von umwerfender Schönheit war das Spektakel der Polarlichter mit ihren Farb- und Lichtmustern, die über den Himmel flimmerten. Das lebendige Kunstwerk kündigte sich mit zwei oder drei Lichtstrahlen an, die leise über die dunkle Nachtkulisse schlichen, sich aber nach und nach in wechselnden Gestalten ausbreiteten, bis ein schimmerndes Lichtermeer, mit allen Farb- und Zwischentönen des Regenbogens geschmückt, über das Firmament tanzte und sich in einen grün-goldenen Nebel auflöste, durch den man die Sterne sehen konnte. Dann war es vorbei. Übrig blieb eine schlummernde Kristalllandschaft, gebadet im silbernen Schein des aufgehendes Mondes.

»Aufstehen, aufstehen! Das Schiff kommt!« Höhepunkt des Arktis-Spätsommers war »Shiptime«. Im Nu war das ganze Dorf aus dem Tiefschlaf gerissen, Türen schlugen zu, Fenster flogen auf, Schreie der Aufregung hallten von einer Hütte zur nächsten, Dorfbewohner zogen Parkas über Schlafanzüge, Karibustiefel über Bettsocken. Innerhalb weniger Minuten war jedes Haus leer. Jedes lebendige Wesen der gesamten Gegend, einschließlich Hunde, wartete in gespannter Begeisterung am Meeresufer. Es spielte keine Rolle, dass das Schiff noch ein winziger Punkt am Horizont war, kaum sichtbar im grauen Nachthimmel, und mindestens eine Stunde brauchen würde, bis es anlegte. Fehlalarme hatte es schon mehrere gegeben. Manch eine sehnsüchtige Seele hatte in den Wochen davor in ihrer Fantasie ein Schiffshorn gehört, es begeistert verkündet und ganz Coppermine vergebens ans Ufer gelockt. Die darauf folgende Enttäuschung war jedes Mal groß. Denn dieses Schiff trug in seinem Laderaum die Garantie für das Überleben einer ganzen Lebensgemeinschaft im kommenden Jahr wie auch die Hoffnung auf den einen oder anderen kleinen Luxusartikel, der dieses ansonsten bescheidene Leben ein wenig versüßen würde.

In der Zeit der ersten Missionare war das jährliche Andocken des Schiffs die einzige Verbindung zum Rest der Welt gewesen. Von der Post und den angesammelten Zeitschriften, die das Schiff lieferte, lebte man monatelang. So erfuhr Archibald Fleming, erster Missionar auf der Baffin-Insel Anfang des 20. Jahrhunderts, erst ein Jahr nach Kriegsanfang, dass der Erste Weltkrieg in Europa tobte. Ein halbes Jahrhundert später leisteten die Norseman-Flieger etwas Abhilfe. Wenigstens Post bekam man nun alle paar Wochen. Aber bis begehrte Pflaumen-, Erbsen- und sonstige Konserven auf Sperrys Esstisch landeten, hatten sie einen langen, verzwickten und nicht ungefährlichen Weg hinter sich, wurden aber dafür mit umso mehr Vergnügen verspeist.

Wünsche nach Luxuswaren aus der zivilisierten Welt mussten spätestens im Januar abgegeben werden. Die Bestellungen wurden anschließend auf einem kleinen Flusskahn des Frachtunternehmens »Waterways« im Staat Alberta zusammengepackt. Dieser überquerte den Athabasca-See und fuhr den Slave-Fluss hinab. Die Ladung wurde anschließend von Lastenträgern um die Drowned-Stromschnellen herum von Fort Fitzgerald nach Fort Smith getragen und dann für die Schifffahrt über den Great Slave Lake auf einen weiteren Kahn geladen, den riesigen Mackenzie-Fluss hinunter, dann gen Norden nach Tuktoyaktuk an der arktischen Küste. Gute Eis- und Wetterbedingungen vorausgesetzt, brachte ein Schiff die gesamte Ladung schließlich zu den Siedlungen der Zentralarktis. Die Reisedauer betrug etwa sechs Monate, die Ankunft des Schiffs war meistens im späten Juli oder im August. Selbst im Juli konnte ein plötzlicher Schneesturm alle Pläne durcheinanderwirbeln. Coppermine war damals sicher einer der wenigen Orte in dieser Welt, an dem das Klappern der Ankerkette eines Schiffs kollektive Euphorie auslöste.

»Ich hoffe, dass der Bischof an das Bauholz gedacht hat, Johnny. Wenn ja, dann ist unser neues Haus auf dem Schiff«, sagte Jack zu seinem Sohn, der auf seinen Schultern saß, um das sich nähernde Schiff besser sehen zu können.

»Ich helfe bauen, Dad, du hast es versprochen! Können wir heute schon anfangen?«

Möglich war dieses Gespräch durch die Genehmigung des Bischofsamtes geworden, ein neues Missionshaus zu bauen, denn das alte war einfach zu klein, und durch das Versprechen, das notwendige Bauholz zu liefern.

»Klar hilfst du! Aber heute noch nicht. Wir müssen helfen, all die Sachen ins Dorf zu schleppen. Und du als großer Junge hilfst auch dabei mit.«

Das Schiff dockte unter dem Jubel der wartenden Menschen am Steg an. Bald waren alle Mann an Deck oder unter dem Deck oder warteten auf dem Festland auf die endlose Reihe Kisten, Ballen, Säcke, Geräte und Koffer, die nacheinander hinausgereicht und von dankbaren Händen in Empfang genommen wurden. Eine Menschenkette bildete sich bis zum Dorf. Die eigene Vorfreude wurde kurz zurückgestellt, während die gesamte Ladung zugunsten des Allgemeinwohls in Sicherheit gebracht, sortiert und verteilt wurde.

Berge von Konserven kamen ins Lagerhaus der Hudson Bay Company. Es war Coppermines Nahrung für ein ganzes Jahr. Kisten voller Spielsachen und Kleidungsstücke für das bevorstehende Weihnachtsfest wurden sorgfältig im Gemeindehaus gestapelt. Heizkohle, das wichtigste Gut von allen, wurde in die Kohlespeicher geschaufelt.

»Eine Orange!«, rief Angela begeistert, als eine Kiste Lebensmittel mit dem Schild »Sperry« versehen, in die Küche getragen wurde. »Mom, kann ich gleich eine haben?«

»Auf keinen Fall!«, kam die strenge Antwort. »Vielleicht zum Abendessen. Und wenn du Dad jetzt hilfst, die Kartoffeln hereinzuschleppen!«

Der Anblick frischer Lebensmittel brachte ein Strahlen in Bettys Augen. Mitten in der Freude über eine frische Orange oder einen Sack Kartoffeln ergab sich auch manch eine Überraschung.

»Oh wei, irgendjemand hat schon wieder versucht, Kohlköpfe mitzuschicken. Kein Wunder, dass die Kiste stinkt!«

»Irgendwann erfindet jemand Kohlköpfe, die eine sechsmonatige Reise überleben können«, lachte Jack, »aber diese sind es ganz bestimmt nicht.«

Das Holz war tatsächlich gekommen.

»So, kleiner Johnny. Bald hast du nicht nur einen Zahnarzt, Postboten, Quatschkopf, Jäger, Fischer, Doktor und Prediger als Vater, sondern auch einen Zimmermann. Eine Kirche bauen und erweitern können wir schon, aber ein Wohnhaus? Davon habe ich keine Ahnung, aber das kriegen wir irgendwie hin. Mit deiner Hilfe klappt es, da bin ich mir sicher.«

»Keine Sorge, Dad. Ich bin dabei, versprochen!«

So machte sich Jack zusammen mit einigen Mitarbeitern aus dem Dorf und mit Johnny natürlich so schnell wie möglich an die Arbeit. Spätestens wenn die ersten eisigen Winterwinde anfingen zu wehen, musste das Gebäude überdacht sein. Nicht nur auf dem Grundstück des neuen Hauses füllte sich die abkühlende Luft mit dem Lärm von Hämmern und Sägen. Zu dieser Jahreszeit waren die einfachen Baugeräte Coppermines im Dauereinsatz. Alle Baumaterialien mussten zielsicher bis zum Wintereinbruch verarbeitet sein. Bis die ersten Schneestürme über das Land wehten und die von Leben wimmelnde Landschaft in ein immenses, starres Schweigen einfrieren würde, mussten Schlitten und Zaumzeug geflickt und repariert, jedes Bauwerk versiegelt und gesichert sein. Zuletzt fehlte nur noch die obligatorische Schneeschicht zur Isolierung an den Außenwänden. Dann konnte der Winter kommen.

So wurden alle Kräfte dafür eingesetzt, die Überlebensgrundlagen für die bevorstehende tödliche Kälte zu errichten.

Die Tage wurden schnell kürzer. Anfang November verschwand die Sonne schon hinter dem südlichen Horizont. Sie würde sich erst spät im Januar wieder blicken lassen. Bis dahin galt jeder Lichtstrahl als Luxusware. Sechs Wochen lang würde fast komplette Dunkelheit herrschen.

Besuchsdienste und Winterstürme

»Liebe Freunde,
der Winter hat uns mit voller Wucht eingeholt und die Vorbereitungen auf die Reisesaison sind in vollem Gange. Dieses Jahr wurden wir gebeten, eine bisher unbekannte Siedlung etwa 650 Kilometer südöstlich von Coppermine zu besuchen, nicht weit von der Baumgrenze. Die Strecke beträgt etwa 1 300 Kilometer hin und zurück. Besonders riskant ist sie, weil wir uns dort nicht auskennen und nicht wissen, ob und wo es unterwegs ›Auftankmöglichkeiten‹ für Essen und Hundefutter gibt. Alec Algiak ist in Coppermine eingetroffen, um mich auf dieser Fahrt zu begleiten.

15. Januar
Um 7.30 Uhr morgens fahren wir beim nebligen Licht des Halbmondes los.

18. Januar
Gestern sichteten wir vier Karibumännchen hinter einer Berghöhe, erschossen eines davon. Es war bitterkalt, aber mit seinen bloßen Händen konnte Alec das Tier an Ort und Stelle häuten, und in jeder Pause verzehren wir nun frische Karibu-Leckerbissen. Alec überredete mich, ein Ohr auszuprobieren, es sei besonders ölig und schmackhaft. Ich habe mich nicht gewehrt und knabberte an einem der Ohren, während er sich mit etwas mehr Begeisterung auf das andere stürzte. Mir war es dabei leicht schlecht, war das Stück doch ledrig, warm, extrem fettig, und ich musste immerzu dran denken, dass es kaum aufgehört hatte zu zucken. Eigentlich ist die Zunge der beste Teil, den haben wir uns abends geteilt, und ich aß das Herz zum Frühstück heute Morgen. Zum Nachtisch gibt's die Larven der Dasselflie-

gen, die oft, so auch hier, unter der Haut am Rücken zu finden sind. Für die Eskimokinder sind sie wie Süßigkeiten und ganz gesund. Voller Protein und saftig. Schade, dass ich nicht die Leber für Betty aufheben kann. Die Hunde freuten sich am frischen Fleisch als willkommene Abwechslung zum Trockenfisch.

25. *Januar*
Seit neun Tagen fahren wir ins Herz dieses gewaltigen Hinterlandes, zum größten Teil über Landschaften, die ich noch nie gesehen habe. Eine Schlittenfahrt über das Festland ist anders als die sonstigen Fahrten über das Meereseis. Hier gibt es Berge und Täler, oft mit Felsen übersät, um die wir den Schlitten vorsichtig herummanövrieren müssen, damit die Kufen intakt bleiben. Der weiche Schnee macht es nicht einfacher. Bei jedem Schritt sinkt man bis zu den Knien ein. Bis Ende der Reise werden wir bestimmt mindestens 800 von 1 200 Kilometern in tiefem Schnee gelaufen sein! Als wir uns nach Süden wandten, wurden wir immerhin durch einen günstigen Wind entschädigt und kamen schneller voran.

Einer von uns läuft neben oder, bei unberechenbarem Terrain, vor den Hunden, der andere sitzt auf dem Schlitten. Wenn diesem beim Sitzen die Zehen anfangen zu frieren, tauschen wir wieder.

26. *Januar*
Wir sind nahe der Baumgrenze und stießen gestern auf frische Schlittenspuren. Das war jemand, der offensichtlich Holz holen wollte. Das heißt, irgendwelche Menschen sind hier in der Nähe. Wir folgten den Spuren. Das Wetter verschlechterte sich aber zunehmend, und bald sahen wir nicht mal unsere eigenen Hunde vor uns. Nach drei Stunden (welche Freude!) fünf kleine

Zelte, unzählige bellende Hunde, der begeisterte Schrei ›Aodlan, Aodlan!‹ (Reisende, Reisende!). Wir waren am Ziel! Die Menschen stürzten sich in einem Freudentaumel aus ihren Zelten.

Inland-Eskimos ziehen Zelte aus Karibuhaut, in Schnee eingepackt, den herkömmlichen Iglus vor. Sie hatten seit einem Jahr keinen Menschen von außerhalb gesehen, so abgeschnitten leben sie hier. Diese ausgelassene Freude über unseren Besuch war auch für uns, nach dieser strapaziösen Reise, ein Augenblick des absoluten Glücks, wie man es nur hier erlebt!

Anfang Februar
Wir blieben vier Tage. Karibujäger sind sie, und wir erlebten hautnah, wie komplett abhängig sie von diesem Tier sind. Die einzige ›fremde‹ Nahrung, die sie zu sich nehmen, ist Tee aus dem Süden. Ihre Zelte und Kleider sind aus Karibuhaut, ihr Essen ist Karibu in jeder erdenklichen Variante: frisches, gefrorenes Rohfleisch, getrocknetes, gekochtes Fleisch, roher Speck vom Rücken, Zungen, Herzen, Leber, Gehirn, Knochenmark, so wie es dem Geschmack entspricht.

Mit Rückenspeck werden auch die Steinlampen betrieben. Sie hatten ein gutes Jahr. Keine Krankheiten, eine erfolgreiche Jagdsaison. In einer Familie sei ein gesundes Kind auf die Welt gekommen, ein junger Mann hätte eine Frau zu sich genommen. Gibt es Neuigkeiten von der Außenwelt? ›Streitet ihr Weißen euch immer noch wie die Hunde?‹, wollten sie wissen. ›Das ist, weil es zu viele von euch gibt‹, war ihre einfache Erklärung dafür.

Dreimal am Tag sammelten wir uns im größten Zelt zum Beten und Singen und um eine Bibelarbeit zu machen. Das Evangelium ist für sie nicht ganz fremd. Es waren vor einigen Jahren schon katholische Missionare hier. Aber die Choräle kannten sie nicht. Wie in allen Siedlungen, wollten diese Men-

schen mehr über den ›Jesusweg‹, wie sie unsere Lehre nennen, erfahren.

›Genauso wie wir zu euch gekommen sind, um euch von Gottes Liebe zu erzählen, genauso kam Jesus vor 2000 Jahren in diese Welt. Nur, er wurde nicht so freudig begrüßt, wie ihr uns begrüßt habt. Es gab keine bellenden Hunde, keine Menschen, oder nur sehr wenige, die aus ihren Zelten gerannt kamen, um etwas über Gott zu erfahren. ›Er kam in das Seine, und die Seinen nahmen ihn nicht an‹, wird uns von Jesus Freund Johannes in der Bibel erzählt. Aber die, die ihn aufnahmen, sie werden Gottes Kinder genannt. Sie brauchen keine Angst mehr vor bösen Geistern zu haben, selbst vor dem Tod müssen sie sich nicht fürchten …‹

Hat es sich gelohnt, all diese Strapazen auf uns zu nehmen, gar unser eigenes Leben zu riskieren, um diesen lieben Menschen solche Worte mitzuteilen? Ich kann mir nach all diesen Jahren Missionsarbeit unter den Eskimos nichts Sinnvolleres vorstellen, als ihnen zu zeigen, wie die Kenntnis des lebendigen Gottes sich in ihrem Leben auswirken kann. Die abgrundtiefe Angst, die finsteren Schatten weichen allmählich von ihren Gesichtern, werden durch eine neue innere Freiheit ersetzt, die sie vorher nicht kannten. Ein Jäger sagte zu mir: ›Bevor ihr gekommen seid, war der Weg dunkel und wir lebten in Angst. Aber jetzt haben wir keine Angst mehr, denn die Dunkelheit ist gewichen und alles ist hell, weil wir den Jesusweg gehen.‹

Irgendwann rissen wir uns von ihnen weg und machten uns auf den langen Treck nach Hause. Wir blickten besorgt zum Himmel, wo sich dunkle Wolken anhäuften. Die Hunde waren unruhig, nervös und hatten es eilig.«

»Wann kommt Dad endlich?«

Das war die häufigste Frage im Sperry-Haushalt in den Fünfziger- und Sechzigerjahren in Coppermine.

»So wie der Wind draußen tobt, hoffe ich nicht, dass er jetzt unterwegs ist, Schatz«, war eine ebenso häufige Antwort. »Ich hoffe, er hat irgendwo ein Loch gefunden, in das er sich eingraben konnte.«

Die frisch genagelten Bretter der Außenwand knarrten. Dem neuen Missionshaus stand die erste harte Bewährungsprobe bevor. Bisher war der Winter zwar kalt, aber nicht stürmisch gewesen. Das einsame Jaulen eines einzelnen Wolfes in der Ferne übertönte ein paar Sekunden lang das Heulen des Windes um das kleine Haus herum. Die Schneeverpackung an den Außenwänden reichte bis zur unteren Fensterhälfte. Man konnte in der pechschwarzen Nacht ohnehin nichts außer treibende Schneeflocken sehen, die wie winzige Kugeln gegen das Fenster und auf das Dach peitschten. Johnny schlief schon. Betty schürte das Feuer im Ofen und legte frische Kohle nach.

Das Unbehagen bei der Vorstellung, dass ihr Mann sich gerade mitten in diesem tödlichen Chaos von wütend treibendem Schnee irgendwo draußen in der Wildnis befand, konnte sie nicht abschütteln. Sie seufzte, betete und bereitete ihrer Tochter mit weißem Pulver aus einer Dose und aufgetautem Eis aus dem Wasserfass eine warme Abendmilch.

Ob sie jemals ganz damit zurechtkommen würde? Mit dieser Qual des Wartens, dem schleichenden Gefühl der Ohnmacht, bis die innere Schwere anfing, ihrem Verstand Streiche zu spielen? Mit der steigenden Panik, die sie beinahe wahnsinnig machte, der Vorstellung, dass er eines Tages nicht wiederkommen würde? Es waren Momente, in denen sie mit gesammelten Kräften darum ringen musste, nicht vor Verzweiflung zu zerbrechen, während die Klage des Orkans wie die Begleitmusik eines Grabgesangs dröhnte. Bilder jagten durch ihren Kopf. Die lange Gestalt ihres Mannes, leblos auf einem Schlitten, in Karibufelle eingewickelt. Oder noch schlimmer, die Nachricht, dass keine Leiche gefunden wurde. Sie wäre nicht die erste verzweifelte Ehefrau, die umsonst wartete, während Naturgewalten Amok liefen und alles Lebende, das ihnen in den Weg kam, mit unerbittlicher Brutalität verschlangen. Vielleicht gab es wirklich bösartige Geister, die sich mit willkürlicher Zerstörungswut aufmachten, um alles in ihrer Reichweite zu vernichten? In der Arktis schien die Natur schadenfreudig alles aufzubieten, was dem Leben eines Eindringlings in ihrem streng überwachten Machtbereich ein Ende setzen könnte.

Betty erinnerte sich an Worte von Archibald Fleming, der seine Erfahrungen der Einsamkeit auf Baffin Island in seinem Tagebuch beschrieben hatte. Sie hatte diese Gedanken mit ihren eigenen Worten in ihrem Tagebuch notiert, mit Worten, die sie immer wieder aus der inneren Erstarrung rissen, die an solchen Winterabenden über ihre Seele kam, und wie ein warnender Schreckschuss in die Dunkelheit hineinwirkten:

»Manche Männer in der Arktis werden durch den rein physischen Horror der Stille um sie herum gelähmt. Andere drehen durch und verlieren den Verstand. Nicht die Naturgewalten oder die Entbehrungen sind die Hauptgefahr, sondern schlichte Langeweile. Und Verzweiflung. Und wenn man sich selbst nicht mit einem Akt des Willens in den Griff bekommt und regelmäßige Gewohnheiten wie das Lesen oder ein Hobby pflegt, entwickelt sie einen nörgelnden inneren Frust, bis zum Zerreißen gespannte Nerven.«

Betty nahm sich vor, ja nicht zu viel nachzudenken. Sie holte den letzten Brief ihrer Mutter aus der Schublade und las ihn zum wiederholten Mal. Es war in diesen Momenten schwer zu glauben, dass es dort draußen, irgendwo in der unerreichbaren Ferne, eine normale Welt gab. Mit Gänseblümchen auf dem Rasen, Lebensmittelgeschäften, mit Menschen, die man lieb hatte, Gartenstühlen auf der sonnigen Terrasse, einer Tageszeitung und Kaugummi am Kiosk.

»Eine Welt, die weitergeht, als ob ich nie existiert hätte«, dachte sie. Dann stand sie auf.

»So, Angela, ab ins Bett. Heute Abend kommt Dad bestimmt nicht mehr.«

»Aber weckst du mich, wenn er in der Nacht kommt?«

»Natürlich, mein Kind.«

Betty ließ die Tür zum Kinderzimmer offen, setzte sich wieder in ihren Stuhl nahe am Ofen und las den Brief ihrer Mutter immer wieder, bis sie einschlief. Wenn sie aufgrund der Winterstürme tagelang wie in einem Gefängnis eingeschlossen war, kam der strengen Beachtung eines Tagesrhythmus besondere Bedeutung zu. Wer die Nacht zum Tage werden ließ, hatte irgendwann in der Monotonie des Wartens keine Lust mehr aufzustehen oder irgendwelche Pflichten zu erledigen.

Betty war dankbar, dass die Kinder ihre ununterbrochene Zuwendung brauchten.

Mitten in der darauffolgenden Nacht schlug das Wetter um. Der Wind wurde leise, so leise, dass der Sturm sich bis zum frühen Morgen völlig gelegt hatte und das Bellen aufgeregter Hunde aus der Ferne deutlich zu hören war.

»Schlitten kommen! Schlitten kommen!«, ging der Schrei im Dorf herum.

»Angela, wach auf und zieh dich schnell an! Die Hunde haben Gespanne gewittert!«

Angela raste zur Haustür, wo ihre Mutter schon wartete. Das gefrorene Wasser schimmerte im Licht des Monds wie eine gigantische Glasplatte. Gestalten von Männern und Hunden zeichneten sich schon sichtbar gegen das leuchtende Eis ab.

»Noch nicht Dad«, sagte Angela enttäuscht. Die lange, dürre Gestalt und die aufrechte Körperhaltung ihres Vaters erkannte sie schon aus der Ferne und im Halbdunkeln, auch wenn er auf einem Schlitten saß.

»Aber sie werden vielleicht etwas von ihm wissen«, antwortete ihre Mutter, für die selbst das kleinste Lebenszeichen von Jack eine Erleichterung war.

Ankommende Schlitten machten immer als Erstes am Missionshaus Station, um Betty, und Jack, wenn er zu Hause war, zu grüßen und Neuigkeiten aus den umliegenden Regionen zu bringen.

Tatsächlich wussten sie zu berichten, dass der Minihitak unterwegs war, er und Alec seien guten Mutes, sie seien nur durch den Sturm aufgehalten worden und würden in den nächsten Tagen eintreffen.

»Noch ein paar Mal schlafen, Angela. Geh jetzt und wecke Johnny. Wir machen Frühstück und malen ein Bild für Dad. Vielleicht schafft er es rechtzeitig zu meinem Geburtstag, wer weiß?«

*

»4. Februar
Drei Tage lang steckten wir im Sturm fest. Zusammengekauert in einem winzigen Zelt einen tobenden Blizzard auszusitzen, ist eine echte Qual. Um Brennstoff zu sparen, lagen wir im unbeheizten Zelt in unseren Schlafsäcken auf dem harten Schnee. Wie sehr sehnten wir uns nach Bewegung. Unser Hundefutter wurde indessen immer knapper. Die Tiere scheinen nicht weniger Hunger zu haben, wenn sie ruhen, als wenn sie rennen.

Karibus waren irgendwo in der Nähe, aber nicht in Schussweite, sie nahmen unsere Witterung früh auf und ergriffen die Flucht.

5. Februar
Wir standen um 3.30 Uhr auf und gingen den ganzen Tag zu Fuß, um die Hunde zu schonen und in der Hoffnung, an diesem Tag noch nach Hause zu kommen. Für eine weitere Übernach-

tung hätte das Hundefutter nicht mehr gereicht und wir wären darauf angewiesen, auf Karibus zu stoßen. Bei diesem Wetter war das nicht wahrscheinlich. Unser eigener Proviant war auch knapp. Zu unserer Erleichterung blies der Wind wenigstens in die richtige Richtung, so konnten wir die Hunde rennen lassen. Sie riechen Menschen aus großen Entfernungen und folgen einfach ihren Nasen.

Ein Treck bei diesen schonungslosen Winterwinden bringt einen an die Grenze des Menschenmöglichen. Die Lippen werden spröde und bluten vor Kälte. Treibende Eispartikel stechen und schneiden ins Gesicht, dringen in die Nähte und Risse der Kleidung ein. Der Atem gefriert und blockiert Mund und Nasenlöcher, die Augenbrauen frieren fest. Man muss oft husten, weil die schneidende Luft die Lungen regelrecht quält. Die Gesichtspartien, die nicht zugedeckt sind, frieren immer wieder ein, man kann sie nur auftauen, indem man die nackte Hand daraufdrückt. Die muss man aber schnell wieder in den Handschuh stecken, damit sie wieder Wärme aufnimmt und nicht selbst einfriert. Das Gesicht auf diese Weise warm zu halten, ist ein ununterbrochener Kraftakt. Wegen der Anstrengung steigt das Durstgefühl. Und gerade dann muss man aufpassen und der quälenden Versuchung widerstehen, an einem Stück Eis zu lutschen oder, wie die Hunde, eine Handvoll Schnee zu schlucken. Einen solchen Eisschock würde der Körper nicht verkraften.

Deshalb trägt der erfahrene Arktisreisende eine Wasserflasche am Körper, die er jeden Morgen mit Eisbrocken füllt und dann nach hinten zwischen seine Schulterblätter hängt. So bleibt das Wasser auf Körpertemperatur und kann jederzeit getrunken werden. Das ist wichtig, denn wenn dem Körper nicht genug Flüssigkeit zugeführt wird, wird das Blut dickflüssig und die Kräfte schwinden. Es wird einem schwindelig und man fängt an, zu halluzinieren.

Noch nie habe ich bei einer Reise die Abhängigkeit von meinem Begleiter so tief gespürt. Ich war über alle Maßen erschöpft und immer wieder den Tränen nahe. Alec sorgte dafür, dass ich in Bewegung blieb und ja nicht anhielt. Manch ein Reisender ist von einer gut gemeinten Ruhepause nicht wieder auf die Beine gekommen. Ich dachte immer wieder: ›Ich kann nicht mehr, ich werde diese Reise nicht überleben.‹ Aber wenn es hart auf hart ging, zauberte ich immer wieder irgendwo Reserven hervor, von denen ich nicht wusste, dass ich sie hatte, und staunte gleichzeitig, was man dem Körper bei diesen Reisen zumutet. Man muss sich selbst ständig überlisten, um nicht aufzugeben. Nur an die nächste kurze Etappe der Reise denken, ja nicht an die ganze Wegstrecke, die noch vor einem liegt.

Und so war es kraft einer übermenschlichen psychischen als auch körperlichen Anstrengung, dass wir Coppermine endlich um 10.30 Uhr abends erreichten. Den Marathon im Eis hatten wir hinter uns gebracht. Planmäßig und gerade rechtzeitig, um Betty alles Gute zum Geburtstag zu wünschen. Schon wieder ist eine Reise vorbei.«

Angela wurde wie versprochen extra aus dem Bett geholt und warf sich mit unbändiger Freude auf ihren erschöpften Vater, den sie nicht mehr losließ, bis ihre Augen von alleine zufielen und sie sanft in ihr Bett getragen wurde. Bettys Freude drückte sich in einem tiefen, inneren Seufzer der Erleichterung aus und einem Dankgebet, dass Gott ihr schon wieder durch den Schmerz einer Trennung hindurchgeholfen hatte. Nur jene Seele, die eisige Tiefen der Verzweiflung und der inneren Not erlebt hat, ist fähig, auch die Ekstase von Dankbarkeit und Freude auszukosten, die etwas Einfaches wie das Wiedersehen mit einem geliebten Menschen auslösen kann.

»Spricht Gott auch unsere Sprache?«

»Heute wollen wir über einen Jungen namens David sprechen.«

Es war wichtig, eine Predigt in klaren und einfachen Begriffen zu beginnen. Jack hielt inne, um seinen Dolmetscher zu Wort kommen zu lassen.

»Heute, sagt er, wird er über den Jungen David reden – ihr wisst, wen er meint – denjenigen, der auf Schafe aufgepasst hat und Gott sehr lieb hatte.«

Nachdem er mit der Sprache vertraut war, kam Jack allmählich dahinter, warum der Dolmetscher viel mehr Zeit als er selbst brauchte, um den Zuhörern einen Gedanken nahezubringen. Es lag nicht nur daran, dass die Sprache verzwickt und langatmig war.

»David war nämlich ein Hirte«, fuhr Jack fort.

»Wie ich schon sagte, kümmerte sich David um Schafe und sang dabei Lieder und dichtete Psalmen.«

»Er liebte Gott.«

»Ich habe schon gesagt, dass er Gott liebte. Weiter, Mr Sperry.«

»Eines Tages sandte Davids Vater ihn auf eine Reise.«

»Eines Tages, sagt der Minihitak, schickte Davids Vater ihn auf eine Reise, um seine Brüder im Krieg zu besuchen und nach ihrem Wohlergehen zu fragen. Wir wissen schon, wie es ausgeht – das ist ja die Geschichte, in der er Goliath den Riesen erschlägt.«

Jack versuchte, sich nicht zu ärgern.

> *»So, der Beschluss steht fest, ab der nächsten Reise predige ich in Inuinaktun!«,* schrieb er in sein Tagebuch, als er wieder zu Hause war.

Je flüssiger er sich in der einheimischen Sprache unterhalten, Geschichten erzählen und biblische Wahrheiten weitergeben konnte, desto intensiver beschäftigte er sich mit der Idee, diese Wahrheiten für seine Gemeinden schriftlich festzuhalten. »Illusorisch, Wunschdenken, das wäre doch eine Sisyphusarbeit«, protestierte eine innere Stimme.

Doch eines Tages wurde aus der Idee ein fester Entschluss. Es war, als er versuchte, einem Dorfältesten mit dem Namen Kituligak in einer Siedlung in Cambridge Bay nach einem Jagdunfall Mut zu machen. Die Schusswunde, die der Jäger sich selbst aus Versehen am Bein zugefügt hatte, war von Jack gereinigt, sauber zugenäht und verbunden worden. Die Verletzung war nicht tödlich. Kituligak aber lag auf seiner Schneeplattform und zitterte am ganzen Leib. Seine Augen verdrehten sich unkontrolliert und seine Lippen stammelten ununterbrochen Worte, die Jack nicht verstehen konnte. Jack hielt ihn in seinen Armen und streichelte ihm über das Gesicht und über die Haare.

»Was ist mit dir, Kituligak?«, fragte er. »Schau mal, Gott hat dich beschützt. Es hätte viel schlimmer sein können. Bald wirst du wieder gesund sein!«

»Nein, ich werde sterben. Ich habe ein Tabu gebrochen, ich bin verflucht, ich habe keine Chance zu leben.«

Jack wurde streng. »Hast du dein Vertrauen in Jesus Christus gesetzt oder nicht, Kituligak?«

Ein verängstigtes Nicken.

»Und was haben wir heute in der Bibel gelesen?«

»In der Welt habt ihr Bedrängnis. Aber seid guten Mutes. Ich habe die Welt überwunden.«

»Richtig. Das heißt, dass er auch deine Angst überwunden hat.«

»Aber im Moment glaube ich an gar nichts, Minihitak – ich habe nur Angst, die ganze Zeit nur Angst.«

Als Jack und Betty ihre Arbeit in Coppermine begannen, hatten sich schon viele ehemalige Schamanen zum christlichen Glauben bekehrt. Ganze Siedlungen waren deshalb schon christlich geprägt. Die panische Angst vor unsichtbaren Geistern, die mit willkürlicher Schadenfreude Flüche auf Menschen legten und auch über Wetter und Land herrschten, hatte zwar abgenommen, aber dennoch waren die Geister im Denken dieser Menschen immer noch präsent. Jack hatte Mühe, ihnen zu vermitteln, dass der Schöpfergott ein persönlicher Gott ist, dem man ohne Vorbehalt sein Leben anvertrauen kann, in guten wie in schlechten Zeiten.

»Was bringt ihnen der Glaube an Jesus Christus, wenn er gerade in Krisenzeiten nicht hält?«, grübelte er, während der voll beladene Schlitten durch die eiskalte, vom Mond beschienene Schneesavanne raste.

Peter Kamingoak, der ab und zu Alfreds oder Sams Platz auf dem Schlitten einnahm, wenn Letztere nicht reisen konnten, trieb die Hunde an und blickte konzentriert nach vorne. Plötzlich sprach er: »Mr Sperry, es ist dunkel in deinem Herzen. Willst du erzählen? Wir machen jetzt eine Pause.«

Jack staunte, nicht zum ersten Mal, über die Sensibilität, mit der dieser feine Mann auch mitten in knochenharter Arbeit Stimmungen spüren konnte. Die beiden zündeten den Kerosinbrenner unter dem stillen Sternenhimmel des späten Winters an und wärmten ihre Hände an ihren Teebechern.

»Peter, Kituligak wird sterben. Aber nicht wegen der Verletzung, sondern weil er überzeugt ist, dass er unter einem Fluch liegt, der ihn das Leben kostet. Nach dem Besuch in Naguyuktuk fühle ich mich bedrückt wie noch nie«, sagte Jack, »eigentlich fällt mir jeder Abschied schwer. Ich weiß nie, wie diese lieben Leute durch das nächste Jahr kommen werden und ob ich sie jemals wiedersehe. Ob ihnen der Glaube an Jesus überhaupt was bringt. Sie werden immer noch von panischer Angst geplagt. Sie ergeben sich ihrem Schicksal und scheinen gar keine Kraft zu haben, ihr Leben, zumindest dort, wo es möglich ist, selbst in die Hand zu nehmen. Du hast doch die frühere Zeit noch erlebt, als die Angakuk noch herrschten.«

Angakuk war das Inuitwort für die Schamanen, die wie die Medizinmänner früherer afrikanischer Dörfer Menschen und Geschicke durch mysteriöse Kräfte lenkten.

Zwei Hunde rauften sich an der Kette, an der sie festgemacht waren. Peter schaute hin, stellte sicher, dass es nichts Ernstes war, und blickte Jack nachdenklich an.

»Ja, dass sie nichts gegen die allmächtigen Lebenselemente und -umstände unternehmen können, das steckt tief in ihnen drin«, antwortete er und nippte an dem Tee, den Jack gekocht hatte.

»Früher waren die Angakuk unsere einzige Hoffnung. Wenn irgendwas Schlimmes passierte, holten wir sofort unseren Angakuk, der rätselhafte Orakel befragte. Unsichtbare Geister sprachen durch ihn, seltsame Worte, die keiner verstehen konnte.«

»Die Leute hatten vor diesen Worten großen Respekt, das haben sie mir oft erzählt. Aber was enthielten die Worte? Erklärungen? Anweisungen?«, fragte Jack.

»Nichts, gar nichts. Oft redeten sie in fremden Sprachen, gerieten in Trance. Aber das störte uns nicht. Je mehr Mystik, desto mehr Ehrfurcht. Kein Wunder, denn wir glaubten, dass alle Lebensbereiche in den Händen der Angakuk lagen, bis hin zur Wanderung der Karibuherden, den Wetterverhältnissen, Krankheit und Gesundheit, Leben und Tod und Geburten.«

Jack hörte aufmerksam zu. Vieles wusste er schon, er hatte aber gelernt, Begleiter wie Peter, Alfred, Alec und Sam nie im Fluss einer Erzählung zu unterbrechen. Oft genug wurde er auch jetzt, nach einigen Jahren Erfahrung in der Arktis, von neuen Erkenntnissen überrascht.

»Es gab aber auch sogenannte ›helfende Geister‹«, erzählte Peter.

»Naguaguta«, warf Jack ein.

»Korrekt«, sagte Peter. »Füllst du meinen Becher bitte nach? Rob! Ruhig! Wir fahren bald wieder los, nur Geduld! Die Naguaguta bewohnten Tiere, meist Eisbären und Wölfe, Pflanzen und sogar Menschen und konnten vermitteln. Die Trance war der Weg, wie der Schamane mit diesen ›Helfern‹ kommunizierte. Auf diese Weise sollten negative Umstände, Tragödien, Schicksalsschläge aufgeklärt werden. Es konnte zum Beispiel vorkommen, dass Totengeister ihre

Missgunst zum Ausdruck bringen wollten. Oder irgendjemand ein Tabu gebrochen hatte.«

»Die Tabus üben eine kolossale Macht aus«, sagte Jack nachdenklich, »zum Beispiel die Idee, dass Karibufleisch nie auf Meereseis gegessen werden darf. Als Mensch aus dem Westen würde man sagen, das waren willkürliche, frei erfundene Vorgaben, mit denen der Schamane seine Macht über die Menschen ausübte.«

»Genau. Als Christ muss ich das auch so sehen. Aber die Menschen sind von Natur aus abergläubisch und wollen handfeste Gründe haben, warum ihnen gewisse Dinge widerfahren, und Anleitungen, was sie dagegen tun können. Der Schamane kommt ihnen gerne zu Hilfe. Karibuhaut darf nur auf dem Land genäht werden. Seekreaturen dürfen nur auf dem Festland gegessen werden. An dunklen Wintertagen dürfen gewisse Kleidungsstücke nicht genäht werden, gewisse Spiele von den Kindern nicht gespielt werden. In manchen Gebieten dürfen Frauen keine Schutzbrillen tragen, und so geht es weiter. Es ist schwierig, durch einen Tag zu kommen, ohne aus Versehen diesen Geistern auf die Füße zu treten. Wenn du so ein Tabu (ein ›Aglektun‹) brichst, dann ist auf Anhieb eine Armee von beleidigten Geistern hinter dir her. Deshalb hat Kituligak so eine panische Angst, die durch nette Zusprüche nicht vertrieben werden kann. Es gab zum Beispiel die ›Tupilaks‹ …«

»Das waren ja die ganz bösen Geister, die von Schamanen vertrieben wurden«, ergänzte Jack.

»So war es. Nur die Schamanen konnten sie wahrnehmen, sie hockten im Eingang eines Iglus. Jeder Geist lebte in starker Konkurrenz mit anderen Geistern. Dass es sie wirklich gab, hab ich selbst einmal erlebt.« Er zögerte.

»Wirklich? Los, erzähl schon!«, flüsterte Jack neugierig.

»Eines Tages ging ein Schamane mit seinem Speer hinaus. Sagte, er wolle einem Tipulak, der den Tod eines Kindes verursacht hatte, den Kampf erklären. Einige Stunden später kehrte er zurück, erschöpft, beschmutzt, keuchend. Man sah das Weiße seiner Augen, so weit offen waren sie. Sein Speer triefte von Blut. So gerne hätte ich ihn begleitet und mit eigenen Augen gesehen, was er erlebt hatte.« Er hielt kurz inne. »Es gab viele solcher Geschichten in meiner Jugend, Mr Sperry. Diese Mächte waren – sind – echt.«

»Und deshalb fiel das Evangelium auf solchen fruchtbaren Boden.«

»Auch weil die ersten Missionare Medikamente dabeihatten«, erklärte Peter. »Ich vermute, Tabletten und Schmerzmittel wurden schnell als wirksamere Methode gegen Krankheiten und Schmerzen erkannt als die vergebliche Jagd nach bösen Geistern.«

Peter erzählte von der Schreckensherrschaft der Schamanen, die irgendwann in sich zusammenbrach. Skrupellose Schamanen missbrauchten die Verletzlichkeit der Menschen, um Macht auszuüben. Flüche und Gegenflüche wurden ausgesprochen, um Gegner oder Kritiker auszuschalten oder konkurrierende Schamanen aus Nachbarsiedlungen lahmzulegen. Krankheiten, Unfälle, eine schlechte Jagdsaison, ein Todesfall: Alles konnte einem Fluch zugeschrieben werden.

»Wie bei der Frau aus Holman«, sagte Jack und goss heißes Wasser aus dem kleinen Kochtopf in seinen Tee nach.

»Welche?«, fragte Peter.

»Die mich an ihr Krankenbett rief. Sie bestand darauf, dass der Arzt einen Fluch auf sie gelegt habe, sie würde demnächst sterben. Dabei hatte der arme Doktor nur mit der Hilfe eines Dolmetschers eine Diagnose vermittelt. Nichts, was ich ihr sagte, änderte ihre Überzeugung, dass sie sterben würde.«

»Und? Starb sie tatsächlich?«

»Gott sei Dank, nein. Sie machte auf dem Heimweg nach Holman einen Zwischenhalt in Coppermine. Wir beteten mit ihr und unterhielten uns intensiv. Plötzlich strahlte sie uns an und verkündete: ›Der Fluch ist weg!‹ Soweit ich weiß, lebt sie heute noch.«

Die zwei Männer fingen an, den Kerosinbrenner einzupacken und die Hunde einzuspannen.

»Weißt du, Peter, ich sehe in alledem eine Chance«, sagte Jack, bevor er auf den Schlitten stieg. »Dort, wo das gesprochene Wort Macht besitzt, hat auch das Wort Gottes eine umso größere Macht. Todbringende Flüche können gelöst werden, davon bin ich überzeugt. Das Wort Gottes muss aber zugänglicher gemacht werden. Auch im Alltag. Sie brauchen ihre eigene Bibel, Peter, in ihrer Sprache. Und einheimische Menschen, die ihnen beibringen können, wie man mit der Bibel lebt.«

»Sag ich dir schon lange, Mr Sperry«, grinste Peter.

»Manche Leute, die ich in der Heimat, in England, kenne, würden an dieser Stelle gleich schimpfen: ›Lieber Jack Sperry, warum kannst du diese armen Leute mit ihrer schönen, unverdorbenen Kultur und ihrer naturgebundenen Religion nicht einfach in Ruhe lassen? Ihnen ging es soooo gut, bevor du ihre selige, glückliche Ruhe gestört hast …‹«

Peter lachte laut, als Jack die belehrende Stimme seiner Kritiker nachahmte.

»Und was antwortest du ihnen, Mr Sperry? Sicher etwas Schlaues!«

Jack blickte ihn ernsthaft an.

»Nicht schlau, Peter, sondern wahr. Ich sage ihnen immer das Gleiche: Keine Person aus meiner Gemeinde hat jemals eine Entschuldigung dafür gefordert, dass ich und andere ihnen das Evangelium gebracht haben. Sie schrien nach Hilfe in einer Welt, die ihre Existenz ignoriert hatte. Und wir sind hingegangen. Basta.«

»Und jetzt kannst du ihnen auch von Kituligak erzählen, Mr Sperry, und warum er eine Bibel braucht und jemanden, der ihm beibringt, wie man sie liest.«

Es gab ein paar Bücher mit übersetzten Gebeten, Hymnen und Bibelabschnitten, die in die Dialekte der Westarktis, Inuvialuktun und Inupiatun, in lateinischer Schrift übersetzt worden waren. Die paar Ähnlichkeiten, die zwischen diesem und dem Dialekt der Copper-

Inuit existierten, reichten aber für eine umgehende Verständigung nicht. Für den Inuktitut-Dialekt der Ostarktis existierte bereits eine sogenannte »Syllabic«, eine Zwischenform zwischen Silbenschrift und Alphabet.

Diese Zeichenschrift war die Erfindung eines Missionars, der die Sprache der Cree-Indianer Mitte des 19. Jahrhunderts anhand der britischen »Pitmans«-Kurzschrift zu Papier gebracht hatte. Jacks Copper-Eskimos mit ihrem Inuinaktun-Dialekt nützten all diese Entwicklungen aber nichts. Die Silbenschrift ihrer östlichen Verwandten konnten sie nicht lesen. In ihrem Dialekt gab es nur säkulare Texte in lateinischer Schrift; die Bibel und geistliche Bücher allerdings nicht. Wachstum im christlichen Glauben hing also tatsächlich von dem spärlichen, zum Teil nur einmal im Jahr stattfindenden Besuch des Minihitaks ab.

»*Ein Eskimo muss einen Gedanken nicht mit seinem Verstand begreifen, um von ihm berührt zu werden. Die Auswirkungen der Flüche zeigen, dass allein das gesprochene und gar das geschriebene Wort für sie Kraft enthält*«, schrieb Jack nach seiner Begegnung mit Kituligak in sein Tagebuch. »*Mir wird klar, dass ich kaum angefangen habe, mich in diese so andersartige Mentalität hineinzudenken. Man muss mit ihnen leben, richtig mit ihnen leben. Mir fiel heute die Geschichte mit der Postkarte ein. Damals lachte ich drüber. Jetzt ziehe ich eine wichtige Lehre daraus.*«

Aus seinem ersten Heimaturlaub hatte Jack eine Postkarte an eine Familie in Coppermine geschickt, deren Vater unter Migräne litt. Als er zurückkehrte, bedankte sich dieser Freund herzlich für die mächtigen Worte auf der Postkarte. Er habe die Karte gegen seinen schweren Kopf gehalten, sagte er, und die Kopfschmerzen seien verschwunden.

»Wir müssen die Evangelien und sonstiges christliches Gedankengut in Bilder und Symbole übersetzen, die ihnen etwas bedeuten. Ich brauche ein Verständnis ihrer Welt, das in ihren Wortschatz eingehüllt ist. Damit sie nicht nur christlich angehaucht werden, sondern damit sich die Nachfolge Jesu in ihrem Alltag niederschlägt, mit den gleichen positiven und befreienden Auswirkungen wie damals in der Bibel.«

»Eine Sprache sprechen, die die Menschen verstehen«

»Ich hab's! Ein gut gebauter Windschutz ist unser Gott!«

Jack versuchte, ein paar Karibuhaare, die überall zu finden waren, aus seinem Tee herauszufischen. Es war wieder Mug-up-Zeit, eine Rast auf der Reise nach Victoria Island. Es war Februar, die eisigen Winde schnitten durch die Luft, und die Männer hatten eine Eiswand errichtet, um im Windschutz etwas durchzuatmen.

»Hey, Mr Sperry, es ist an der Zeit, dich für eine neue Jacke ausmessen zu lassen. Du hast ein ganzes Karibu in deinem Tee!«

»Macht nichts, Alfred«, lachte Jack, »einige Haare hab ich schon über den Becherrand geblasen, den Rest trinke ich einfach mit.«

Bis man zwei Schichten Bärenfellhandschuhe ausgezogen hatte, um mit nackten Fingern Karibuhaare aus dem heißen Tee zu fischen, hatte man keinen Appetit mehr auf den Tee.

Nichts konnte mit der Isolierung eines Karibuparkas mithalten. Allerdings war Karibuhaut nicht lange haltbar. Die Schneiderin musste in regelmäßigen Abständen das Gewand erneuern. Nach nur drei Jahren wurden die Haare trocken und brüchig und fielen ab. Haare in der Suppe, Haare im Gulasch, Haare im Tee. Und bei der gelegentlichen Dusche beim Übernachten an einem Handelsposten ganze Büschel von Karibuhaaren zwischen den Zehen. Spätestens dann war klar, dass eine neue Jacke hermusste.

»Was singst du da von einem Windschutz?«, fragte Alfred, als er sich neben Jack an die provisorische Eiswand lehnte und seinen Parka enger um seine Ohren zog. Jack blickte mit Ehrfurcht in die grenzenlose Weite, die ihn auch nach zehn Jahren in der Arktis immer wieder überwältigte. Die weiße Ebene wirkte blass in der gedämpften Helligkeit der Sterne, so weit das Auge reichte. Der Wind peitschte den Schnee in unzähligen kleinen Wirbelstürmen über die flache Ebene. Es war eine mondlose Nacht.

»Das Wetter hat so viele Launen wie es Tage gibt. Jeder Blick in diese endlose Weite bietet eine neue Stimmung. Gestern schimmerte der Schnee. Heute tanzt er im Wind, und alles in einer monumentalen Stille, die einem Angst machen kann«, murmelte Jack vor sich hin. Er wandte sich wieder Alfred zu.

»Aber jetzt zum Windschutz. Bei uns in Europa gibt es eine berühmte Hymne. Sie erzählt von dem Schutz, den Gott uns gibt, von seiner Treue. ›Eine feste Burg ist unser Gott‹ singen wir.«

»Eine was ist er?«

»Eine Burg. Genau das ist der Punkt. Du weißt nicht, was eine Burg ist, weil du es nicht wissen kannst. Das, was wir hier aus Schnee und Eis oder aus Holz bauen, bauen die Europäer aus Stein und Felsen. So auch eine Burg. In meinen Predigten habe ich schon oft erzählt, dass Gott so ähnlich ist wie dieser Windschutz, gegen den wir uns lehnen. Ich überlege mir gerade, ob wir aus dieser Idee ein Lied wie unsere alte Hymne machen können.«

Jacks Vorhaben, die Evangelien und die Apostelgeschichte in die Muttersprache seiner Gemeinde zu übersetzen, sollte eine kräftezehrende Odyssee werden, die in jeder Hinsicht so mühselig sein würde wie seine strapaziösen Reisen durch die Wildnis. Noch problematischer als das Wirrwarr der verschiedenen Dialekte und Schriften der Arktis, die sich keinem Standardsystem anglichen, war die kulturelle Kluft zwischen dem biblischen Leben im altertümlichen Orient und dem Leben in gefrorenen Polargefilden. Nach und nach hatte er seine eigene Bibellektüre sinnbildlich mit einer dicken Schicht Schnee bedeckt und las nur noch durch die Schneeschutzbrillen seiner Gemeindemitglieder.

»Das Theologiestudium hat doch etwas gebracht«, verkündete er eines Abends mit einem Hauch von Triumph in der Stimme, als er zwischen zwei Reisen für ein paar Tage zu Hause war.

»So ein Bekenntnis aus deinem Mund«, neckte Betty, die gerade schmutziges Spülwasser in einen Eimer schüttete, während Jack am Esstisch einen Stoß alter Papiere durchstöberte.

»Hier haben wir es. Die prägenden, allumfassenden 39 Artikel des Anglikanischen Grundgesetzes, im Jahr 1562 verfasst. Artikel Nummer 24 ist überschrieben: Of speaking in the congregation in such a tongue as the people understandeth. Vom Gebrauch einer Sprache in der Versammlung, die die Menschen verstehen. Das Gebot der Übersetzungsarbeit, ganze 500 Jahre alt. Ich stehe mit meinem Vorhaben in einer altehrwürdigen Tradition. Auch wenn hier in erster Linie das Sprechen und nicht das Schreiben der Sprache gemeint war.«

Der Traum einer Bibelübersetzung in Inuinaktun war ihm inzwischen zu einem zwingenden Bedürfnis geworden. Die Erlaubnis der »British and Foreign Bible Society« in London, deren Aufgabe es war, weltweite Übersetzungsarbeiten in geordneten Bahnen zu halten, stellte nun das größte Hindernis dar. Jack musste handfeste Beweise liefern, dass er mit der Sprache und der Kultur des Volks vertraut genug war und das nötige Handwerkszeug besaß, um mit der Übersetzungsarbeit beauftragt zu werden. Er rang um geeignete Worte für einen Antrag auf die Erfüllung seines Traums.

»*Selbstverständlich ist die Aufgabe gewaltig, aus menschlicher Sicht sogar unmöglich*«, schrieb Jack in seinem Antrag an die Bibelgesellschaft. »*Und Sie haben recht. Hochwertige akademische Qualifikationen besitze ich nicht. Ich bin weder ein Sprachwissenschaftler noch bin ich in irgendwelchen anderen Fremdsprachen flüssig. Meine Motivation ist die anhaltende Liebe, die ich für diese Menschen habe, die mich nicht loslässt, die mich bewegt hat, mit meiner Familie zusammen auf vieles zu verzichten, um mein, unser Leben mit diesen kostbaren Glaubensgeschwistern zu teilen. In ihrem Auftrag wende ich mich an Sie mit der Bitte um Erlaubnis für eine Übersetzungsarbeit in den Inuinaktun-Dialekt. Die Vorteile liegen auf der Hand: Weitverstreute Siedlungen bekommen ein gemeinsames Buch, das sie mit den Grundlagen des christlichen Glaubens vertraut macht. Laienprediger können ausgebildet werden. Damit ist eine stabi-*

lere Gemeindearbeit am jeweiligen Ort gesichert. Außerdem bekommen diese Menschen eine Grundbildung in Lesen und Schreiben. Schon jetzt, geehrte Gentlemen, streckt die Zivilisation ihre Fühler auch nach diesem abgelegenen Teil der Erde aus. Mit einer gemeinsamen Schrift werden die Menschen das Werkzeug haben, von der Modernisierung ihrer Welt nicht überrumpelt zu werden, gleichzeitig ihre Kultur und ihre Bräuche zu erhalten und an die kommenden Generationen weitergeben zu können. Meine Copper-Eskimos wollen einem Gott dienen, der sie in ›der Sprache unserer Herzen‹ anspricht, wie sie es selbst sagen.«

Jacks Argumente überzeugten, die Genehmigung wurde erteilt.

Mit der Kunst, Gedanken und Geschichten nicht nur in eine andere Sprache sondern auch in eine Denkweise und eine Kultur zu übersetzen, war er inzwischen dank seiner zahlreichen Aufenthalte in Iglusiedlungen mehr als vertraut. Jetzt ging es darum, die gesammelten Erfahrungen zu Papier zu bringen und ihnen eine Struktur und eine Ordnung zu verleihen. Für diese Aufgabe war er nicht nur auf die eigenen Erkenntnisse angewiesen, er schöpfte auch aus der Erfahrung vieler Vorgänger, die andere Übersetzungen erstellt hatten, in die Inupiat-Sprache von Alaska zum Beispiel oder die Sprachen von Labrador und Grönland.

»Moderne Übersetzer vertreten seit längerer Zeit das Prinzip der sinngemäßen Übertragung«, schrieb er an seinen Bruder, der die neuen Entwicklungen mit Faszination verfolgte und kein Detail dieses neuen Abenteuers verpassen wollte. *»Übrigens, deine Idee reizt mich, dass ich euch für ein paar Wochen in Nigeria besuche und in eurem Gästehaus in aller Ruhe an meiner Übersetzung arbeite. Ich rede mit Betty darüber. Sie ist es gewohnt, dass ich viel weg bin, und behauptet, es herrsche mehr Ordnung und weniger Quatsch im Haus, wenn ich nicht da bin.*

Aber umso mehr schätzen wir die gemeinsamen Zeiten, auch mit den Kindern. Wenn sie mit meiner Afrikareise einverstanden ist, machen wir beim Heimaturlaub in England konkrete Pläne. Ich freue mich, dass sich unsere Kinder wieder zu Gesicht bekommen. Johnny wird es nicht guttun, von seinen drei hübschen Cousinen verehrt zu werden, aber er freut sich darauf.

Zurück zu der Übersetzungsarbeit. Sinngemäße Übertragung bedeutet, der Inhalt des Textes muss so verfasst werden, dass die örtliche Bevölkerung etwas damit anfangen kann, ohne Rücksicht auf Buchstaben- und wortgetreue Übertragung des Inhalts von der einen Sprache in die andere.«

Jacks Beispiele grenzten manchmal ans Skurrile:

»Die Probleme, denen ich begegne, bieten Stoff für eine Komödie. Wenn du hier wärest, Roy, würden wir endlos lachen. Ein Missionar in Alaska rätselte schon vor 100 Jahren, wie er einem Volk den Begriff eines Gottes vermitteln sollte, das im Grunde genommen gottlos war und kein Konzept eines übermächtigen göttlichen Wesen hatte, auch kein Wort dafür. Rat mal, was er sich ausgedacht hat. Er fragte sich, wer die wichtigste Person im Dorf war. Ihm fiel der ›Umialik‹ ein, der Besitzer des ›Umiak‹. Der Umiak war ein großes Boot aus Tierhäuten und wurde für den Transport von ganzen Familien, Hunden und Ausrüstung in den Sommermonaten verwendet, war also lebenswichtig. Und so fing er das Vaterunser an: ›Umialikput kilangmiitutin.‹ Zum Glück müssen wir heute nicht mehr ›Bootbesitzer unser, der du bist im Himmel‹ beten. Ein Wort für Gott wurde erfunden und ist inzwischen in allen Dialekten akzeptiert.«

Die Übersetzung von »Unser Vater im Himmel« war nur eins von mehreren Problemen, das allein das Vaterunser aufwarf. Wie bittet man Gott um sein »täglich Brot«, wenn man Brot nie geschmeckt hat? Der naheliegende Ersatz war das Wort »Neki«, das damals »Fleisch« bedeutete und heute für jede Art von Essen verwendet wird.

Tiere, die in der Bibel als Metapher für menschliche Eigenschaften dienen, erwiesen sich als ebenso problematisch. Zum Beispiel König Herodes, von Jesus im Lukasevangelium abwertend als »jener Fuchs« bezeichnet. Das Problem: Füchse in der Arktis sind niedliche, harmlose Tiere, die nur Lemminge jagen; sie sind kaum als dunkle Bedrohung geeignet. Der schlaue, rachsüchtige Monsterkönig der Antike wurde im Eskimo-Mund von Jesus letztlich zu einem Bärenmarder, einem Tier, das zwar klein, aber für seine Hinterhältigkeit und Boshaftigkeit berüchtigt war.

Wiedersehen in Leicester

»Die enormen Entfernungen, mit denen wir es in der Arktis zu tun haben, sind hier in Europa kaum vorstellbar.«

Fünf Kinder im Alter zwischen 7 und 12, der ergebene Kern von Jacks Fanclub, saßen in ihren feinsten Kleidern in der ersten Reihe und lauschten dem Vortrag mit großer Aufmerksamkeit und sichtlichem Stolz. Wie die Orgelpfeifen waren sie in bester Manier und durchaus als Vorzeigefamilie geeignet aufgereiht, eine Mutter an einem, die andere Mutter am anderen Ende, zwei stolze Großeltern in der Reihe direkt hinter ihnen. Die Idylle trog ein wenig, denn nur die Aussicht auf Fish and Chips und Eiskrem als Belohnung für vorbildliches Verhalten beim Missionstreffen half, den Juckreiz in den Füßen und im Hintern für eine ganze Stunde in Schach zu halten.

Inzwischen mit gelichteten Haaren und einer Brille ausgestattet, wirkte der Redner weniger wie ein Jäger der Wildnis, sondern eher wie ein Akademiker. Für Angela und John war er der liebe Dad, den sie über alles verehrten. Für die drei kleinen Cousinen aus Nigeria war er der Kasper-Onkel, der spannende Geschichten erzählte und zu gelegenen wie ungelegenen Zeiten immer einen Witz auf Lager hatte. Für die Eltern William und Elsie Sperry wie auch für Bruder Roy war er der Inbegriff einer Lichtgestalt, der Star des Sperry-Clans. Für das Publikum im Gemeindehaus der »Holy Trinity Church«, in der die »Arctic Fellowship« den Vortragsnachmittag veranstaltete, war er der tapfere Pionier, der bewundernswerte Bilderbuchmissionar, der eine Menge Respekt auf sich zog.

»Schauen Sie auf diese Karte, meine Damen und Herren. Stellen Sie sich nun vor, Coppermine wäre nicht hier an der Arktisküste, sondern an der Mittelmeerküste. Wenn ich mich im Dezember oder Januar zur ersten Inlandreise aufmache, dann müssen Sie sich das so vorstellen: Ich starte hier unten am Mittelmeer und besuche eine Siedlung in Irland, dann setze ich über nach Schottland, mache einen

Abstecher nach Norwegen, um dort vier oder fünf Familien zu besuchen, dann reise ich weiter nach Russland. So riesig ist die Fläche, die Sie hier sehen.«

Die Zuhörer waren bewegt. Er erzählte mit Ergriffenheit in der Stimme von den Anfängen seiner Übersetzungsarbeit.

»Damit das Evangelium als verändernder Lebensstil wirklich greift, brauchen diese Menschen ihre eigenen ausgebildeten Prediger, die sie regelmäßig in den Schriften unterrichten. Und es gibt noch einen Grund, warum mir diese Arbeit wichtig erscheint.« Sein Blick wurde ernst.

»Die Zeiten ändern sich. Moderne technische Entwicklungen sind im Begriff, auch in diesen fernen Rand der Welt vorzudringen. Der Einmarsch der zivilisierten Welt fing schon vor Jahren durch den Pelzhandel an. Die Eskimos begrüßten die Möglichkeit, ihre Jagdkünste nicht nur zum eigenen Überleben einzusetzen, sondern Fell, Speck und Fleisch für Thermosflaschen, Tee, Kerosinbrenner und anderes einzutauschen. Alles Dinge, die auch ihnen das Leben einfacher machten. Aber auf den Fersen der Händler folgten bedrohlichere Eindringlinge: Westliche Krankheiten zum Beispiel, gegen die die Eskimos keine Immunität aufgebaut haben.

Durch die Aufrüstung der Sowjetunion und der USA in den heutigen Zeiten des Kalten Krieges ist der Norden Kanadas außerdem zu einer Kriegsfront geworden, und die Augen der Regierungen sind zunehmend auf diese Front gerichtet.«

Jack nahm wieder den Zeigestab in die Hand und richtete ihn auf die Landkarte.

»Wer ist geeigneter, die Radarstützpunkte und Warnsysteme der amerikanischen Streitkräfte an diesen Stellen hier zu betreiben, wenn nicht die jungen Eskimos, die das Klima und die Bedingungen gewöhnt sind? Diese sind aber dadurch neuen Gefahren ausgesetzt, die mit der Verfügbarkeit von Alkohol, Drogen und westlichem Geld einhergehen. Wir wissen nicht, wie lange es überhaupt noch Iglusiedlungen geben wird. Ich will diese lieben Menschen, die mir wie eine Familie geworden sind, auf Zeiten des Umbruchs vorbereiten. Das Evangelium ist dazu da, um in allen Lebensumständen Halt und Kraft zu geben …«

Fünf Kinder atmeten innerlich auf und träumten von Fish and Chips, als Jack die befreienden Worte sprach: »Und jetzt zum Schluss, meine Damen und Herren …«

»Zum Glück ist er nicht einer der Redner, der eine halbe Stunde lang ständig ›zum Schluss‹ sagt, bevor wirklich Schluss ist«, flüsterte Angela ihrer Cousine Tanya zu, die schon ein paar Mal unruhig auf ihre Uhr geschaut hatte.

»Gibt es noch Fragen?«

»Das heißt, es ist wirklich Schluss«, flüsterte Angela wieder.

»Hoffentlich gibt es keine Fragen«, sagte Tanya, »jetzt hab ich wirklich Hunger.«

»Eine Frage, Sir«, kam eine Stimme aus der hinteren Reihe. Fünf Kinderherzen sanken auf den Boden.

»Sie haben noch keinen Kommentar zu den Protesten der Tierschützer in Großbritannien gegen die Robbenjagd abgegeben. Das Jagen dieser süßen Tiere ist unnötig und die Fallen sind grausam. Wie stehen Sie dazu?«

Jack holte tief Luft und gab sich offensichtlich Mühe, sachlich zu bleiben.

»Ich habe keinen Kommentar dazu abgegeben, weil ich keinen anzubieten habe, Sir. Meine Empfehlung an die Tierschützer ist, dass sie lieber vor der eigenen Haustür kehren sollten. Demonstrieren Sie doch lieber vor den Schlachthöfen Europas. Ein Schwein, das für die Schlachtung gezüchtet wurde und auf den Tod wartet, ist nicht besser dran als ein Polarfuchs, dessen Pfote in einer Falle eingeklemmt ist, zumal besagte Pfote, die das Thema so vieler Kontroversen ist, eigentlich nicht wehtut, da sie in der Winterjagdsaison sofort einfriert.«

Die Stille im Raum hätte man mit einem Messer schneiden können, wusste doch jeder um die Streitereien, die rund um das Thema

»Tierschutz in der Arktis« in den Medien tobten. Jack stand unter Strom. Die fünf Kinder waren wieder voll dabei.

»Das kann Papa gut«, sagte Angela, »die Tierschutzidioten fertigmachen. Er macht ihnen Feuer unterm Hintern!«

»Psst! Leise!«, kam die strenge Stimme ihrer Mutter.

»Das Schlimme am Leiden der Schweine und Kühe, die Sie spätestens am Sonntag auf dem Mittagstisch finden werden, ist, dass das ganze Schlachten hier eigentlich wirklich nicht nötig wäre. Sie haben ja alle Gemüsegärten, Sie könnten alle Vegetarier sein. Meine Freunde in der Arktis würden verhungern, wenn sie nicht jagen dürften.«

Betty versuchte, durch Blicke ihren Mann zur Mäßigung zu bewegen. Offensichtlich war sie darin geübt, seine Launen in schwierigen Momenten aus der ersten Reihe heraus zu steuern.

»Natürlich gibt es Fälle von Missbrauch und auch von tatsächlicher Grausamkeit«, sagte er in einem beherrschteren Ton, »aber wenden Sie sich dafür nicht an die Eskimos. Sie nehmen nur wenige Tiere aus den Herden, nur so viele, wie sie zum Leben brauchen. Die kommerziellen Jäger aus dem Süden, die auf der Suche nach lukrativen Geschäften durch den Wal- und Robbenfang an Land gehen, um die dekadenten Luxus-Modesalons in London und Paris zu beliefern und dadurch reich zu werden, sind die richtigen Adressaten für die Proteste. Sonst noch Fragen?«

Jack war hart im Nehmen und entdeckte normalerweise in jeder noch so misslichen Situation irgendwas Lustiges. Wenn seine Eskimofreunde kritisch unter die Lupe genommen wurden, konnte er allerdings ruppig werden.

»Und außerdem ...«

Betty zuckte kurz zusammen und flüsterte: »Jetzt reicht es, Schatz!«

»Und außerdem, Kälber- und Ferkelaugen sind genauso süß wie Robbenaugen. Und Kälber und Ferkel bluten auch, wenn sie geschlachtet werden.«

Es gab keine weiteren Fragen.

»Haben die Leute genug Geld für Uncle Jacks Eskimos in die Kollekte gelegt?«, fragte Tanya anschließend.

»Nicht zu laut, die Presse ist da«, antwortete ihr besorgter Vater. »Keine Sorge, bald müsst ihr nicht mehr vornehm tun. Kannst du Grandpa kurz bitten, in dieser frommen Umgebung *keine* Zigarette zu rauchen? Er wirkt nervös und steckt seine Hand immer wieder in die Hosentasche.«

»Aus der Kälte der Arktis, aus der Hitze Afrikas, nach Leicester«, titulierte stolz die nächste Ausgabe des Leicester-City-Abendblattes »The Leicester Mercury«.

Die Sperry-Brüder sorgten für Gesprächsstoff, die Öffentlichkeitsarbeit für Jacks Eskimofreunde und ihre Bedürfnisse hatte funktioniert. Tanya brauchte sich keine Sorgen um die Spenden zu machen.

Hinter den Kulissen der Empfänge, Vorträge und höflichen Missionsveranstaltungen verwandelten sich die Exoten wieder in zwei gewöhnliche Familien aus zwei ungewöhnlichen und gegensätzlichen Kulturen, die sich über die seltene Begegnung in der alten Heimat über alle Maßen freuten.

»Kennt ihr den Witz mit dem Bauern?«

Jacks Augen zwinkerten schelmisch, Betty blickte verzweifelt aus dem Fenster und schüttelte den Kopf, ihre Kinder verdrehten die Augen und riefen: »Nein, Dad, nicht den schon wieder!«, während Roys Kinder: »Erzähl mal, erzähl mal!«, riefen.

»Sag mal, Bauer, raucht dein Pferd?

Ne, wieso?

Dann brennt dein Stall!«

Ein Gemisch aus schrillem Lachen und resigniertem Stöhnen folgte. Am lautesten lachte Jack selbst. Dabei beugte er sich nach vorne, hielt seinen Körper fest, warf dann den Kopf nach hinten und lachte, was das Zeug hielt.

»Erzählst du eine Geschichte von Little Jack und Little Roy?«

Diese Geschichtenserie bestand aus großzügig ausgeschmückten Anekdoten aus der Kindheit der beiden Brüder. Geschichten, die Little Jack zufällig immer in einem etwas besseren Licht erscheinen ließen als Little Roy. Little Roy, inzwischen nun mal »big« geworden, trug die Demütigung mit wohlwollender Würde.

»Also, Kinder ...« Fünf Augenpaare blickten erwartungsvoll in sein Gesicht. »Eines Tages mussten Little Jack und Little Roy zu ihrer Großmutter, merkt euch, zu der *frommen* Großmutter, bei der sie immer besonders brav sein mussten. An jenem Tag mussten sie besonders lieb sein, weil der Fotograf da war und ein Familienbild machen sollte. Aber Little Roy mochte es nicht, sich fotografieren zu lassen, wie ihr ja wisst ...« Und so ging es fort.

»Sind deine Eskimofreunde genauso albern und lustig wie du?«, fragte Nicky, Roys zweite Tochter, eines Tages neugierig.

»Sie waren ganz nüchterne Menschen, bevor dein Onkel ankam«, rief Auntie Betty aus der Küche, wo sie gerade Kartoffeln schälte.

»Und jetzt sind sie noch schlimmer als ich!«, ergänzte Jack.

»Erzähl doch die Geschichte von dem Motorschlitten, Dad!«, schlug John vor.

»Die kannst du besser erzählen als ich, Johnny.«

Sein Sohn stand schon in den Startlöchern.

»Also pass auf, Nicky. Einige Eskimos wollten Dad einen richtigen Streich spielen. Für seine Streiche war er selbst ja schon berüchtigt. Eines Nachts schlichen sie sich in die Garage des Missionshauses, wo Dads Motorschlitten geparkt war. Sie hatten Farbtöpfe dabei. Und strichen den Schlitten in einer grellen Grünfarbe an, mit riesigen gelben Punkten drauf. Stellt euch vor, wie sehr die Menschen lachten, als der Pastor auf einem großen, giftig aussehenden Käfer in der Gegend herumfuhr. Und lachen können die Eskimos, du solltest sie mal hören, Nicky!«

»Und wie fandest du ihren Streich, Uncle Jack?«

»Oh, ich fand ihn noch lustiger als sie! Mein modischer neuer Motorschlitten gefällt mir sehr!«

Die kurzen Sommerwochen des kulturell vielfältigen Großfamilienlebens gingen viel zu schnell vorbei. Es sollte drei Jahre dauern, bevor sich die zwei Familien wiedersahen. Es gab unter den Kindern Überlegungen, ob man nicht einmal tauschen sollte: Roys Töchter mit nach Coppermine schicken und Angela und John mit Uncle Roy nach Afrika. Den Plan legten die Cousins aufgrund praktischer Hindernisse doch wieder auf Eis. Der Abschied wurde allerdings durch die Aussicht auf Jacks Besuch in Nigeria, inzwischen von seiner Frau genehmigt, leichter gemacht.

»Dad bringt mir eine Eidechse aus Nigeria mit«, flüsterte Johnny seinen Cousinen zu, bevor das Auto zum Flughafen losfuhr.

»Und wenn ich meinen Nichten zwischendrin nicht zu viele Geschichten erzählen muss, wird euer Gästehaus der ideale Ort sein, um das Markusevangelium zu übersetzen«, waren Jacks Abschiedsworte.

Menschenfischer an den Enden der Erde

»Inukhuiktinguktitauniaktuhi. Inukhuiktinguktitauniaktuhi«, murmelte Jack.

»Alles in Ordnung, Dad? Führst du nur Selbstgespräche?«

»Halte dich etwas fester, John, sonst landest du auf dem Eis, oder noch schlimmer, *im* Eis. Ich möchte dich nicht als Eiszapfen nach Hause bringen.«

Der Schlitten glitt mühelos durch die weiße Landschaft. Es war Fischfangsaison, die Netze hingen unter der vereisten Oberfläche des Coppermine-Flusses und der Arktislachs war schon gesichtet worden. Das Überleben im Winter hing für Menschen und Hunde jetzt vom Gelingen dieses Fangs ab.

»Ich denke nur laut nach, John. Zuerst dachte ich, der Satz ›Ich werde dich zu einem Menschenfischer machen‹ – weißt du, das, was Jesus zu Petrus sagte – wäre ausnahmsweise ein Vers, den man problemlos übersetzen könnte. Fischen ist eins der wenigen Dinge, die unsere Leute und die im Orient in den Zeiten von Jesus gemeinsam hatten. Aber weit verfehlt! Das Inuinaktun-Wort für ›fischen‹ ist viel zu aggressiv, meinen die Gemeindeältesten. Menschen fischen wäre in ihren Worten etwas Grausames. Ich sollte ein Wort finden, das so was wie ›suchen mit guter Absicht‹ bedeutet, damit sie das richtig verstehen, was Jesus meinte.«

In seinen Predigten hatte er solche Begriffe bisher immer umschrieben, um die Situation zu erklären. Diese Bibelgeschichten nun schriftlich festzuhalten, stellte ihn vor ganz andere Hürden.

»Und was hat das alles mit ›inuktuktuktuktuk…‹ oder was auch immer zu tun, Dad?«

»›Inukhuiktinguktitauniaktuhi‹ heißt es, John. Es hat alles mit diesem Wort zu tun. Hier, nimm du kurz die Zügel. Und leicht nach rechts, da sind die Netze. In diesem langen Wort steckt die kleine Silbe ›huik‹ drin, das heißt, wie du weißt, ›suchen‹. Ein wunderbares

Beispiel dafür, wie man einen ganzen Satz in ein Wort hineinpacken kann. Dieses Wort verwenden die Eskimos, wenn sie nach Tieren suchen. Pass auf, mehr nach rechts.«

»Und das ganze Wort ›inuk…was-auch-immer‹ heißt was genau?«

»›Inukhuiktinguktitauniaktuhi‹ bedeutet: ›Ich werde euch wie solche machen, die nach Menschen suchen‹! Genau das hätte Jesus den Eskimos an dieser Stelle gesagt!«

Freudestrahlend suchte Jack seine Eskimo-Freunde und Übersetzungsprüfer mit zwei guten Neuigkeiten auf: Dass die Lachsbestände einen ausgezeichneten Fang versprachen und dass er auf eine perfekte Übersetzung für Menschenfischer gestoßen war.

»Peter, Jack, Alfred, ihr kichert nur! Rückt raus damit – was ist das Problem?«

»Mit ›huik‹ mitten in diesem Wort drin, Mr Sperry, sendet Jesus seine Nachfolger auf eine Rachemission aus, um einen Mörder zu suchen, einzufangen und umzubringen.« Alfred konnte vor Lachen nicht mehr an sich halten. »Ich glaube, du solltest vielleicht nach einer anderen Möglichkeit suchen …«

»Manchmal lässt eine Lösung auf sich warten, aber sie wird kommen.« Es war nicht Jacks Eigenart, lange den Kopf hängen zu lassen.

»Minihitak, Mr Sperry, wir brauchen Hilfe, komm schnell!«

»Ich komme schon! Was ist passiert, Alec?«

Alec erzählte in kurzen Sätzen und außer Atem, während Jack sich vom Kopf bis zu den Füßen in Pelze einpackte und schließlich seine Stiefel anzog: Ein junges Paar war mit einem Hundegespann von einer Siedlung 250 Kilometer weit entfernt nach Coppermine unterwegs. Der junge Mann war kein erfahrener Schlittenführer, es war Winter, und er war den Spuren anderer Gespanne gefolgt, die vor ihm auf dem gefrorenen Meer gereist waren. Plötzlich schlug das Wetter um, und das Paar steckte auf rauem Meereseis mitten in einem Schneesturm fest. Der Mann begab sich auf die Suche nach

Spuren und verließ dummerweise seinen Schlitten, seine Frau und die Hunde.

Die Hunde hatten jedoch über die Distanz hinweg die Fährte der Menschensiedlung bereits gewittert und waren zusammen mit der Frau auf dem Schlitten einfach losgelaufen. Als sie in der Siedlung ankamen, war die Frau völlig traumatisiert und schrie nach ihrem verlorenen Mann.

Jack war Teil der Suchmannschaft. Über gefrorenes Festland zu fahren war in einem Sturm unberechenbar genug, aber eine Reise auf Meereseis konnte dann ein Albtraum werden. War es zur »Freeze-up«- (»Einfrier-«)Zeit gerade windstill, versteiften sich die flachen Wellen zu einer spiegelglatten Ebene, ideal für einen Schlitten. Falls jedoch zur Zeit des Einfrierens ein Sturm tobte, verwandelte sich das Meereseis in eine zerklüftete Landschaft. Die Strömungen unter dem Wasser warfen zusätzliche Eistrümmer auf die Oberfläche. Vor gerade so einem Trümmerfeld standen Jack und das Suchteam nun, als sie sich auf den Weg machten, um nach dem vermissten Ehemann zu suchen.

Jack stöhnte und schüttelte den Kopf.

»Musste er sich ausgerechnet in den wildesten Teil des Meeres verirren?«

»Das ist leider die Richtung, die seine Frau beschreibt«, antwortete Alec. »Wahrscheinlich hat er sich zwischen den Eisblöcken verlaufen und die Orientierung verloren.«

»Also, los, Rob, aber vorsichtig. Der Boden ist voller Kanten! Ich komme nach vorne und ziehe mit, wenn es zu schwer wird«, rief Jack seinem Leithund zu. Mit schwerem Herzen. Denn das Vorhaben des Suchtrupps glich der sprichwörtlichen Suche nach der Stecknadel im Heuhaufen.

Die Männer preschten vor, hinaus aufs Eis. In gewaltige Flächen voller zackiger Eissäulen, die im Licht des Mondes wie groteske Gespenster Wache hielten, mussten sie sich wagen, im Wissen, dass sie in einem hoffnungslosen Wettrennen gegen die Zeit gefangen waren. Eine Reise durch das raue Eis war ein Kunststück. Einmal ausrutschen konnte ein zertrümmertes Bein bedeuten, Schnittwunden an den Pfoten der Hunde oder irreparable Schäden am Schlitten. Es war ein Abenteuer, auf das man sich nur dann einließ, wenn es um die Rettung eines Menschen ging.

Pure animalische, physische Kraft brauchten die Männer. Zum Schieben, Heben, Keuchen, Brüllen, Anhalten, wieder Losfahren. Sie kletterten über Eiskämme und zogen den Schlitten hinter sich her, schnitten mit einer Axt einen mühsamen Weg durch zackiges Eis, mussten immer wieder die Hunde befreien, deren Leinen sich verheddert hatten. Und dann das Ganze noch mal von vorne. Und mit jedem Fortschritt hatten sie immer weniger Hoffnung auf die Erfüllung ihrer Mission. Keine Menschenspuren waren zu sehen, kein Lebenszeichen irgendwo in der endlosen Dunkelheit um sie herum. Aber suchen mussten sie trotzdem.

Manchmal ließen sie sich abwechselnd selbst zu den Hunden an den Schlitten spannen, um besser durch den Eisdschungel lenken zu können. Der Riemen des Geschirrs schnitt auch durch Fellschichten ins Fleisch, so kräftig mussten sie ziehen. Bald wurde Jacks Schulter wund und es fühlte sich bei jedem neuen Stoß so an, als ob seine Haut von glühendem Eisen versengt würde. Dazu kamen Rinnsale von Schweiß, die seinen Rücken herabliefen und klebrig-kalt wurden, sobald er eine Pause machte. Seine Muskeln brannten vor Erschöpfung. Aber eines durften sie nicht: aufgeben.

Die Hunde hatten bei solchen Ausflügen genauso zu kämpfen. Sie hechelten, winselten, röchelten und versuchten bei jeder Gelegenheit, Schnee zu schlucken, um den lähmenden Durst zu löschen, der sie plagte. Weil sie so viel Flüssigkeit schluckten, konnten sie dem Zwang nicht immer widerstehen, bei jeder Eissäule eine kurze Pause zu machen und eine kleine Visitenkarte zu hinterlassen. Für die ohnehin angespannten Nerven der Hundeführer brachten diese Hundepausen das Fass zum Überlaufen und sie mussten sich beherrschen, um nicht auf die Hunde mit der Peitsche einzuschlagen.

Die Suche war umsonst. In einem letzten verzweifelten Versuch rückte die Suchmannschaft am nächsten Tag mit frischen Hunden noch einmal aus. Spätnachts erst verabschiedeten sich die abgekämpften Männer voneinander. Aber Jacks müde Ohren spitzten sich plötzlich, als einer der Männer zum anderen rief: »Inukhiungnialekutin akagu?«, was bedeutete: »Gehst du morgen auch nach dem Menschen jagen?«

»Moment mal, kannst du den Satz bitte wiederholen?«, rief Jack.

»Inukhiungnialekutin akagu?«, wiederholte der Mann überrascht.

Jack verabschiedete sich schnell, trotz Schmerzen und Muskelkater am ganzen Leib hellwach, und schlich sich leise ins schlafende Missionshaus. Immer noch in mehrere Schichten eisbedecktes und vom Kampf beschmutztes Fell eingehüllt, setzte er sich an seinen Schreibtisch und schrieb die Worte auf:

»Inukhiungnialekutin akagu?«

Diese Worte bedeuteten eine Suche, die Leben retten und nicht zerstören sollte.

Der verlorene Ehemann wurde nie wieder gesehen. Die Natur verschluckte ihn einfach. Kein Mensch würde je erfahren, welches Schicksal ihn ereilt hatte, an welchem Ort er bis zuletzt auf Rettung gehofft hatte und welche Gedanken ihn bis zum Schluss bewegten. Ob er, in der Eiswüste dem Tod ins Gesicht blickend, wohl noch ein Gebet gesprochen hatte? Die zermürbende, gefährliche Suchaktion schien umsonst gewesen zu sein. Aber Jahre später noch setzten sich viele Copper-Eskimos nur aufgrund Jacks zündender Idee für seine Übersetzung der »Menschenfischer« mit dem Mandat ihres Herrn auseinander, verlorene Menschen mit der Liebe des Vaters zu suchen.

*

Ein Gruppenbild mit hungernden Menschen ist ein herausforderndes Motiv für jeden Fotografen und Zeitungsreporter. Einmal kam Jack in den zweifelhaften Genuss, Menschen abzulichten, die dem Hungertod knapp entronnen waren. Er tat es nur, weil sich diese Menschen ein Bild von ihrer spektakulären Rettung als Andenken wünschten und mit dem Ziel, die stets lauernde Bedrohung durch den Hunger zu dokumentieren, die die Arktisbewohner immer wieder in panische Angst versetzte.

Die Eskimofamilien in »Ennadai Lake«, die in ihren heruntergekommenen Iglus gesessen und nur noch auf den Tod gewartet hatten, schluchzten vor Erleichterung und Freude, als sie die Motoren eines kleinen Fliegers aus der Ferne wahrnahmen und zusahen, wie die Maschine auf den See aufsetzte, um ihnen die Nachricht zu bringen, dass Hilfe unterwegs war. Nur noch eine Nacht warten. Bis morgen am Leben bleiben.

In den Küstenregionen der Arktis war Nahrung auch in schwierigen Zeiten zugänglicher als in der Arktismitte, gab es doch dort zu jeder Jahreszeit eine Auswahl an Fischen, Walrossen und Robben oder sogar manchmal alle drei auf einmal. Nur bei anhaltend schlechtem Wetter, wenn die Gewässer durch Schneeverwehungen und Eisbarrieren für Hund und Schlitten unerreichbar wurden, wurde die Versorgung knapp.

Aber auch in den besten Zeiten war es nicht einfach, stundenlang bei eisigen Temperaturen in der Nähe von Robben-Luftlöchern zu lauern in der Hoffnung, dass eins dieser begehrten Säugetiere hochkommen würde, um Luft zu holen – und dann auch noch gerade an dem Loch, neben dem sich der Jäger aufhielt.

Im Inland wurde es dann kritisch, wenn die Karibuherden ihre Wanderwege durch die Wildnis überraschend änderten. Ein einziges Mal Pech bei der Jagd konnte eine Tragödie auslösen. Eine Familie samt Hunden brauchte im Jahr 300 Karibus, um zu überleben. Vorräte waren schnell verbraucht und täglich mussten riesige Mengen von Fleisch herangeschleppt werden. Mal schlug das Schicksal rasch und mit Gewalt zu, mal als langsame Qual. Mehr als einmal war Jack mit seinem Begleiter und Hundegespann auf die Überreste von

Schneehäusern gestoßen, zwischen ihnen Haushaltswaren, Kleidungsstücke und menschliche Knochen verstreut. Stumme Zeugen einer Hungersnot, die eine ganze Siedlung ausgelöscht hatte. Geschwächte menschliche Körper wie auch Leichen waren für herumwandernde Wolfsrudel ein gefundenes Fressen.

Nach Unterbrechungen der Jagdroutine, ob durch Wetter oder durch veränderte Wanderrouten, konnte ein tödlicher Kreislauf in Gang kommen: Nur satte, gesunde Hunde konnten schwer beladene Schlitten ziehen. Sobald die Hunde schwach wurden, war das potenzielle Jagdrevier automatisch kleiner und damit die Wahrscheinlichkeit geringer, Tiere zu finden. Ohne Tierspeck gab es außerdem kein Futter für die Lampen, also kein Licht und keine Wärme. Innerhalb von Tagen konnte eine ganze Siedlung ins pechschwarze Nichts versinken. Szenen wie aus einem Horrorfilm waren die Folge: blanke Angst in den Gesichtern der Dorfbewohner, jung und alt, die zusammen in ihren eiskalten, unbeleuchteten Schneehäusern hockten. Die blutigen Kadaver von Schlittenhunden draußen verstreut, die zu Dutzenden eingingen, nachdem sie vor lauter Hunger in den Wahnsinn getrieben worden waren und sich gegenseitig zerfleischt hatten.

Jack war zur Zeit der Hungersnot in Ennadai Lake mit dem damaligen Bischof der Arktis im östlichen Teil der Diözese mit einem einmotorigen Flieger unterwegs gewesen, um verschiedene Siedlungen zu besuchen. Die zwei Männer hatten sich verabschiedet und Jack sollte nach Yellowknife fliegen, bevor ihn die letzte Etappe seiner Reise zurück nach Coppermine bringen würde. Als sich der Flieger schon startklar in Position brachte und Jack sich erleichtert aufmachte, um die kleine Piste zu überqueren und an Bord zu gehen, meldete sich ein Regierungsbeamter per Funk.

»Ist Mr Sperry noch da? Ist Mr Sperry noch da?«, brüllte seine hektische Stimme durch das Knistern und Knacken eines kaum vorhandenen Funkempfangs hindurch. Nach mehreren Wiederholungen war die Nachricht klar: Der Missionar sollte den Piloten bitten, einen Zwischenstopp an einer Wetterstation neben Ennadai Lake zu machen, etwa 600 Kilometer von Arviat, damals Eskimo Point genannt, entfernt. Dort seien einige Familien am Verhungern. Jack sollte sie informieren, dass ein Flieger der »Royal Canadian Airforce« sie am folgenden Tag abholen und in Sicherheit bringen würde. Sie sollten noch eine Nacht durchhalten und nicht den Mut verlieren.

Der Anblick, der Jack und seinen Piloten bei Ennadai Lake erwartete, traf sie bis ins Mark. Etwa 15 Männer, Frauen und Kinder stolperten beim Geräusch der Motoren aus den zerfallenen Eisschalen alter Iglus heraus, deren bröckelnde Wände von Plastikplanen überdeckt waren. Eingefallene Gesichter, magere Körper, Beine und Arme wie Knochen, Augen, die die schweigsamen Schreckensodysseen erschütterter Seelen widerspiegelten. Solch verwahrloste Blicke hatte Jack in seinem ganzen Leben noch nie gesehen. Jack strauchelte durch seine Nachricht in Worten, die sein Dialekt der westlichen Arktis mit dem dieser Menschen gemeinsam hatte. Im kleinen Flieger könne er sie nicht mitnehmen, erklärte er, aber morgen käme ein größeres Flugzeug, das sie in ein Lager bringen würde, in dem es Essen gab. Die gestrandete Gruppe stürzte sich auf die wenigen Säcke Konserven, die Jack in letzter Minute ins Flugzeug mitgenommen hatte, und erzählte ihre traurige Geschichte. Die Karibus waren einfach nicht gekommen. Kein einziges Tier sei auf der üblichen Wanderungsroute zu finden gewesen. Die Hunde waren schon längst verspeist worden, und die Eskimos waren gerade dabei, das Fell von Karibuhaut abzukratzen und die Haut in Vierecke zu schneiden, um diese auch zu essen.

Jacks größter Schock stand noch bevor.

»Aber ihr habt doch nebenan einen See, gibt es da keinen Fisch?«, fragte Jack, als er merkte, dass seine neuen Freunde mit etwas Essen im Magen und viel Dankbarkeit im Herzen gesprächiger wurden.

Empörter Protest war die Reaktion.

»Fisch können wir nicht essen! Niemals!«

»Warum denn nicht? Ihr wärt fast verhungert und niemand hätte es gewusst!«

Alle versuchten gleichzeitig, ihn aufzuklären.

»Wenn wir Fische fangen, dann senden die Karibugeister ihre Karibus nicht in unsere Richtung! Es war schon immer so. Dann verhungern wir erst recht!«

Sie waren tatsächlich nicht auf den Gedanken gekommen, im See nach Fischen zu suchen, so sehr hielt die panische Angst vor Geistern und tödlichen Tabus sie im Griff. Lieber Karibuleder essen und danach verhungern, als die Ablehnung irgendwelcher Tiergeister auf sich zu ziehen.

Trotzdem wollten sie unbedingt, dass der historische Augenblick ihrer Rettung auf einem Gruppenfoto festgehalten wurde.

»Aiyungnangman, Mr Sperry«, antwortete Alec, als Jack ihm nach seiner Rückkehr nach Coppermine mit Betroffenheit von dem Zwischenfall erzählte.

»Aiyungnangman«: Dagegen kann man nichts machen. Das Leitmotiv eines fatalistischen Weltbildes.

»Und was haben wir Christen dagegenzusetzen, Alec? Gerade in solchen Grenzsituationen?«

Alec schwieg kurz. Er blickte in die Ferne, als ob er die Wand des kleinen Wohnzimmers im Missionshaus nicht sehen würde, wo er mit Jack gerade zusammensaß.

»Einmal kamen auch bei uns im Spätsommer die Karibus nicht wie erwartet. Die Kinder schrien schon vor Hunger. Jeden Tag gingen wir Männer, jeder mit einem Hund, hinaus, um nach Tieren zu suchen. Endlich sah ich vier Karibumännchen auf mich zukommen. In meinem Gewehr steckte noch eine Kugel, die ich abfeuern musste, um die Waffe neu laden zu können, aber die Kugel verfehlte das Ziel. Und die Hülse, die noch im Gewehr steckte, war festgeklemmt, weder mit meinem Fingernagel noch mit einem Taschenmesser konnte ich sie entfernen, und die Tiere kamen immer näher. Mit der Hülse darin konnte ich das Gewehr nicht neu laden.«

»Was hätte ich, was hätten meine Eltern früher in diesem Moment gesagt?«, fuhr er fort.

»Aiyungnangman«, antwortete Jack. »Ihr hättet gedacht: Wir haben ein Tabu gebrochen, einen Fluch auf uns gezogen.«

»Nicht nur das. Wir hätten die Jagd sofort abgebrochen und uns auf den Tod vorbereitet, so gut es nur geht. Den Kindern noch alle Überreste gegeben. Und gehofft, dass es schnell geht.«

»Aber?«, fragte Jack hoffnungsvoll.

»Aber, Mr Sperry? ›Aber‹ ist das wichtigste Wort des Evangeliums! Aber weil ich Christ geworden war, hatte ich einen anderen Weg. Ich kniete mich hin und bat Gott um seine Hilfe. Ich dachte an die weinenden Kinder. Plötzlich fiel mir ein, dass sich in dem Lederband, das mein Hund um seinen Hals trug, eine kleine, dünne Platte aus Stahl zur Befestigung des Halsbandes befand. Ich schnitt das Band mit meinem Taschenmesser auf und konnte das Plättchen verwenden, um die Hülse herauszuhebeln. Danach konnte ich das Gewehr neu laden und alle vier Karibus erschießen. Und wir haben alle überlebt!«

Neue Dämonen, neue Ängste

»Genau das, was ich befürchtet habe«, murmelte Jack. »Es gibt Geister, die noch schwieriger zu bändigen sind als die Tier- oder Wettergeister, die Alecs Karibus entkommen lassen wollten. Das sind die, die wir Weiße selbst mitgebracht haben. Heimtückischer als alle traditionellen zusammengenommen.«

Die »Geister«, von denen Jack sprach, hatten Namen wie Diphtherie, Masern, Polio, Scharlach, Keuchhusten, Grippe, Tuberkulose und Mumps. Anfang der Siebzigerjahre brachten die Weißen dann auch sexuell übertragbare Krankheiten mit.

Nicht zum ersten Mal in der Geschichte Coppermines schlug diesmal eine Grippe-Epidemie mit hartnäckiger Gewalt um sich, wie auch in anderen Regionen. Die Reue wegen der fahrlässigen Einführung tödlicher Krankheiten in Lebensgemeinschaften, die keine Immunität gegen sie hatten, hatte immerhin zu dem kollektiven Bemühen geführt, hier Hilfe zu leisten. Die Regierung versuchte, Impfprogramme durchzuführen, in den Handelsposten medizinische Stützpunkte mit Röntgengeräten einzurichten und immer wieder qualifizierte Kräfte hinzuschicken. Diese sollten die Menschen in den Siedlungen vorbeugend untersuchen und vor allem gegen die gefährlichste aller Arktiskrankheiten, Tuberkulose, impfen. Leichter gesagt als getan. Die Eskimos sahen erst dann die Notwendigkeit einer aufwändigen Schlittenfahrt zu einer medizinischen Ambulanz, wenn es schon zu spät war. Außerdem hatte es die Regierung mit einer Kultur zu tun, in der es noch nie amtliche Eintragungen von Geburten, Eheschließungen und Todesfällen gegeben hatte. Familienverbände hatten keinen einheitlichen Nachnamen, und so war es schwierig, Akten über die Entwicklung einer Bevölkerung zu führen. Eltern, deren Kinder krank wurden, gaben diesen oft einen neuen Namen in der Hoffnung, die Krankheit dadurch zu überlisten und durch die neue Identität zu vertreiben.

Es herrschte reger Betrieb in Coppermine, als die Grippe mal wieder zuschlug. Kräfte der Canadian Royal Mounted Police, Hudson-Bay-Mitarbeiter, Regierungsangestellte wie auch Arbeiter der anglikanischen und der katholischen Missionen arbeiteten unermüdlich Seite an Seite, während Scharen von Siedlungsbewohnern in müden Schlittenverbänden auf der Suche nach Medikamenten in Coppermine eintrafen. Für einige Eskimos kam die Hilfe zu spät.

Es war wieder der optimistische Alec, nie aus der Ruhe zu bringen, der Jack tröstete.

»Jetzt können wir wenigstens etwas dagegen unternehmen, Mr Sperry. Schau, wie dankbar die Menschen für eure Liebe und Fürsorge sind.«

»Du bist wahrhaftig ein Phänomen, lieber Alec. Weißt du was? Ich habe den Eindruck, dass du gegen die schlimmste aller Krankheiten immun bist. Und zwar gegen Bitterkeit. Alle Achtung. Alles was wir tun ist, Krankheiten zu behandeln, die unsere hochgepriesene Zivilisation mitgebracht hat. Das ist kein großer Verdienst.«

Etwas »dagegen« zu unternehmen war nur bedingt möglich. Kaum eine Stunde ging vorbei, ohne dass sich nicht ein neues Schlittengespann langsam in die Siedlung schleppte. Immer wieder stieg Jack ein Kloß in den Hals, wenn er daran dachte, wie sehr sich die jetzige Stimmung von der überschäumenden Freude unterschied, die nur wenige Wochen davor bei der Weihnachtsversammlung geherrscht hatte. Die Hunde winselten und ließen ihre Köpfe hängen, sanken vor Erschöpfung zu Boden. Eltern, oft selbst angeschlagen, wurden von helfenden Händen gestützt, während sie kranke Kinder vom Schlitten hoben.

»Ich bin zwar noch schwach, aber fit genug, um irgendwo mitzuhelfen«, sagte ein Polizist, nachdem Jack ihn in die warme Küche des Missionshauses geführt hatte, die über Nacht so etwas wie eine Krisenzentrale geworden war. Ein improvisiertes Lazarett war im Schulhaus untergebracht. Die Epidemie hatte klein begonnen: mit zwei Erkrankungen. Innerhalb weniger Tage lag fast ganz Coppermine flach. Inzwischen hatte sich die Krankheit in die umliegenden Siedlungen ausgebreitet.

»Weißt du, was du machen kannst?«, antwortete Jack. »Die Hunde der anreisenden Gruppen versorgen. Wenn du warm genug eingepackt bist, geh bitte hinaus und hilf den Familien, ihre Hunde anzuketten. Sage ihnen, sie sollen sich sofort im Schulhaus melden und sich um ihre Hunde keine Gedanken machen. Nebenher kannst du überlegen, wer diese riesige Hundeschar womit füttern soll!«

Wer noch auf den Beinen war, legte Hand an und half mit. Über die Infektionsgefahr wurde nicht geredet. Alle waren infiziert, bis auf die Weißen, Südländer und einige Coppermine-Bewohner, die als Kinder geimpft worden waren. Betty blieb mit ihren Kindern zu Hause, denn ihre Babysitter waren alle krank. Sie kochte und backte ununterbrochen, um die Patienten wie auch die zusätzlichen Krankenpfleger und -schwestern zu versorgen, die für den Notfall eingeflogen worden waren. Jack war der Mann für alles. Mal dolmetschte er für besuchende Ärzte, mal leerte er Bettpfannen, mal schrubbte er Böden mit Desinfektionsmittel. Es war ein Wettlauf gegen Kräfte, die mindestens so viel menschliches Leben in der Arktis zerstörten wie die geballte Wucht willkürlicher Naturgewalten.

»Die Hunde der Familie haben Futter, aber das kleine Mädchen ist tot. Der Vater traut sich nicht zu seiner Frau zu gehen. Er ist selbst völlig geschwächt. Sie kam schon letzte Woche krank hier an, ihr geht es aber besser. Er will, dass du es ihr sagst, Mr Sperry. Du kannst so was besser. Sie heißt Flossie.«

Es war der Polizist, der gelegentlich einen Abstecher ins Missionshaus machte, um Neuigkeiten der anrückenden Gespanne zu bringen.

Jemandem eine traurige Nachricht zu überbringen war nie Routine. Jack wusste später nicht mehr, wie lange er auf dem Boden neben der Matratze der untröstlichen Mutter saß, die er von Besuchen in den Siedlungen schon ein wenig kannte, und ihre zitternde Hand in seiner hielt.

»Und wie hieß sie, deine Tochter?«, flüsterte die Frau, die bisher mehr geweint als erzählt hatte, durch Tränen hindurch.

»Sie hieß Jacqueline«, antwortete Jack. »Ich durfte nie erleben, wie sie ihre ersten Schritte macht, ihre ersten Worte spricht. Genauso wie du, liebe Flossie, nie erleben wirst, wie deine Maria ihren ersten Schlitten führt oder ihr nie beibringen wirst, wie man einen Parka näht. Aber jetzt haben wir gemeinsam unsere kleinen Mädchen zurück in die Hände Gottes gelegt. Sie spielen jetzt schon auf Schlittenbahnen und Schneehügeln, wo es keine Tränen, kein Leid mehr gibt. Und bald, sehr bald, werden auch wir dorthinkommen. Bis dahin müssen wir, du und ich, tapfer sein und anderen in ihrem Leid helfen. Schau, hier kommt dein Ehemann.«

Der ozeanblaue Himmel, der über dem Meer strahlte, bildete einen starken Kontrast zu dem Elend, das Jack gerade hautnah erlebte. Die Tage wurden länger, eine Ahnung von Frühling hing schon in der Luft. Eissäulen ragten empor, verstreut über der Meeresfläche, bewegungslos, gigantisch wie strenge Wachmänner. Wie für alle Ewigkeit in eine erstarrte Landschaft eingefroren. Dazwischen Trümmer. Es war ein turbulentes »Freeze-up« gewesen. Er dachte an Hiroshima, seine Augen suchten instinktiv nach einer kleinen Familie, die nach verlorenen Schätzen suchte, seine Ohren warteten auf den Schrei des kleinen Mädchens, das seine Puppe gefunden hatte.

Bald würde sich die erste Eisplatte spalten und das Land würde sich wieder mit Leben füllen. Die Säulen und Trümmer würden von jetzt auf gleich weg sein, geschmolzen in einem rauschenden Frühlingserwachen, unter den Freudengesängen einer Auferstehung. Doch diese war nicht ewig, sondern genauso vergänglich wie alles andere im Leben.

Er seufzte, füllte seine Lunge ein letztes Mal mit der eiskalten Meeresluft und kehrte zum Schulhaus zurück.

Wandel

»Eines Tages wirst du dankbar sein, dass du so eine einzigartige Kindheit hattest, Angela.«

Mutter und Tochter standen am Ufer des Coppermine-Flusses. Betty blickte mit einem Hauch Schmerz in den Augen auf die atemberaubende Weite des still fließenden Wassers. Im Moment war der Anblick friedlich. An einem anderen Tag, bei anderen Wetterverhältnissen, wäre er wie verwandelt. Gespickt mit zackigen Eisgespenstern in der unheimlichen, frostigen Dämmerung eines Winterzwielichts. Schimmernd rot-gold unter einer Sonne, die nicht so richtig aufgehen wollte. Spiegelglatt und leuchtend weiß bei Vollmond. Brausend und sprudelnd zwischen grünen Ufern und unter einem blauen Himmel im Sommer. Wie ein Symbol für die Launen, die Hochs und Tiefs ihres eigenen Lebens.

»Kann sein, Mom. Ich liebe es hier, so ist es nicht. Aber ich möchte unbedingt auch etwas anderes kennenlernen, junge Leute treffen, die so ähnlich sind wie ich. Die Welt sehen, einkaufen gehen, Jungs begegnen.«

In der Familie Sperry herrschte Umbruchstimmung.

»Das wirst du auch bald, mein Kind. Aber ob es dir wirklich gefallen wird, da bin ich mir nicht sicher.«

Die neuen Geister, die das Eskimovolk plagten, kamen nicht nur in Form von Krankheiten. Zwei weitere hießen »Umweltverschmutzung« und »globale Erwärmung«. Der Klimawandel löste eine Kettenreaktion aus.

Karibuherden wanderten nicht mehr auf ihren gewohnten Routen. Wärmere Sommermonate brachten riesige Mückenschwärme mit sich. Dies führte dazu, dass die Herden schneller von Ort zu Ort weiterzogen und längere Strecken hinter sich bringen mussten. Die Weibchen konnten nicht genug Kräfte sammeln, um trächtig zu werden und Junge auf die Welt zu bringen. Dadurch wurde die Gefahr der Hungersnot für die Menschen, deren Leben vom zerbrechlichen Gleichgewicht in der Nahrungskette abhing, mit einem Schlag um ein Vielfaches größer.

Die kanadische Regierung hatte schon längere Zeit davor angefangen, der Welt zu beweisen, dass sie willig und auch in der Lage war, sich verantwortungsbewusst um ihre Ureinwohner zu kümmern und diese Aufgabe nicht nur, wie bisher, den Missionaren, den Händlern und der kanadischen Polizei zu überlassen. Iglubewohner wurden weiter in den Süden der Arktis in größere, zentral gelegene Siedlungen gelockt mit der Aussicht auf beheizte Häuser, Bildung, medizinische Hilfe und sonstige Vorteile der Moderne. Bald sollte der tägliche Kampf ums Überleben Vergangenheit sein wie auch die damit einhergehenden Künste des Jagens und Fischens.

Im Laufe der Fünfziger- und Sechzigerjahre hatte sich die westliche Zivilisation langsam, aber sicher ihren Weg bis an die Türschwelle der bis dahin vergessenen Länder gebahnt. Bis zum Ende der Sechzigerjahre hatte sich die Bevölkerung in Handelsstationen wie Coppermine mehr als verdreifacht.

Andere Entwicklungen kamen dazu. In den Jahren des Kalten Krieges galten bemannte russische Bomber, die die Route über den Nordpol nehmen könnten, als Hauptbedrohung für die Sicherheit der westlichen Welt. Die amerikanische Verteidigungsfront, »DEW« – »Distant Early Warning« genannt, verwandelte Teile der Barrenlands in eine große Baustelle. Junge Inuit waren begehrte Arbeitskräfte an diesen nördlichen militärischen Stützpunkten, waren sie doch das raue Klima und die harte Arbeit bei unmenschlichen Temperaturen gewohnt. Die DEW-Stützpunkte erforderten stabile Landebahnen für größere Maschinen. So wurde die Arktis mit Flughäfen und bald auch mit Linienflügen ausgestattet. Damit gehörte der »Tingmiak«, oder »Vogel«, wie das Flugzeug in allen Inuit-Dialekten genannt wurde, bald zum Alltag. Das Klirren von Hundegeschirren und die Rufe ihrer Führer wurden durch das Donnern von Flugzeugturbinen und das stakkatoartige Aufbrausen der Schlittenmotoren ersetzt. Die immense Stille des Schneepanoramas war für immer erschüttert. Das trauervolle Jaulen der Hunde nachts wurde nicht mehr gehört. Selbst die Wölfe zogen sich zurück und suchten sich ruhigere und sicherere Gefilde.

Es boten sich auf allen Seiten lukrative Beschäftigungen als Ersatz für die kräftezehrenden Jagdexpeditionen, die früher eine zentrale Rolle im Leben der Eskimos gespielt hatten. Nicht nur das US-Militär freute sich über den Einsatz einheimischer Kräfte. Erneute Versuche, um Coppermine herum nach Kupfer zu graben, durch die Einführung moderner Geräte erleichtert, boten jungen Inuit zusätzliche Arbeitsmöglichkeiten. Goldminen waren im südlich gelegenen Yellowknife inzwischen gut etabliert. Diamanten wurden südlich von Coppermine entdeckt. Um die Inuit auch an Entscheidungsprozessen in den sich rasant entwickelnden Gebieten zu beteiligen, zog der Sitz der territorialen Regierung 1967 nach Yellowknife. Inuit-Männer und -Frauen ließen sich in Stadträte wählen und von der Nunavut-Regierung anstellen. Selbstbestimmung stand ganz oben auf der Agenda.

Damit brach im Eiltempo ein komplett anderer Lebensstil in das Familiengefüge der Inuit ein. Innerhalb von zwei Generationen verwandelte sich das Volk der Zentralarktis von einfachen Stämmen, die nichts von der Welt außerhalb der Grenzen ihrer Jagdreviere wussten, zu einem Volk, das die Verbindung zur modernen Welt mit allen Konsequenzen aufgenommen hatte. Fernseher, Telefone und später Internet gehörten zu ihrem Alltag. Essen, Kleider und Haushaltsutensilien kauften sie in modernen Geschäften. Sie machten ihren Führerschein und kauften sich Autos.

Die Kehrseite dieses rasanten Wandels ließ nicht lange auf sich warten. Nicht nur der Konsumrausch und der Zugang zu Bildung und medizinischer Hilfe erwiesen sich nach den Härten des Iglulebens als verlockende Genüsse. Die Verfügbarkeit von Drogen und Alkohol war genauso einschneidend und bot eine willkommene Lebensalternative für diejenigen, die keinen der begehrten Arbeitsplätze bei den Amerikanern oder in den Bergwerken ergatterten und auf der Strecke blieben. So wurde die medizinische Hilfe nun für Probleme in Anspruch genommen, die die Inuit in ihrer ursprünglichen Umgebung nicht gehabt hatten. Billiges Fastfood und Süßigkeiten aus dem Supermarkt verursachten mehr Zahnschäden als Karibufleisch und Fisch. Viele junge Inuit wurden Alkoholiker.

»*Wir brauchen mehr Mitarbeiter*«, schrieb Jack Anfang der Sechzigerjahre nach England. »*Nicht mehr für die Reisen mit Hund und Schlitten, sondern um Familien zu betreuen, die durch die Umsiedlungen unter die Räder geraten sind. Wenn sie Alkoholiker sind, trinken sie alles, wirklich alles. Einige sind gestorben, weil sie Frostschutzmittel oder Rasierwasser getrunken haben. Es ist eine regelrechte Plage. Die Missionare der Zukunft müssen nicht mehr wetterfeste Abenteurer sein wie wir in unserer Generation. Sie müssen Menschen pastoral begleiten, die zwar materiell versorgt sind, aber ihren seelischen und geistlichen Kompass im Leben komplett verloren haben.*«

Parallel zu diesen gesellschaftlichen Entwicklungen kündigten sich auch bei der Familie Sperry grundlegende Veränderungen an. Nachdem die Schule in Coppermine beendet war und dort keine Möglichkeit zur weiterführenden Bildung bestand, stellte sich die wichtige Frage, wie die Zukunft der Kinder aussehen sollte. Gleichzeitig hatten Jacks Errungenschaften ihm weit über die Grenzen Kanadas hinaus Anerkennung eingebracht. Viele Copper-Inuit waren inzwischen stolze Besitzer kleiner Bücher, in denen sie die Evangelien und die Apostelgeschichte wie auch Psalmen, Gebete und Choräle in ihrem eigenen Dialekt lesen und lernen konnten.

So kam es, dass die höchsten Gremien der anglikanischen Kirche ihre Augen auf Jack als Anwärter für größere Aufgaben warfen. Die Kenntnisse der Inuit-Kultur und -Sprache, die er sich in Coppermine angeeignet hatte, sollten nun einer breiteren Öffentlichkeit dienen.

Kein Brite oder sonstiger Ausländer vor ihm hatte sich die Sprache der Arktis in dem Maße zu eigen gemacht wie Jack Sperry. Gerade in der Zeit des Umbruchs sollte er andere Missionare ausrüsten, um den Inuit zur Seite stehen zu können.

Und so ging der Entscheidung, Coppermine zu verlassen, ein langes und intensives Ringen voraus.

> »*Immer wieder müssen wir lernen, dass es um ihn und seinen Willen geht und nicht um uns und unser Glück*«, schrieb Jack in sein Tagebuch. »*Selbst der Dienst am Evangelium kann sich schleichend zu einer Art Selbstverwirklichung entwickeln. Unsere erste Frage in allem muss bleiben: Was will der Herr und was braucht sein Volk?*«

Jacks und Bettys Schlussfolgerung war, dass sie ihren geliebten Eskimos in dieser entscheidenden Periode ihrer Geschichte von einem zentraleren Ort aus besser helfen konnten.

Die kleine Stadt Fort Smith, an der südlichsten Grenze der Northwest Territories am Great Slave Lake gelegen, schien als nächste Station der Familiengeschichte ideal. Von hier aus sollte Jack nicht nur Coppermine, sondern als reisender Vertreter der Kirche und als Multiplikator auch andere Missionsstationen in der gesamten Arktisdiözese besuchen, im Wissen, dass hier auch für seine Kinder eine gute Bildung gesichert war. Gleichzeitig sollte seine Übersetzungsarbeit weitergehen. Die Pfarrgemeinde St. John in Fort Smith suchte einen neuen Pfarrer und würde als Stützpunkt für die größeren Reiserouten dienen, die Jack mit dem Flugzeug statt mit Hund und Schlitten unternehmen würde. So fassten Jack und Betty 1969 mit schwerem Herzen den Entschluss, ihr glückliches Leben in Coppermine nach 19 Jahren hinter sich zu lassen und zurück in die Zivilisation zu ziehen.

»Kannst du wirklich ein Auto fahren, Dad?«

Johnny schaute mit einer Mischung von Skepsis und Staunen auf den kleinen gelben Käfer, dessen stolzer Besitzer die Familie Sperry nun war. Es war ihr erstes Auto.

»Ich hoffe es wohl, Johnny. Du und ich, wir machen zuerst eine Probefahrt, dann dürfen unsere Damen einsteigen. Es wird ein anderes Gefühl sein, als mit einem Schlitten zu fahren.«

»Mit Hunden ist es viel besser«, bemerkte Angela, deren rot geweinte Augen verrieten, dass sie mit dem Umzug bei Weitem nicht so gut klarkam wie ihr Bruder mit seinem optimistischen Temperament. Angela fühlte sich auf einen fremden Planeten versetzt, bis hin zu Kleinigkeiten: Sie fuhren nun auf holprigen Kieselsteinwegen mit dem Auto, sahen statt endlosem Weiß nur Braun und Grün, hatten Bäume und einen Garten um das Haus herum.

»Die Eskimos hier sind keine richtigen Eskimos«, klagte sie nach dem ersten Besuch bei neuen Freunden in Fort Smith.

»Warum nicht?«, fragte Betty.

»Sie essen mit Messer und Gabel. Das ist komisch. Und Eskimos in einem Holzhaus, das passt auch nicht. Ein Auto ist langweilig. Mir fehlen die Hunde. Mit ihnen machte es viel mehr Spaß.«

Nach und nach wurde zwar Angela von den Vorzügen eines Lebens in der Stadt überzeugt. Aber ein Teil ihres Herzens sollte für alle Zeiten den weißen Flächen und Hügeln der Nordarktis und den Eskimos in ihren Schneehäusern gehören. Das Leben dort blieb für sie letztlich die Definition eines »normalen« Lebens. Betty fand sofort Arbeit im Krankenhaus und im örtlichen Gesundheitszentrum.

Das Leben am Puls der Schneehaussiedlungen fehlte Jack unendlich. Mit dem Umzug in eine Stadtgemeinde wurde er zum ersten Mal mit dem Minenfeld der Kirchenpolitik konfrontiert. Schmerzlich vermisste er die Runden im Rauch der Specksteinlampen bei gefrorenem Fisch, dampfendem Tee und um die Bibel herum. Die Geschichten. Das Lachen. Die kollektive Erleichterung, einen Tag mit vollem Magen und Öl in der Lampe überlebt zu haben. Die Seilspiele der Kinder.

Stattdessen erlitt er endlose Gemeinderatsitzungen mit hitzigen Diskussionen über die Farbe des neuen Altarteppichs oder Zwistigkeiten darüber, wie viel neue Gesangbücher kosten durften, persönliche Rangeleien um Gruppenleitungen und darum, wer mit welchem Recht welches Amt ausführen durfte. Unüberwindbare Spaltungen drohten bei nichtigen Fragen, und kollektives Beleidigtsein herrschte, wenn der Pfarrer sich nicht an diesem Treiben beteiligte. Die Zivilisation ließ grüßen. Auch die fromme. Jacks Definition für den Begriff »Lebensqualität« hatte sich in den Jahren in Coppermine grundlegend verändert. Die Trauerphase durchlitt Jack auch stellvertretend für ein ganzes Volk.

»Was hältst du davon, Pfadfinder aus aller Welt nach Fort Smith einzuladen und ein riesiges Lager zu veranstalten, Johnny?«, fragte er seinen Sohn eines Tages. Keine Überredungskünste waren nötig, um Johnny sofort in den Plan einzuspannen.

Ein bisschen Wildnis mit Nordarktis-Flair konnte man auch in Fort Smith nachbauen, um sich vom eigenen Heimweh abzulenken. Jack hatte sich mit Johnnys Hilfe bald nach seiner Ankunft an die Aufgabe gemacht, vor allem Jugendliche auf den Geschmack eines Lebens im Freien zu bringen. Er war überzeugt, dass physische Anstrengung verbunden mit einer Menge frischer Luft effektive Mittel gegen die Laster der modernen Gesellschaft waren. Ein Pfadfinderverein für Jungs war eines der Ergebnisse solcher Überlegungen. Betty gründete eine Gruppe für Mädchen.

»Unser Werbeslogan, Dad: viel freies Land für eine Menge Zelte, gutes, zuverlässiges Sommerwetter, Menschen, die freundlich sind wie keine anderen auf dem ganzen Planeten. Klingt das gut, Dad?«

Tatsächlich brachten Vater und Sohn es fertig, nicht weniger als 1 000 junge Pfadfinder aus aller Welt nach Fort Smith zu locken. Die Sonne strahlte, als das Lager aufgebaut wurde. Und zwölf Tage später schien die Sonne wieder, als abgebaut wurde. Dazwischen regnete es pausenlos, wie seit 50 Jahren nicht mehr, behaupteten die älteren Einwohner Fort Smiths.

»Das mit dem zuverlässigen Sommerwetter lassen wir das nächste Mal weg, Dad«, zog Johnny nüchtern Bilanz. »Aber die Stimmung war trotzdem super, oder?«

»Klar, Johnny. Und du weißt, wie es bei echten Pfadfindern und Arktisabenteurern ist: Es gibt kein falsches Wetter, nur falsche Kleidung. Das haben wir ihnen jetzt beigebracht und sie haben es uns geglaubt!«

»Was du von mir in Gegenwart vieler Zeugen gehört hast, das vertraue treuen Menschen an …« Jacks Übersetzungsarbeit lief weiter. Treu der Anweisung des Apostels Paulus an seinen Nachfolger Timotheus setzte er alles daran, junge Missionare und Pastoren davon zu überzeugen, dass auch sie in der Lage waren, gute Gemeinden zu bauen und neue Mitarbeiter für die Arbeit unter den Inuit zu gewinnen. Die Bedingungen waren anders geworden als zu seiner eigenen Anfangszeit, die Herausforderungen aber blieben: die Sprache zu lernen und sich in eine fremde Kultur hineinzufinden.

»Ich weiß ehrlich gesagt nicht, was mehr Mut kostet«, sagte Jack einmal in einem Vortrag in Fort Smith, »auf einen Schlitten zu springen und in die große, gefährliche und einsame Leere zu fahren. Oder eine gebrochene Ehefrau zum Gericht zu begleiten, um ihr in ihrem Scheidungsprozess beizustehen. Oder trauernden Eltern beizustehen, deren Kinder Drogen und Alkohol zum Opfer gefallen sind. Ich vermute, solche Aufgaben sind genauso herausfordernd wie die Aufgaben, die damals auf mich warteten.«

Auch die Weltbibelgesellschaft profitierte von Jacks Erkenntnissen und Erfahrungen bei der Übersetzung biblischer Schriften in andere bis dahin schriftlose Sprachen. Jack war überzeugter denn je, dass das Evangelium einheimische Kulturen nicht zerstörte, sondern ganz im Gegenteil das Beste der jeweiligen Kultur erhalten und ins beste Licht zu setzen vermochte. Denn dort, wo das Licht von Christus hereinbrach, hatten menschenverachtende Aspekte einer Kultur keinen Platz mehr. Seine Erfahrungen und Überzeugungen galten inzwischen als Vorbild für Missionsgesellschaften weltweit, die nach Wegen suchten, Menschen mit der Botschaft der Liebe Gottes zu erreichen.

Jack war, ohne es jemals geplant zu haben, zu einem Multiplikator geworden.

In Amt und Würden

»John Reginald Sperry, ein hochgewachsener Brite, der die zähe Schlichtheit des hohen Nordens nach Süden gebracht hat, wurde als dritter Bischof der größten Diözese der weltweiten anglikanischen Kirche eingesetzt«, textete die kirchliche Zeitschrift »The Canadian Churchman« in ihrer Aprilausgabe 1974.

Es gibt Männer der Kirche und Männer des Evangeliums. Es gibt auch begnadete Männer, die beides sind. Solche hatten von jeher die Entwicklung der christlichen Kirche in der Nordarktis geprägt, deren Motto lautete: »Serve the living God« (»Dient dem lebendigen Gott«). Die Ernsthaftigkeit, mit der diese Devise von Vertretern dieser Kirche gelebt wurde, führte dazu, dass manche stagnierende Pfarrgemeinde in der Heimat ein neidisches Auge auf die prall gefüllten und freudevollen Gottesdienste der abgelegensten anglikanischen Diözese der Welt warf.

Als John Reginald Sperry ins Bischofsamt gewählt wurde, musste er in die Fußstapfen zweier außerordentlicher Vorgänger treten. Zum einen Archibald Fleming, der Anfang des 20. Jahrhunderts als erster Missionar unter primitivsten und gefährlichsten Bedingungen unter den Bewohnern der Baffin-Insel gewirkt hatte und der erste Brite gewesen war, der ihre Sprache fließend lernte. Dieser Bischof war es auch gewesen, der jenes historische »Ja« zu Jacks und Bettys Heirat gegeben hatte.

Ihm auf den Fersen folgte Donald Marsh, der dem Eskimovolk jahrelang mit unermüdlichem Einsatz diente, bevor die Folgen eines Autounfalls in der Heimat seinem Leben ein tragisches und frühes Ende setzten. Jack war nun sein Nachfolger.

Am 31. März 1974, genau 24 Jahre nachdem der damals neue Bischof Donald Marsh ihm in einer schlichten Ordinationsfeier in Winnipeg segnende Hände aufgelegt hatte, trat Jack auf die Kanzel der überfüllten Kathedrale in Frobisher Bay auf der Baffin-Insel, die in Gedenken an Archibald Fleming gebaut worden war. Frobisher Bay war nun die neue Heimat der Familie Sperry. Die St.-Judes-Kathedrale war ein Bauwerk der Sonderklasse. Von einheimischen Architekten entworfen, glich sie in ihrer Form und Farbe einem riesigen Iglu, von einem Spitzturm gekrönt, der wie ein langer Finger in den Himmel zeigte.

Die Kanzel war aus einem Schlitten gebaut, dessen hinterer Teil im Boden verankert war, sodass die vorderen, nach oben gebogenen Kufen in die Luft ragten und mit einem Pult verbunden waren. Zwei weitere Schlitten standen quer auf der Seite und dienten als Altargeländer. Zwei geschliffene Walrosszähne bildeten das Kreuz, das über dem Altar hing.

Seltsam, wie einem in gewichtigen Momenten des Lebens kleine, nebensächliche Details auffallen. Jacks Blick fiel auf die Liedtafeln, die aus alten Schneeschaufeln gemacht waren, und dachte schmunzelnd an Iglu-Gottesdienste, bei denen das Dach anfing zu schmelzen und genau solche Schaufeln herbeigeholt wurden, um den Schaden in Sekundenschnelle zu reparieren.

Auf allen Seiten von der ausdrucksstarken Symbolik seiner eigenen Lebensberufung umgeben, blickte Jack in die Pressekameras, die vor ihm aufgereiht waren, und verlieh mit bewegter Stimme und zum ersten Mal vor einer breiten Öffentlichkeit der Leidenschaft Ausdruck, die seit Jahren schon die Triebkraft seiner Seele war.

»Die Zeiten ändern sich rasant, meine Damen und Herren. In unserem Teil der Erde mehr als in jedem anderen. Aber das Mandat der Kirche von Jesus Christus ändert sich nicht. Dieses Mandat lautet: Mit unverändertem prophetischen Feuer die erlösende Liebe von Jesus in jeder Nation zu jedem Moment der Weltgeschichte zu verkündigen. Diese Botschaft besitzt heute die gleiche Kraft wie zur Zeit der ersten Apostel, die in dieser Kraft ›den Erdkreis aufgewiegelt haben‹. Sie besitzt die gleiche Kraft wie vor zwei Generationen, als ihre bewegenden Wahrheiten von meinen Vorgängern zum ersten

Mal zu den Völkern im Norden getragen und mit Freude aufgenommen wurden.«

Er blickte auf ein Meer konzentrierter Gesichter. In der ersten Reihe saßen seine Frau und seine Kinder, nach wie vor die wichtigsten Stützen seines Lebens. Zahlreiche Inuit-Freunde, überzeugte Christen, die selbst tragende Säulen in Gemeinden überall in der Arktis waren, blickten mit feuchten Augen nach vorne. Missionare und Pastoren aus den weitverstreuten Stationen seiner neuen Diözese waren angereist. Den Erfolg dieser Männer und Frauen zu fördern sollte ab jetzt seine wichtigste Aufgabe sein. Die Geschichte von Coppermine sollte zur Geschichte jeder Gemeinde in der Arktis werden.

Jack holte tief Luft und setzte wieder an: »Überall, wo Christus in der Kraft des Heiligen Geistes proklamiert wird, folgt der Triumph der Gnade und der Bau von Gemeinden. Aber nicht ohne Preis. Die Verkündigung des Evangeliums kann nur über die Lippen von Menschen kommen, die sich bereitwillig mit den Menschen, denen sie dienen, identifizieren, ihre Sprache sprechen und ihre Lebenslasten mittragen. In solch eine Aufgabe kann nur Gott selbst hineinberufen, und wir müssen uns seines Rufes sicher sein. Wir brauchen aber mehr Menschen, die sich berufen lassen. Nehmt ihr mit mir zusammen diese Herausforderung an? Beten wir zusammen, dass der Herr der Ernte Arbeiter in sein Erntefeld sendet?«

Äußerlich war es ein feierlicher Anlass, der keines der üblichen Rituale vermissen ließ. Interviews mit der Presse, Blitzlichter, auch in der Heimat Zeitungsberichte über den »Jungen aus Leicester, der zum Bischof der Arktis gewählt wurde«. Jack ließ mit einem Schuss Humor alles über sich ergehen, gab sich würdevoll, diskret, sympathisch. Innerlich war er wieder dort, wo er sich am liebsten aufhielt: auf dem Erntefeld. Sein Stück dieses Erntefelds war mit einem Schlag um Tausende von Quadratkilometern größer geworden. Aber kein noch so hohes Kirchenamt konnte den Jäger, den Seefahrer, den Pionier der Wildnis in ihm ersticken. Sein Führungsstil hatte sich schon bewährt: Er spornte Menschen an und zog sie mit. Er zeigte ihnen, was in ihnen steckte. Seine Methode: ein humorvolles Augenzwinkern und hochgekrempelte Ärmel.

*

»Wo ist der Minihitak?«

»Den Minihitakpak, den Bischof, meint ihr. Mr Sperry ist kein Minihitak mehr, Freunde. Und jetzt gerade ist er irgendwo unter dem Haus«, grinste Geoffrey Dixon, der neue Missionar in Holman. Holman war eine der winzigen Schneehaussiedlungen, die Jack mit Hund und Schlitten jedes Jahr von Coppermine aus besucht hatte. Inzwischen war sie eine kleine Ortschaft mit einer Straße, einer Landebahn und Holzhütten geworden und hieß Ulukhaktuk.

»Was macht der Bischof *unter* dem Haus, Mr Dixon?«, lachte der ältere Inuit, der seinen alten Freund Mr Sperry begrüßen wollte.

»Er repariert gerade unsere Heizung. Die Rohre waren heute Morgen blockiert und das Haus eiskalt, als er ankam. Es war echt peinlich. Aber er scheint es lustig zu finden. Was wollt ihr von ihm?«

»Wahrscheinlich ein seelsorgerliches Gespräch oder Neuigkeiten aus dem Süden oder einfach eine Tasse Tee und Geplauder über die alte Zeit«, hatte Geoffrey gedacht, als er seine Gäste ins Haus hineingebeten hatte. Nichts dergleichen wollten sie.

»Wir haben Zahnweh, er soll uns die Zähne ziehen«, war die Antwort.

»Wie bitte? Alle? Habt ihr alle Zahnweh?«

Geoffrey blickte auf die drei kleinen Kinder, die mit von der Partie waren. Alle nickten.

Er wollte gerade mit dem Satz beginnen: »Aber ihr wisst, dass er inzwischen ein Bischof ist und keine Zeit mehr für solche Dinge hat«, dachte: »ach Quatsch«, und setzte Teewasser für seine Gäste auf. Nach weiterem Klopfen und Hämmern unter dem Haus erschien der Bischof der Arktis, zerzaust, verschwitzt und im Gesicht und an den Armen mit Öl verschmiert. Seine Inuit-Freunde begrüßten ihren alten Freund mit Freude.

Inzwischen hatte das Flugzeug den Schlitten ersetzt, die Versammlungen fanden in beheizten Holzräumen statt, das Fleisch wurde nicht mehr roh aufgetischt. Die Atmosphäre war aber dieselbe. Teerunden, Lachen, Geschichten, Andachten, Lieder, Abendmahl, bis in die späte Nacht hinein.

Der Strom von Besuchern riss nicht ab. Hier war der Bischof einfach Mr Sperry, ein gern gesehener Freund. Auch nach drei Jahren im Amt blickte er kurz und verwirrt um sich, wenn er mit »Ihre Exzellenz« oder »Bischof« angeredet wurde. Sein Bischofsgewand blieb meist im Kleiderschrank hängen.

Aber seine Missionare zu fragen, welche Fortschritte sie mit der Sprache machten, das vergaß Jack nie. In der Regel wartete er damit rücksichtsvoll, bis der kurze Besuch fast zu Ende, das Eis schon längst gebrochen und das Vertrauen herzlich und innig war.

»So, Geoffrey, die Notizen deiner letzten Predigt bitte.«

»Oh wei. Jack, ich hatte fast gehofft, du würdest es vergessen. Keiner von uns wird Inuinaktun jemals so fließend sprechen wie du.«

»Müsst ihr auch nicht«, grinste Jack und streckte seine Hand aus, um die Zettel in Empfang zu nehmen. In typischer Manier lehnte er sich in seinen Sessel zurück, schlug ein Bein über das andere, setzte seine Lesebrille auf die Nase und las leise und mit konzentriertem Blick, während er die Texte entzifferte, die er in der Hand hielt. Geoffrey wartete gespannt.

»Hm.« Jack nahm die Brille von der Nase und blickte den Missionar mit gespielter Strenge an.

»Ziemlich gut. Nur, ich wusste nicht, dass Jesus verheiratet war und Eier verkauft hat, Geoff. Welche Bibelübersetzung verwendest du?«

Der strenge Blick verwandelte sich in schelmisches Grinsen, und beide Männer lachten so herzhaft, dass Geoffreys Frau angerannt kam, um an dem Scherz teilzunehmen.

»Wie macht er das bloß?«, fragte Geoffrey seine Frau am Abend nach dem Abschied.

»Er legt seinen Finger ohne zu zögern auf die schlimmsten Blamagen, die einen in heillose Verlegenheit bringen müssten, aber man fühlt sich danach trotzdem ermutigt.«

»Vielleicht solltest du weniger nachgrübeln und die Sprache besser lernen, schlage ich vor«, lachte seine Frau. »Jack hat übrigens auch nicht aufgehört, seine Sprachkenntnisse weiterzuentwickeln. Er hat doch erzählt, dass er gerade die Ostarktis-Dialekte lernt, damit er auch dort mit den Gemeinden besser in Verbindung kommt.«

»Ja, wenn man selbst ein Lernender bleibt und nie meint, alles schon zu wissen, dann hat man Verständnis für andere, die lernen. Das mag ich an Jack.«

Reise in die Ostarktis

Eine Begegnung mit Jack Sperry hinterließ bei Menschen immer das Gefühl, die Arktis sei der einzige Teil der Erde, in der es eine lohnenswerte Existenz gäbe. Und die Inuit das einzige Volk auf Erden, mit dem es Freude mache, das eigene Leben zu teilen. Geoffrey Dixon und seine Frau waren nicht die einzigen jungen Missionare, die Jacks und Bettys Fußstapfen folgten und einen abgelegenen Winkel der vereisten nördlichen Barrenlands in eine fröhliche christliche Lebensgemeinschaft verwandelten.

Auch auf die Ostarktis weitete sich Jacks Einfluss aus. Das Gebiet, für das er nun zuständig war, erstreckte sich über ganze 2,75 Millionen Quadratmeilen. Das inzwischen gut funktionierende Flugnetz ermöglichte regelmäßige Besuche bis hin zu den entlegensten Ecken dieser riesigen Landflächen.

»Minihitak, eine Geschichte, eine Geschichte!«

Jacks Ruf als Storyteller war ihm schon vorausgeeilt. Der Ort war Pangnirtung in der Ostarktis. Der junge Pastor Mike Gardener hatte dort eine Bibelschule gegründet. Er begleitete Jack immer wieder als Dolmetscher für die Ost-Inuit, deren Sprache Jack noch nicht beherrschte.

»Mike, erzähl du etwas. Ich bin von der Reise müde und muss mich auf die Predigt einstellen, ich erzähle morgen eine Geschichte.«

»Gerne, Jack. Also, liebe Freunde.« Mike dachte einen kurzen Moment nach, warf einen verspielten Blick in Jacks Richtung und fing an.

»Also, es gab einmal einen sehr wichtigen Mann, er war sogar Bischof.« Jack lehnte sich in seinen Stuhl zurück, verschränkte seine Arme über dem Bauch, verdrehte kurz seine Augen und grinste. Ein Kichern ging durch die Reihen im kleinen Schulungszentrum von Pangnirtung.

»Dieser Mann war eines Abends so müde, dass er nicht einmal eine Geschichte erzählen konnte. Aber warum war er müde? Das wollt ihr sicher wissen!«

Mike blickte in Reihen von nickenden, lachenden Gesichtern.

»Seine Reise war anstrengend, es kam ein Gewitter auf und der Flug wurde gefährlich. Der Bischof spielte gerade in aller Ruhe und Gelassenheit und mit großer Konzentration Schach. Sein Gegner blickte voller Nervosität immer wieder aus dem Fenster auf die dunklen Wolken. Das kleine Flugzeug wurde vom Wind gerüttelt und geschüttelt und die Passagiere wurden aufgefordert, sich enger anzuschnallen. Vom Cockpit kam die Meldung, dass vielleicht eine Notlandung nötig sein würde. Was machte der Bischof? Beten? Um himmlische Gnade flehen? Nein, er spielte selig weiter Schach. Mit konzentriertem Blick und mit großer Ruhe.

›Du, machen wir kurz eine Pause. Ich gehe nach vorne und helfe dem Piloten, einen Landeplatz zu sichten‹, sagte sein Gegner …«

»Das waren Sie, Mr Gardener, oder?«, kam eine lachende Stimme aus dem Publikum.

»Das lasse ich vorerst mal offen«, antwortete Mike. »Auf jeden Fall machte das Flugzeug einen plötzlichen Luftsprung. Alle Passagiere schrien auf vor Panik …«

»Das ist jetzt aber wirklich übertrieben«, rief Jack.

»… es ist nur eine Geschichte, Mr Sperry«, rief Mike zurück. »Und was macht der Bischof? Ruft er: ›Gott schütze euch!‹, oder: ›Gott helfe uns und führe uns in die selige Ewigkeit!‹? Oder: ›Bereiten wir jetzt das letzte Abendmahl vor!‹? Nein, er ruft: ›Schachmatt, ich habe dich geschlagen, Mike!‹«

Die Versammlung war außer sich vor Lachen. Jacks Predigt konnte beginnen.

»Das anstrengende Schachspiel an Bord hat mich zwar müde gemacht, aber ein bisschen von der Sprache möchte ich trotzdem lernen«, sagte Jack, als die zwei Männer sich bei einer abendlichen Tasse Tee entspannten.

»Der Tee erinnert mich daran, dass du einen Begriff für ›Mein Kelch fließt über‹ hattest, den ich noch nicht kenne, Mike. Was war er noch mal?«

Auf dem Tisch vor ihm lag schon ein Notizbuch neben einer offenen Bibel bereit. Zwei Seiten davon wurden mit neuen Worten und Ausdrücken gefüllt, bevor die Männer ins Bett gingen.

»Und wann kriege ich meine Revanche?«, fragte Mike.

»Wofür?«

»Für das verlorene Schachspiel natürlich!«

»Dafür gibt es morgen Zeit, lieber Mike! Gute Nacht!«

»Übrigens, Jack. Wir sind dir sehr dankbar.«

»Dankbar?«

»Für das Haus. Ich weiß nicht, wie Margaret im alten Missionshaus ohne funktionierende Heizung, Abwasserrohre und fließendes Wasser zurechtgekommen wäre. Dass der Vorgesetzte unserer Missionsgesellschaft anordnet, dass extra für uns ein neues Haus gebaut wird, damit hätten wir nie gerechnet. Wir hätten uns auch nicht getraut zu fragen und waren schon bereit, primitiv zu leben.«

»Und gerade deswegen gönne ich es euch, Mike, und hab es sehr gerne gemacht. Mach's gut und Gute Nacht. Danke für die tolle Gastfreundschaft!«

Bis in die Nacht hinein blieb Jacks Nachttischlämpchen an, während er neue Sätze wiederholte, laut vor sich hin sprach und auswendig lernte.

❄

»Zwei Tage Beratungen in vier Sprachen, ich glaube, ich halte es nicht aus, Terry. Inuktituk, Inuinaktun, Cree und Englisch. Wie beim Turmbau von Babel. Und dazu noch die geistliche Atmosphäre. Warum sind Christen derart intensiv, ernst und angespannt, wenn sie zusammenkommen und sich austauschen? Und immer müde. Manchmal fehlt mir die Geduld, meine Mitarbeiter unablässig zu bemitleiden. Und dann bekomme ich Gewissensbisse, weil sie doch alle hervorragende Arbeit leisten und es verdienen, bemitleidet zu werden. Bei wem können sie sonst ihre Sorgen ausschütten?« Jack blickte seinen Freund an.

Terry Buckle war Bischof des Yukon, des Territoriums, das westlich an die Northwest Territories angrenzte, mit Alaska auf der anderen Seite. Ein Diavortrag von Jack in Toronto viele Jahre zuvor im Jahr 1962 hatte ihn und seine damalige Verlobte, Blanche, überzeugt, dass auch sie in diese Arbeit mit einsteigen sollten. Jack war ihr Mentor und Leiter gewesen, als sich die jungen Missionare mit den Widrigkeiten der Isolation und den hartnäckigen Wetterverhältnissen auf der tief verschneiten Victoria Island auseinandersetzten. Inzwischen war Terry Jacks engster Freund, ein Gegenüber auf Augenhöhe, der ähnliche Lasten der Verantwortung zu tragen hatte.

»Ich wäre nicht mehr hier, wenn du damals für mich und Blanche kein geduldiges, offenes Ohr gehabt hättest, Jack«, antwortete Terry. »Und die vielen Sprachen, das ist die unmittelbare Frucht der Arbeit, findest du nicht? Du wärest doch traurig, wenn alles nur auf Englisch geredet würde. Aber jetzt besteht die Hälfte aller Versammelten aus Einheimischen! Sogar Indianer sind dabei, früher Erzfeinde der Eskimos. Übrigens: Schnall dich an, wir landen gleich in Yellowknife. Erinnerst du dich an meine harten Anfangsjahre? Als ich noch nicht verheiratet war und mir panische Sorgen um Blanche machte, weil sie im Süden war, dazu noch krank, und wir keine Kommunikationsmöglichkeiten hatten? Ich wollte die Flinte ins Korn werfen, aber du hast mich überredet, meine Sorgen auf den Herrn zu werfen und die Arbeit auf Viktoria Island weiter aufzubauen. Du warst verständnisvoll, aber streng. Deine Antwort auf mein verzweifeltes Schreiben war ein Paket voller Tonbänder, die mir helfen sollten, die Sprache schneller zu lernen.«

»Die Tonbänder. An sie erinnere ich mich gut. Waren darauf Predigten, oder wie haben wir das gemacht? Kein Wunder, dass ich meinen Gurt nicht finde, du sitzt drauf, Terry!«

»Oh, sorry. Alles Mögliche. Auch die neuesten Witze und Anekdötchen. Die Sprache mit dir zu lernen war mehr Unterhaltung als Arbeit. Und noch eine Sache werde ich nie vergessen …«

»Und die wäre?«

»Du hast deine Karibustiefel nie ausgezogen, wenn du zu uns ins Haus kamst, weil der Boden zu kalt war. Du kamst fröhlich ins Wohnzimmer herein, hast dich mit deinen dicken Stiefeln auf unsere alte Couch hingestreckt, deine Beine übereinandergeschlagen, Arme verschränkt, Augen geschlossen und gesagt: ›Und jetzt, mein Freund, erzähl mir deinen ganzen Kummer!‹ Wie kann man in dieser Stimmung von irgendwelchen Problemen erzählen?!«

»Übrigens, Terry, ist Canon Dean Smith dabei?«

»Bei der Synode? Ich nehme es an. Warum?«

»Wenn er immer noch so gut gebaut ist wie letztes Jahr, hab ich gleich eine Idee, wie wir am Anfang das Eis brechen können und die geistlichen Herrschaften zum Lachen bringen. Sein Parka hängt immer am Eingang. Unübersehbar, weil er gleich zwei Haken in der Garderobe in Anspruch nimmt. Hör mal zu …«

Die jährliche Zusammenkunft aller Kirchenführer der Arktis sollte feierlich mit dem Einzug des dritten Bischofs der Arktis beginnen. Eine Glocke erklang im voll besetzten Gemeindehaus in Yellowknife, um die Versammlung zur Ruhe zu rufen. Alle standen auf. Eine bedeutungsschwere Stille füllte den Raum, als die Tür aufging und eine seltsame Figur mit langsamem, feierlichem Schritt über die Schwelle trat. Es war nicht der erwartete Bischof in voller Montur und mit Insignien geschmückt. Sondern ein breiter, großer Parka, aus dessen Fellkragen nicht einer, sondern zwei Köpfe herausragten. Beide Gesichter blickten bitterernst vor sich hin. Unter dem Parka liefen in andächtigem Marschschritt nicht zwei, sondern vier Beine. Ein Arm hing jeweils an der Seite der weiten Jacke herunter und hielt eine Bibel. Es dauerte einige Sekunden, bis ein mutiges Mitglied der Versammlung seine Hand vor den Mund hielt, um ein zunehmendes Gekicher zu unterdrücken. Es dauerte ein paar weitere

Sekunden, bis der ganze Saal in Lachkrämpfe ausbrach und Dean Smith brüllte: »Was macht ihr zwei Schlingel mit meinem Parka? Ich werde es euch heimzahlen…! Wartet nur ab!«

Die Versammlung der Kirchenverantwortlichen, die mit einem Schuljungenstreich begann, endete mit der ernsten Anrede eines Generals, der seinen Soldaten Mut und Ausdauer zusprach.

»Ein Überblick über meine letzten Reisen zeigt uns unglaubliche Herausforderungen, meine Freunde. Cambridge Bay zum Beispiel. Ich war am Ostersonntag dort. Die Menschen sind hungrig nach Gottes Wort und wollen dem Herrn dienen. In den Fünfzigerjahren bin ich mit dem Schlitten dorthin gereist. Mein Nachfolger Peter Bishop kommt hin und wieder dorthin, aber sie brauchen dringend feste Mitarbeiter. Nehmen wir Gjoa Haven. Der Reverend dort und seine Frau haben eine wichtige Führungsrolle übernommen, sowohl in der Kirche wie auch im Dorf. Spence Bay. Sie haben gute Laienmitarbeiter, aber schon wieder ein leeres Missionshaus.«

Weitere Ortsnamen wurden aufgelistet. Coral Harbour, Rankin Inlet, Whale Cove, Eskimo Point, Coppermine, Holman, Resolute Bay, Pond Inlet, Pangnirtung, Mackenzie. Überall waren weitere Missionare, die dringend Hilfe brauchten. Ein »Erntefeld«, das gemäß den Worten des Herrn Jesus mehr als »reif« war: reif mit Menschen, die nichts lieber hören wollten als die gute Nachricht eines Herrn und Schöpfers, der seine mit Sünde verseuchte Welt nicht vergessen hat, sondern mit dem Angebot der Heilung, Vergebung und Wiederherstellung an die Tür eines jeden Menschen klopft.

»Wer will gehen?«, beendete Jack seinen Appell. »Wer von euch sagt mit dem Propheten Jesaja: ›Hier bin ich, Herr, sende mich!‹? Das bedeutet: Müdigkeit und Selbstmitleid abzulegen, mit frischem Feuer im Herzen nach Hause zu gehen und in der Gemeinde, im Freundeskreis, in der Verwandtschaft andere Christen herauszufordern, dem Mandat des Herrn zu folgen und ›in alle Welt zu gehen, sie zu Jüngern zu machen und alles zu lehren, was der Meister befohlen hat‹!«

Spontan erhob sich die ganze Versammlung von den Sitzen. Hier und da wurde eine Träne abgewischt. Dieses Mal Tränen der Rührung.

»Heutzutage sagen wir nicht mehr ›Eskimo‹, sondern ›Inuit‹«, fuhr Jack fort, mit einem besonders stolzen Blick auf die einheimischen Missionare, die vor ihm saßen.

»Nach so vielen Jahren in der Arktis macht mir nichts in dieser Welt größere Freude, als zu sehen, wie die Gesichter meiner Inuit-Freunde vor Freude strahlen, nachdem sie dem lebendigen Gott begegnet sind. Inuit bedeutet Mensch. Möge eure Geschichte, meine geliebten Eskimogeschwister, die Geschichte vieler Menschen dieser Welt werden, die Gott begegnen und, wie es in den Psalmen heißt, ›auf ihn blicken‹ und ›vor Freude strahlen‹!«

Wie die Geschichte weiterging

Tatsächlich blieb das Strahlen eines Eskimos die einzige Belohnung, nach der Jack Sperry strebte. Auch nachdem Ehre und Erfolg ihn in großem Stil einholten. Als er 1970 für die Queen bei ihrem Besuch in Fort Smith dolmetschte und ihr die Stadt zeigte, erfuhr das sein Bekanntenkreis aus den Zeitungen.

»Sie ist doch ein ganz normaler, netter Mensch«, wandte er überrascht ein, als Freunde ihn rügten, weil er sie im Vorfeld nicht in Kenntnis gesetzt hatte. Die Begegnung erfreute ihn, dabei blieb er jedoch genauso bodenständig wie die alte Inuit-Frau, die fröhlich Rauchwolken aus ihrer Pfeife in das majestätische Gesicht blies, als Jack sie ermutigte, die Queen über das Leben der Ureinwohner aufzuklären.

Angela und John besuchten das »Camrose«-Lutheran-College in Alberta. Hier lernte Angela ihren zukünftigen Ehemann, Douglas Friesen, kennen, der aus einer deutschen Mennonitenfamilie stammte. Angela und ihr Ehemann wie auch ihr Bruder John setzten sich sowohl beruflich als auch ehrenamtlich mit großem Engagement in der Rehabilitations- und Therapiearbeit wie auch in der Gefängnisseelsorge für ihre Inuit-Altersgenossen ein. Das Vorbild ihrer Eltern hatte tiefe Spuren hinterlassen.

Für Jack und Betty war Ruhestand ein Fremdwort. Auch nach dem Ende von Jacks Dienstjahren als Bischof engagierte sich das Paar in ehrenamtlichen Organisationen, von den Anonymen Alkoholikern bis hin zur Arbeit im Gesundheitswesen, in Pfadfindervereinen und im Seelsorgedienst für die kanadischen Streitkräfte.

Bis sich die Familie am 28. Juni 2001 wieder in einer großen Kirche versammelte, dieses Mal zu einem traurigen Anlass, war Johns Ehefrau Kathy zu der Familie gestoßen wie auch vier Enkelkinder.

Bettys Tod kam unerwartet. Während einer Reise mit ihrem Mann rutschte sie im Badezimmer des Hotels aus, in dem sie übernachteten, und stand nicht mehr auf. Es war plötzliches Herzversagen. Bis die Rettungskräfte anrückten, lag sie schon tot in den Armen ihres Mannes. Der Schock saß tief.

»Heutzutage sagen fromme Menschen über eine geliebte Person, die gestorben ist: ›Sie ist von uns gegangen, um ihrem Meister zu begegnen‹«, erzählte Jack der Trauergemeinde und kämpfte sichtlich gegen die Tränen, die bald ungehindert flossen. Die anglikanische Christchurch in Yellowknife, wo das Ehepaar Sperry inzwischen seinen Wohnsitz hatte, war an diesem Junitag bis auf den letzten Platz besetzt.

»Meine geliebte Betty würde sagen, dass sie ihrem Meister schon vor vielen Jahren begegnet ist, als sie ein junges Mädchen war. Als Teenager vertraute sie ihr Leben aber bewusst und von ganzem Herzen dem Herrn an und blieb bei diesem Beschluss bis zu ihrem Lebensende.«

Er erzählte davon, wie er sie kennengelernt hatte, von den ersten harten Jahren in Coppermine, von Bettys Bereitschaft, in wochenlanger Ungewissheit und Einsamkeit mit ihren Kindern zu Hause zu bleiben, von ihrem Beschluss, auch nach dem Verlust ihres Babys nach Coppermine zurückzukehren und mitten im Leid an der Aufgabe, die der Herr ihr anvertraut hatte, tapfer weiterzuarbeiten.

»Was kann man über solch einen Menschen sagen?«, fragte er sein bewegtes Publikum am Schluss seiner Rede.

»Allein eure Anwesenheit spricht Bände. Diejenigen aus dem Norden kennen sie als die Hebamme, die sie auf die Welt gebracht hat. Andere kennen sie als Leiterin der Kinderarbeit und der Pfadfinderinnen, die immer für sie da war. Die Worte der Wertschätzung aus eurem Mund zeugen von eurer Bewunderung für diese außerordentliche Frau, mit der ich verheiratet sein durfte.

Heute nehmen wir Abschied, unter Tränen und in tiefer Trauer, aber dennoch im Sieg. Denn wir wissen, dass sie jetzt bei dem Herrn ist, dem sie so viele Jahre lang treu gedient hat. Ich glaube, Begräbnisse sind nicht für diejenigen, die uns verlassen haben, sondern für uns, die wir noch eine Weile hierbleiben müssen. Betty Sperry ließ die Welt in einem besseren Zustand zurück, als sie sie vorgefunden hatte. Mögen wir alle, durch die Gnade Gottes, das Gleiche tun. Amen.«

So stand Jack alleine, als er am 30. November 2002 in einer feierlichen Zeremonie in Ottawa von der Generalgouverneurin Adrienne Clarkson den höchsten Orden Kanadas als Anerkennung für seinen Einsatz für das einheimische Volk des Nordens verliehen bekam und nun als frisch gekürter »Member of the Order of Canada« beglückwünscht wurde. In den Archiven des Generalgouvernements wurde sein Vermächtnis treffend zusammengefasst:

»John R. Sperry engagiert sich seit mehr als 50 Jahren für die Menschen im Norden Kanadas … Er hat ein besonderes Gespür für die Bedürfnisse der Inuit-Bevölkerung. Er respektiert ihre Kultur und ihre Lebensweise, lernte ihre Sprache, übersetzte ihre Gebetsbücher und lebte wie einer von ihnen …«

Rückkehr nach Coppermine

John Sperry junior lief an einem lauen Sommerabend nachdenklich am Ufer des Coppermine-Flusses entlang. So viele Eindrücke schon am ersten Tag der Rückkehr nach Coppermine, oder Kugluktuk, wie der Ort jetzt hieß.

»Die Jahreszeit, in der wir kaum ins Bett mussten«, dachte er schmunzelnd, als er auf die große Weite des Flusses blickte und viele fröhliche Erinnerungen an eine außergewöhnliche Kindheit durch seine Seele purzelten. Für Jack war der Besuch in Coppermine Routine. Er war während seiner Amtszeit als Bischof des Öfteren hier gewesen und hatte die rasante Entwicklung des kleinen Ortes mitverfolgt. Bei seinem Sohn ging dieses Ereignis viel tiefer, war es doch erst die zweite Begegnung mit der Kulisse seiner Kindheit seit dem Abschied.

Er hatte darauf bestanden, dass sein Vater früh ins Bett ging. Der folgende Tag war ein großer Tag der Festlichkeiten zum 80. Geburtstag der Siedlung. Jack musste fit sein, er war immerhin 82 geworden.

John atmete die kühle Nachtluft genüsslich ein, während das Gold des Himmels sich vor seinen Augen in alle nur erdenklichen Schattierungen von Rot und Orange verwandelte, kleine Feuerzungen die Wolken umrandeten und der Sonnenball langsam, gemächlich an den Horizont sank. Dort würde er eine kurze Pause machen und dann wieder mit seinem Aufstieg beginnen. Alles geschah doppelt, weil das Wasser des Flusses und des Meeres das Schauspiel perfekt widerspiegelte.

»Der Sonnenuntergang. Die eine Sache, die uns auch der modernste Fortschritt nicht wegnehmen kann und die sich nie ändern wird«, dachte er.

Fast alles andere hatte sich verändert. Als das große Linienflugzeug auf dem Flughafen von Kugluktuk aufsetzte, dachte John an den Abschied vor 37 Jahren: Eine winkende, weinende Menschenmenge am Ufer, das ganze Dorf versammelt. Ein kleines Boot, in dem der bescheidene Besitz der Familie Sperry in Kisten gestapelt war. Gerade genug Platz für die Familie. Die kurze Bootsfahrt durch Eisschollen hindurch. Er sah es noch, als ob es gestern gewesen wäre. Der kleine zweimotorige Flieger, der weiter unten auf einer Sandbank geparkt war und sie zurück in die zivilisierte Welt bringen sollte.

Helen, Angelas Freundin, die einst mit sieben Jahren schon einen Hundeschlitten führen konnte, hatte ihn und seinen Vater jetzt vom Flughafen abgeholt. Sie war stolze Besitzerin eines kleinen Lastwagens und fuhr die zwei Männer zu Kugluktuks einzigem Hotel. Die Besucher befanden sich mitten in einer Kleinstadt mit einer Bevölkerung von sage und schreibe 1 500 Menschen. Reihen von kleinen modernen Häusern säumten die geteerten Straßen. Fahrzeuge, Schulen und Verwaltungsgebäude und natürlich das Hotel zeugten von einer gedeihenden Infrastruktur. Jack wollte sich nach der Reise nicht ausruhen, er wollte seine Freunde sehen, viele von ihnen inzwischen betagt, einige bettlägerig. Groß war die Freude des Wiedersehens.

»Sag mal, Dad, sie kamen mir damals schon alt vor, als ich ein kleiner Junge war. Jetzt sind fast 40 Jahre vergangen und sie sind unverändert!«

»Na ja, Johnny, dich finden sie wohl schon etwas verändert«, antwortete sein neckischer Vater, »hast du nicht gehört, dass Ida und Jim darüber staunen, wie der kleine, runde Johnny-Mops von damals zu einem riesigen 230-Pfund-Muskelpaket geworden ist?«

»Immer noch rund«, ergänzte John.

Sowohl Vater als auch Sohn wurden die Augen feucht, als sie auf jedem Nachttisch eine Bibel sahen: die Frucht von Jacks jahrelanger Mühe und Arbeit. Alle Besuche endeten mit einem gemeinsamen Gebet. Für manche Einwohner sollte es die letzte Begegnung in diesem Leben mit ihrem geliebten Minihitak sein. Von anderen wertgeschätzten Weggefährten hatte sich Jack schon auf früheren Besuchen endgültig verabschiedet: Sam, Alec, Alfred, Peter, Ikey. Alle lebten nicht mehr.

Bevor Jack und sein Sohn zum Hotel zurückkehrten, besuchten sie John Allukpik, der eins der zahlreichen Opfer der Umbruchszeit geworden war, in der die Inuit umgesiedelt worden waren. Seine und seiner Familie Rettung vor der totalen Verwahrlosung durch Alkohol kam durch einen Unfall. John Allukpik stürzte von einem Dach und war von der Hüfte abwärts gelähmt. Danach rührte er keinen Tropfen Alkohol mehr an und widmete sich stattdessen seiner Familie und einer neu entdeckten Begabung: Malen. Seine Landschaftsbilder in Öl waren begehrte Sammelobjekte in Kugluktuk und Umgebung.

Als er spät am Abend auf das rot leuchtende Wasser blickte, hörte John in seinen Erinnerungen wieder die Rufe der Jäger und Fischer, die an Land setzten, ihre Boote mit Robben und Fisch beladen. Er hörte das Gejaule der Hunde, wenn Schlitten unter Schreien der Freude und Begeisterung aus der Wildnis zurückkamen, mit Karibus, Polarfüchsen und Eisbär voll bepackt. Er dachte daran, wie sie mit einem Haushusky im Schnee herumgetobt waren, den er und Angela für sich als Spielkameraden behalten durften. In den Ohren klang ihm das laute Lachen, als Dad einmal voller Stolz mit einem Lemming nach Hause kam, den er auf der Fahrt gefangen hatte und seinen Kindern als Haustier schenken wollte. Dann erst stellte er fest, dass Betty in seiner Abwesenheit gegen eine regelrechte Plage von Lemmingen um das Haus herum gekämpft hatte und ihren Anblick nicht leiden konnte.

Nüchternere Bilder schossen ihm durch den Kopf. Dad im Vorbereitungsstress, während er Kisten auf dem Schlitten festschnürte. Mom, die mit penibler Sorgfalt die Nahrungskiste überprüfte, ob ja alles dabei war. Und die Abfahrt. Elf riesige Huskys, die in die endlose, zeitlose, eisige Wüste preschten, Dad von Kopf bis Fuß in Felle eingepackt, hinter den Hunden auf dem Schlitten. Es ging ihm ein Stich durch das Herz, als er an seine Mutter dachte. Erst jetzt, selbst Ehemann und Vater, verstand er den Schatten, der kurz über Bettys Gesicht geflimmert war, während sie ihren Mann mit ihren Augen verfolgte, bis er nur noch ein Punkt am Horizont war. Und dann: »Kommt, Kinder, was machen wir jetzt miteinander?«

»So, genug der Nostalgie.« Er drehte sich um und lief am alten Missionshaus vorbei, das er als Kind mitgebaut hatte, zurück in die Ortschaft. Das Haus war nicht mehr bewohnt. Abgesehen von einem neuen Farbanstrich war es allerdings unverändert, ein historisches Denkmal aus früheren Zeiten. »Komische Farbe«, dachte er, »und zu viele Häuser drum herum. Eingeengt. Mir würde jetzt die Weite fehlen.«

Beim Festabend am nächsten Tag herrschte Nostalgie der fröhlichen Sorte. Jack wurde mit einem »Award for Linguistics« für die Rolle ausgezeichnet, die er beim Erhalt der Inuit-Sprache gespielt hatte, wie auch für seine Übersetzungsarbeit. Er war einst gekommen, um den Menschen zu dienen. Aber nebenher hatte er unversehens dazu beigetragen, dass eine außergewöhnliche Kultur vor dem Untergang bewahrt wurde.

Von seinen kulturellen Errungenschaften verstanden die zwei alten Damen wenig, die nach der Auszeichnung und den Reden nach vorne drängten und Jack ein Paar Fäustlinge aus Fell in die Hand drückten. Sie drehten sich zum Publikum um und erzählten in der Inuinaktun-Sprache von den vielen Besuchen, die Jack in ihrer Siedlung gemacht hatte, von der Freude, die seine Ankunft unter ihnen auslöste, und von der herzlichen Gemeinschaft der Igluversammlungen. Von ihrer Überraschung, dass sie für ihn, für Gott, so wichtig waren. »Wir verstehen es bis heute nicht«, sagten sie mit Tränen in den Augen. »Aber dankbar sind wir. Unendlich dankbar.«

Plötzlich brach Unruhe hinten im Saal aus. Ein Rollstuhl wurde nach vorne geschoben. Es war John Allukpik, kaum sichtbar hinter einem riesigen, viereckigen braunen Paket, das er im Arm hielt.

»Für dich«, sagte er und hielt das Paket zu Jack hoch. Jack entfernte neugierig zwei Schichten von braunem Papier. Es war ein Ölgemälde. Ein auserlesenes, handgemaltes Panorama einer tief verschneiten Landschaft in sanften blauen und weiß-grauen Tönen. Auf der linken

Seite ein Schlitten, ein Hundegespann und unverkennbar auf dem Schlitten: Jack Sperry. In der Ferne ein weiteres Schlittengespann.

Jack war sprachlos. Es war, als hielte er plötzlich seinen gesamten Lebensauftrag in symbolischer Form in seinen Händen. Tausende von Kilometern, die er manchmal in Lebensgefahr, oft in Not und Leid zurückgelegt hatte. Für die Botschaft, die er brachte. Für die Frau, die geduldig zu Hause arbeitete, wartete, vertraute, Menschen diente, Kinder versorgte.

»Wenn Betty das sehen könnte«, war sein einziger Gedanke.

»Drei ganze Tage lang wurde mein Dad von diesen Menschen, den alten wie auch den jungen, für das geehrt, was er und Mom vor so vielen Jahren getan hatten«, schrieb John nach seiner Rückkehr aus Coppermine. *»Ihre Arbeit lebt weiter. So wie sie ihm dankten, so dankte er auch ihnen. Bis heute erzählt er der Welt voller Stolz vom spektakulärsten Land dieser Erde und von den großartigen Menschen, die dieses Land bewohnen.«*

Jack fasste seinen Dank so zusammen:

»Atautikun kuyagiyakhagiyatka inuit tamangmik, umatillugit, tikilihaktillunga talvangaanillu, amihun ikanyukpagmannga inuit pikuhingik ilitukhikuvlunga inuinaktun inuit tamangmitiak kangekhikuvlugit Godim Ukauhianik.

Aahin, Kitengmiunun allanun aullagumagagama kenmitigun, inungnin ikayauktauningnakpaktungali aullaami nangiahukunanga munagiyauvlungalu ukiuk taman. Ila inuit kuanakpiaktun tapkunani nayukataugapta, ilatkalu ukiuk 1950minganin 1970munaktumun. Ilaa Godim ilagitigut tamapta.«

John R. Sperry

»Ich möchte all meinen Inuit-Freunden – denen, die damals lebten, als ich hier ankam, wie auch denen, die heute leben – einen herzlichen Dank aussprechen. Ihr habt mir geholfen, eure Kultur zu verstehen, damit ihr das Wort Gottes in eurer Sprache erhalten konntet. Ihr habt euch so wunderbar um mich gekümmert, auch in den Jahren, in denen ich mit dem Hundegespann unterwegs war. Ich und meine Familie, wir hatten nie Angst, wenn ihr bei uns wart. Danke, dass wir in den Fünfziger- bis Anfang der Siebzigerjahre unser Leben mit euch teilen durften.

Möge Gott uns alle segnen!«

John R. Sperry

John Allukpiks Gemälde hängt heute in Jacks Zimmer im Seniorenheim in Hay River, Kanada, wo er in der Nähe von Angela und John und ihren Familien friedlich seinen Lebensabend verbringt.

Nicola Vollkommer

Unter dem Flammenbaum

Wo meine Seele ihr Nest hatte

Gebunden, 13,5 x 20,5 cm, 288 S.
Nr. 395.250, ISBN 978-3-7751-5250-1

Eine Kindheit im Herzen Afrikas. Nicola Vollkommer erzählt von ihrer Familie, die zwischen die Fronten eines Bürgerkrieges geriet. Und von ihrem Vater, der durch seinen Einsatz vielen das Leben rettete. Ein Buch, das die Farben und Klänge Afrikas lebendig werden lässt.

Nicola Vollkommer

WunderWeihnacht

Gebunden, 27 x 27 cm, 72 S.
Nr. 629.512, 978-3-7893-9512-3

In einfühlsamen Texten staunt Nicola Vollkommer über das Wunder, das an Weihnachten die Welt verändert hat. Kombiniert mit stilvollen Weihnachtsfotografien, führt dieser Bildband hinein in das Staunen über die unvorstellbare Liebe Gottes, die in der Krippe sichtbar wird.

Bitte fragen Sie in Ihrer Buchhandlung nach diesen Büchern!
Oder schreiben Sie an: SCM Hänssler, D-71087 Holzgerlingen;
E-Mail: info@scm-haenssler.de; Internet: www.scm-haenssler.de